国家自然科学基金项目（项目编号：71463025）
江西省社会科学规划基金项目（项目编号：17YJ04）
江西省社会科学院理论创新工程项目（2016-2018年度）

经济管理学术文库 • 管理类

农户生计改善视域下区域易地扶贫搬迁政策评价研究

——以赣南原中央苏区为例

Study on Evaluation of the Poverty Alleviation Policy of Migrants under the Sight of Farmers' Livelihood Improvement Based on Investigation of Former Central Soviet Areas in Gannan

陈胜东　孔凡斌／著

经济管理出版社
ECONOMY & MANAGEMENT PUBLISHING HOUSE

图书在版编目（CIP）数据

农户生计改善视域下区域易地扶贫搬迁政策评价研究：以赣南原中央苏区为例/陈胜东，孔凡斌著.—北京：经济管理出版社，2019.8
ISBN 978-7-5096-6697-5

Ⅰ.①农… Ⅱ.①陈… ②孔… Ⅲ.①农民—移民—政策—研究—中国 Ⅳ.①D422.6

中国版本图书馆 CIP 数据核字(2019)第 128575 号

组稿编辑：曹　靖
责任编辑：曹　靖　郭　飞
责任印制：黄章平
责任校对：赵天宇

出版发行：经济管理出版社
（北京市海淀区北蜂窝 8 号中雅大厦 A 座 11 层　100038）
网　　址：www. E-mp. com. cn
电　　话：（010）51915602
印　　刷：北京玺诚印务有限公司
经　　销：新华书店
开　　本：720mm×1000mm/16
印　　张：16.5
字　　数：278 千字
版　　次：2019 年 12 月第 1 版　　2019 年 12 月第 1 次印刷
书　　号：ISBN 978-7-5096-6697-5
定　　价：68.00 元

前　言

赣南原中央苏区是人民共和国的摇篮和苏区精神的主要发源地，为中国革命作出了重大贡献和巨大牺牲。由于战争创伤及自然地理等多种原因，赣南原中央苏区经济发展面临诸多困难，贫困落后面貌仍然没有得到根本改变，区内13个县中有8个是国家级贫困县，占江西省21个国家级贫困县的近40%。到2015年底，赣南原中央苏区有贫困村600个，贫困人口40万人，其中的15万多人居住在生态发展条件较为恶劣的偏远山区、库区和地质灾害区。

2012年6月国发〔2012〕21号文件《关于支持赣南等原中央苏区振兴发展的若干意见》出台，正式启动赣南等原中央苏区振兴发展战略。2015年6月江西省印发《关于着力推动赣南等原中央苏区加快发展的意见》明确提出加大精准扶贫力度，力争到2018年原中央苏区基本消除绝对贫困现象，确保原中央苏区群众在全面建成小康社会进程中不掉队。加快解决赣南原中央苏区农村贫困问题是实施中央苏区振兴发展国家战略的重要目标。

易地扶贫搬迁是"一方水土养不起一方人"地区摆脱贫困的最有效途径，是集中连片特殊困难地区行之有效的扶贫措施之一。易地扶贫搬迁最终目的是通过彻底改善搬迁贫困农户生计条件暨居住环境和生产发展条件实现稳定脱贫。完善基于农户生计改善目标的易地扶贫搬迁政策是新时期我国扶贫工作创新发展的重要要求。

本书从农户家庭生计资本角度出发，通过比较移民农户在实施移民搬迁前后家庭生计资本的变化情况，来反映易地扶贫搬迁政策实施所取得的实际效果。根据移民农户对现阶段移民政策实施的满意度调查情况，努力寻找易地扶贫搬迁政策在实施过程中存在的不足之处，结合移民农户对易地扶贫搬迁政策的不同需求，提出进一步完善易地扶贫搬迁政策的具体措施。本书的主要内容包括：

第一，以2011年9月1日中央党史研究室确认的江西13个赣南原中央苏区县为研究对象，分析这些县的社会经济发展状况及其与江西省和全国平均水平的差距，总结赣南原中央苏区现阶段实施的易地扶贫搬迁政策及其成效。以问卷调查方式，通过采用三阶段抽样方法，在这些县选取 26 个乡镇的 520 户农户进行访谈获取农户样本数据，对样本数据进行描述性统计分析。

第二，借鉴可持续生计框架（SLA）构建农户家庭生计资本评价体系，从农户家庭生计资本角度比较移民农户在实施搬迁前后生计资本状况的变化情况。结果发现，搬迁后农户家庭生计资本综合指数均值为 1.900，相较于搬迁前的 1.466 增加了 0.430，增幅为 29.25%，主要增加因素为物质资本和金融资本的影响。同时还发现，移民农户在移民搬迁前生产生活条件明显差于非移民农户，两者的家庭生计资本综合指数均值分别为 1.466 和 1.782，相差值 0.316，这说明通过实施移民搬迁以改善贫困农户家庭生活状况的现实必要性。

第三，以非移民农户为参照对象，采用双重差分模型（DID）方法分析实施易地扶贫搬迁政策的具体效果。分析结果表明，易地扶贫搬迁政策对移民农户家庭生计资本存在显著的正向影响，其交互项（$D_{it}T_{it}$）系数为 0.224，易地扶贫搬迁政策给移民农户家庭生计资本带来了净增值。易地扶贫搬迁政策对移民农户物质资本和金融资本存在显著的正向影响，其交互项（$D_{it}T_{it}$）系数分别为 0.255 和 0.031。易地扶贫搬迁政策对自然资本和人力资本则存在显著的负向影响，影响系数分别为 -0.026 和 -0.032。易地扶贫搬迁政策对移民农户家庭的社会资本的影响不显著。

第四，移民农户对易地扶贫搬迁政策满意度调查发现，在政策实施取得明显效果的情况下，移民农户对现阶段易地扶贫搬迁政策满意度普遍较低，实施效果满意度均值仅为 2.73，尚未达到问卷设定的“一般”水平（数值为 3）。进一步对政策满意度影响因素进行分析发现，农户个体特征中受教育程度、移民意愿、安置点交通条件和农户家庭生计资本变化对易地扶贫搬迁政策满意度产生较为显著的正向影响，搬迁时长、移民类型和安置点经济水平则产生较为明显的负向影响。

第五，运用聚类分析方法对农户的易地扶贫搬迁政策需求进行优先序分析，通过建立二元 Logistic 模型分析影响移民政策需求的主要因素。结果发现，移民农户最期待的政策需求是现金补助和住房安置，其次是贴息贷款和生产物质支持，而对于技能培训和生产服务支持方面的需求并不强烈，这说明移民农户更在乎眼前生计问题的解决而较少考虑长远的可持续生计问题。具有不同个体特征移民农户对政策的需求存在较大的差距。

第六，基于上述理论和实证分析，结合新时期我国集中连片特困地区脱贫攻坚目标和政策创新需求，提出进一步完善赣南原中央苏区易地扶贫搬迁政策的对策建议。

本书是第一作者博士学位论文的修改和完善版，也是国家自然科学基金项目“生态补偿政策对特别困难地区农户减贫驱动机制及政策优化研究——以原中央苏区为例”（71463025）和江西省社会科学“十三五”规划项目“易地搬迁移民脱贫政策及支持体系研究”（17YJ04）项目研究的阶段性成果。本书的出版得到了江西省社会科学院理论创新工程项目资金的资助。

本书的完成得益于诸多专家学者的指导和帮助，他们分别是江西财经大学生态经济研究院院长张利国教授、副院长黄和平教授、副院长潘丹副教授、何尤刚副教授、陈拉副教授、胡绵好副教授和罗珏老师，江西农业大学经济管理学院副院长廖文梅教授和郭锦墉教授、胡凯教授、李道和教授、汪兴东副教授，以及其他提供过宝贵支持和帮助的领导、专家学者和同事朋友们。在此表示由衷的感谢！

本书适合于农林经济管理学、发展经济学、区域经济学等学科专业的专家学者和研究生阅读，也可以作为农业农村、扶贫等相关政府部门工作人员的参考用书。由于作者学术水平有限，加上易地扶贫搬迁政策实施过程中的现实复杂性，书中难免存在不足甚至错误之处，敬请各位读者批评指正！

目　录

第一章　导论

赣南等原中央苏区振兴发展战略是中央为解决我国革命老区集中连片特困地区农村贫困问题的重要举措，相关扶贫政策能为区域贫困问题解决提供借鉴。本章以赣南原中央苏区振兴发展战略实施为背景，介绍了本书研究的主要意义及目的，明确研究思路、采取的技术路线及本书的主要框架结构，并详细介绍了在研究过程中针对不同内容所运用的研究方法。

第一节　研究背景

中央苏区亦称“中央革命根据地”，该区域地跨赣闽粤，是1929～1934年土地革命战争时期中国共产党创建的最大、最重要的革命根据地，是中华苏维埃共和国临时中央政府所在地，是人民共和国的摇篮和苏区精神的主要发源地，为中国革命作出了重大贡献和巨大牺牲。中央苏区在江西主要集中在赣南地区，因此也被称为赣南原中央苏区。2011年9月1日中央党史研究室确认江西省的13个县为赣南原中央苏区县，这13个县中有8个国家级贫困县，占江西省全省21个国家级贫困县[①]的近40%。由于战争创伤及自然地理等多种原因，赣南原中央苏区经济发展一直面临诸多困难。截至2015年，赣南原中央苏区基础设施薄弱、

① 2014年江西省21个国家级贫困县：莲花县、修水县、赣县、上犹县、安远县、宁都县、于都县、兴国县、会昌县、寻乌县、吉安县、遂川县、万安县、永新县、井冈山市、乐安县、广昌县、上饶县、横峰县、余干县、鄱阳县。

产业结构单一、生态环境脆弱等制约当地经济社会发展的问题仍然比较突出，贫困落后面貌仍然没有得到根本改变，民生问题仍然突出，还有一些群众住在危旧土坯房里，喝不上干净水，不能正常用电，一些红军和革命烈士后代生活依然困窘。

2012 年 6 月国发〔2012〕21 号文件《关于支持赣南等原中央苏区振兴发展的若干意见》出台，正式启动赣南等原中央苏区振兴发展战略。赣南原中央苏区是我国典型集中连片特殊困难地区，解决农村贫困问题是实施中央苏区振兴发展国家战略的重要目标。2015 年 6 月江西省印发《关于着力推动赣南等原中央苏区加快发展的意见》明确加大精准扶贫力度，把扶贫攻坚作为提高贫困群众获得感和幸福感的“第一民生工程”，着力实施精准扶贫和精准脱贫，力争到 2018 年原中央苏区基本消除绝对贫困现象，2019 ~ 2020 年苏区贫困县全部退出，确保原中央苏区群众在全面建成小康社会进程中不掉队。

在 2015 年 11 月 27 日至 28 日召开的中央扶贫开发工作会议上，习近平总书记强调到 2020 年我国现行标准下农村贫困人口实现脱贫，贫困县全部“摘帽”，解决区域性整体贫困，确保所有贫困地区和贫困人口一道迈入全面小康社会。截至 2015 年底，赣南原中央苏区尚有贫困村 600 多个，贫困人口 40 万人，其中 15 万多人居住在生态条件较为恶劣的偏远山区、库区和地质灾害区。随着全国扶贫“脱帽”进入倒计时，连片特困地区成为脱贫攻坚战的最后一块骨头。易地扶贫搬迁是“一方水土养不起一方人”地区摆脱贫困的最有效途径，是集中连片特殊困难地区行之有效的扶贫措施之一。易地扶贫搬迁最终目的是通过彻底改善搬迁贫困农户生计条件暨居住环境和生产发展条件实现稳定脱贫。实施易地扶贫搬迁政策给赣南原中央苏区振兴发展带来了新的机遇与挑战。

第二节　研究意义

一、加快解决集中连片特殊困难地区的贫困问题是新时期中国扶贫工作的重大战略任务

我国扶贫开发已进入巩固温饱成果、加快脱贫致富、改善生态环境、提高发展能力、缩小发展差距的新阶段，但扶贫对象规模依然很大，特别是集中连片特殊困难地区的扶贫工作任务十分艰巨。因此，我国把集中连片特殊困难地区扶贫工作作为精准扶贫的重中之重。2010 年 10 月 18 日，党的十七届五中全会特别指出“深入推进开发式扶贫，加快解决集中连片特殊困难地区的贫困问题”。2011 年发布的《中国农村扶贫开发纲要（2011—2020 年）》明确把连片特困地区作为主战场。2015 年“中央一号”文件再次强调以集中连片特困地区为重点，大力推进农村扶贫开发。

二、易地扶贫搬迁是集中连片特困地区实行精准扶贫的重要途径，是赣南原中央苏区实现稳固脱贫的目标任务

“十三五”期间，国家明确对“一方水土养不起一方人”地区的约 1000 万贫困人口实施易地搬迁，以提高贫困人口自我发展能力，实现有业可就、稳定脱贫。从 2013 年起，江西省计划用 7 年左右时间，对以赣南原中央苏区为主的深山区、库区和地质灾害频发区的贫困群众实施搬迁移民扶贫工程，以居住点为单位，实施无土安置、整体搬迁，以县城、工业园区集中安置为主，实行县城（工业园区）、乡镇、中心村梯度安置，促进城乡发展一体化。2015 年 7 月江西省委省政府印发《关于全力打好精准扶贫攻坚战的决定》进一步指出，对包括赣南原中央苏区在内的不宜居住贫困村自然村庄和生存条件恶劣地区的贫困群众，要整合扶贫搬迁、以工代赈易地扶贫搬迁、避灾搬迁移民等政策，大力帮助扶贫对象彻底摆脱恶劣生产生活环境，实现稳固脱贫。基于此，共筑梦想家园、整体搬出深山、落户城镇园区、城镇园区就业已经成为打造易地扶贫搬迁“江西样板”

的目标任务。

三、完善基于农户生计改善目标的易地扶贫搬迁政策是新时期赣南原中央苏区扶贫工作创新发展的要求，是探索我国集中连片困难地区扶贫理论与政策创新示范研究的现实需要

实施赣南等原中央苏区振兴发展战略，是党中央重大决策，推动赣南等原中央苏区脱贫攻坚与振兴发展既是一项重大的经济任务，更是一项重大的政治任务。赣南原中央苏区振兴发展和脱贫攻坚典型经验和模式对全国革命老区和集中连片特困地区加快发展具有标志性意义和示范作用。以赣南等原中央苏区为具体研究区域，对集中连片特困地区易地扶贫搬迁政策的实施效果、实施过程中存在的关键问题进行研究，提出一套完善集中连片特困地区易地扶贫搬迁政策，不仅可以为我国集中连片困难地区扶贫理论创新研究作出有益的补充，还可以为打赢中央苏区脱贫攻坚战及推动振兴发展的政策实施和完善提供决策支撑，具有较大的理论价值和实践价值。

第三节　研究目的

本书通过分析赣南原中央苏区 13 个县的社会经济发展状况与贫困人口的总量、空间分布及贫困特征及其变化，归纳总结赣南原中央苏区各县实施的易地扶贫搬迁政策措施，明确赣南原中央苏区实施易地扶贫搬迁政策的背景和主要内容，以移民农户家庭生计资本为分析重点，运用农户入户调查数据量化分析易地扶贫搬迁政策的有效性。通过对移民农户对易地扶贫搬迁政策的满意度调查，了解易地扶贫搬迁政策的农户满意度情况，厘清基于农户满意度的易地扶贫搬迁政策实施绩效的主要影响因素及其影响程度和作用方向。基于调查数据，了解移民农户对易地扶贫搬迁政策的需求情况，厘清影响农户政策需求的主要因素。基于学术理论分析结果，结合移民农户政策需求的优先序，明确赣南原中央苏区易地扶贫搬迁政策完善重点，提出政策完善的具体路径和具体措施，为赣南原中央苏区政府进一步完善扶贫政策体系提供参考。

第四节 研究思路与技术路线

一、研究思路

围绕完善赣南原中央苏区易地扶贫搬迁政策的研究目标，本着“梳理政策演变规律—构建基础理论依据—分析政策实施现状—建立量化分析方法—开展实证分析—明确关键影响因素—发现主要问题—提出完善对策”的研究思路，开展学术理论和应用对策研究。第一，围绕主题对相关文献进行回顾及评述，明确研究的背景、意义和价值；第二，对研究区进行界定，分析研究区基本概况、经济发展状况及易地扶贫搬迁政策实施情况，说明调查问卷设计方法、调查样本选取方法及数据来源等，明确研究重点与研究方法；第三，基于可持续生计分析框架，分析比较移民农户与非移民之间农户家庭生计资本差距，明确移民农户在搬迁前后生计资本的变化特征，进一步以非移民农户作为对照组，分析移民农户在实施移民搬迁政策前后家庭生计资本变化情况，明确易地扶贫搬迁政策给移民农户带来的净效应；第四，依据满意度理论，对移民农户对易地扶贫搬迁政策的满意度进行调查，采用路径分析方法对影响农户对易地扶贫搬迁政策满意度的主要因素进行分析，厘清影响机理和关键影响因素；第五，调查移民对易地扶贫搬迁政策需求，利用聚类分析方法分析农户政策需求的优先序，明确移民农户的主要政策需求及其排序，运用二元 Logistic 方法厘清影响农户政策需求优先序的主要因素及其影响机理；第六，基于学术理论分析结果，结合当前精准扶贫政策创新需求，提出完善赣南原中央苏区易地扶贫搬迁政策的对策建议。

二、技术路线

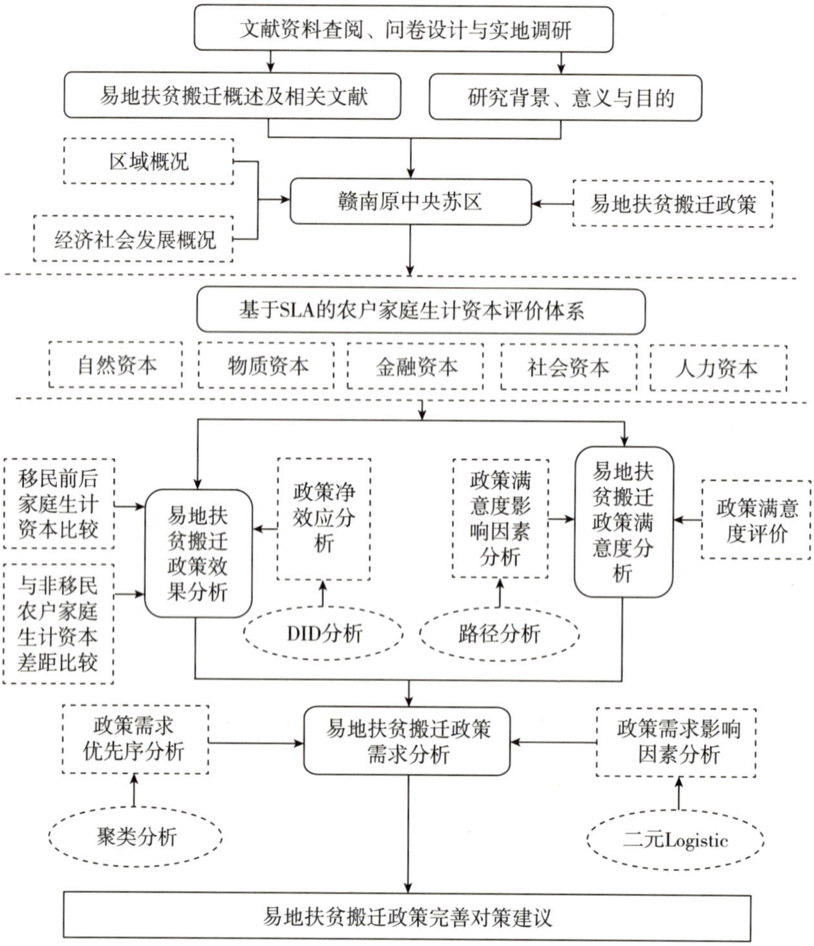

图 1－1　本书技术路线

第五节 研究方法

一、文献分析与实地调研方法

通过查阅国内外有关易地扶贫搬迁及可持续生计文献，理清思路并确定以农户家庭生计资本作为本研究切入点，参照可持续生计框架理论，明确生计资本内涵及包含内容进行问卷设计，通过深入赣南原中央苏区 13 个县 26 个乡镇 520 户农户进行实地调研，采取问卷调查和直接访谈形式获取第一手资料。

二、定性分析与定量分析相结合的方法

利用入户问卷调查和直接访谈得到的信息定性分析移民农户生计状况、移民农户家庭成员的年龄构成、受教育水平及生计策略的选择等；对移民农户家庭生计资本状况进行定量评价，比较移民农户与非移民农户在两个观测时期生计资本的状况，寻找两者在观察时段之间的差距；通过定量分析方法了解移民对政策满意度情况及对政策需求的总体状况，为易地扶贫搬迁政策完善提供数据支持。

三、实证分析与规范分析相结合的方法

坚持以实证分析贯穿始终的原则，具体采用双重差分（DID）模型分析易地扶贫搬迁政策对移民农户家庭生计资本的净效应，用多元回归及路径分析方法分析影响移民农户政策满意度的主要因素，用聚类分析法对农户的易地扶贫搬迁政策需求进行排序，用二元 Logistic 回归分析方法分析移民政策需求的主要影响因素，用定量分析与规范分析相结合的方法对易地扶贫搬迁政策绩效及存在的主要问题进行综合评析，并据此提出完善易地扶贫搬迁政策的建议。

四、计量模型选择与数据分析的方法

移民农户家庭生计资本、政策满意度和政策需求数据主要通过问卷调查方式完成，利用SPSS软件对有效问卷进行数据分析。本书中数据分析方法包括描述性统计、探索性因子分析、双重差分模型、信度与效度分析、路径分析（Path Analysis）、聚类分析、二元Logistic回归等。各方法简要说明如下：描述性统计分析（Descriptive Statistics）是将有效问卷数据输入电脑后对调查数据进行描述性统计分析，获得测量样本各种特征及其所代表的总体特征。主要是对调查数据的基本频次、均值和方差进行统计分析，获得调查区域经济发展水平及受访者年龄、性别、受教育程度、家庭人口、移民类型等分布情况，目的是判断调查所获得的数据是否适合后面的实证分析。

探索性因子分析（Exploratory Factor Analysis，EFA）是一项用来找出多维观测变量本质结构，并进行降维处理的技术，是将具有复杂关系的多个变量综合为少数几个核心因子。本书利用探索性因子分析方法找出移民农户对易地扶贫搬迁政策满意度观测变量的因子个数，及各观测变量和各因子变量之间的关联程度，将政策满意度综合到代表一定意义的变量中进行分析。

双重差分模型分析（Difference in Difference，DID）是通过建模将研究对象受某项政策干预后的效果与未受政策干预前的效果进行比较，两者之间的差值就是某项政策给研究对象所带来的净效果，是两次差分的过程。本书通过建立双重差分模型，以非移民农户作为参照对象，分析易地扶贫搬迁政策对移民农户家庭生计资本影响的净效果，即求算易地扶贫搬迁政策给移民农户所带来的净福利。

信度与效度分析是指采取同样的方法对同一对象重复进行测量时所得结果相一致和稳定性的程度，也是测量数据的可靠程度。信度系数越高表示该测量的结果越一致、稳定与可靠，问卷的信度主要取决于问卷自身的可靠性和被访者回答的客观性和准确性。常用的信度分析方法是Cronbach's Alpha系数法，通常情况，信度系数值在［0，1］区间，若量表数据信度系数 $\alpha>0.8$，表示量表信度较好；若 $\alpha\in[0.7, 0.8]$，则表示量的信度能接受；如果 $\alpha<0.7$，则表示问卷有些项目需要调整或删除。效度即有效性，指调查问卷或量表所测量到的结果反映所想要考察内容的程度以及能否达到研究者心里预期目标，测量结果与考察内

容越吻合，则效度越高；反之，则效度越低。效度评估内容主要包括内容效度和结构效度，内容效度也称表面效度或逻辑效度，指测量内容与测量目标之间是否适合，主要依据调查设计人员的主观判断。结构效度指测量结果体现出来的某种结构与测量值之间的对应程度，所采用的分析方法是因子分析。本书中对易地扶贫搬迁政策满意度进行信度与效度分析，以检验问卷量表的可靠性和有效性。

路径分析（Path Analysis）是一种研究多个变量之间因果关系及其强度的统计方法，目的是检验一个假设的因果模型的准确性和可靠程度，测量自变量与因变量间因果关系的强弱。路径分析一方面是测量自变量对因变量直接影响，另一方面是测量自变量通过中介变量而对因变量产生的间接影响，两者之和则为自变量对因变量的总影响。一般以路径系数表示，即模型中各变量标准回归系数，也体现影响效应的方向和大小。

聚类分析（Cluster Analysis）是一组将研究对象分为相对同质群组的统计分析技术，主要应用于探索性研究，最终结果需要通过研究者主观判断和后续分析。本书运用聚类分析方法将问卷访谈中移民农户政策需求分为三个层次，不同层次的政策需求表明农户对其需求程度不一样，以此求算政策需求的优先序排序。

二元 Logistic 模型是用于因变量只有 0 和 1 两个值的情况下进行的回归模型，表达某一因素改变一个单位时，事件发生与不发生的概率的比率。移民农户对易地扶贫搬迁政策需求只有需求与不需求这种情况，因此本书借助于 Logistic 模型对农户政策需求的主要影响因素进行分析。

第六节 结构安排

本书共包括九章，各章主要内容如下：

第一章为导论。阐述本书的研究背景、研究意义和研究目的，明确研究思路、技术路线、研究内容及全书结构安排，介绍本书研究过程中所运用的研究方法及主要创新点。

第二章为易地搬迁及政策实施相关概述。从全国及江西省两个方面介绍移民搬迁及政策的历史变迁以及移民搬迁取得的成效；进一步从全国及江西省两个维度概述易地扶贫搬迁政策的主要内容和实施进展。

第三章为相关文献回顾和理论基础。对易地扶贫搬迁、可持续生计、移民生计的国内外文献进行回顾及评述，就本书中所运用可持续生计框架理论、顾客满意度理论、社会资本理论等相关理论基础进行概括和分析，为后续研究提供理论基础。

第四章为研究区域概况及数据来源说明。对研究区域赣南原中央苏区基本情况进行概述，对赣南原中央苏区历史贡献进行总结，分析赣南原中央苏区在新时代振兴发展中面临的主要困境，分析赣南原中央苏区与江西省全省及全国平均发展水平的差距，对现阶段赣南原中央苏区所实施的易地扶贫搬迁政策进行概括和分析，归纳易地扶贫搬迁政策的主要类型，对调查问卷设计过程及样本选取、数据获取方式及数量进行说明，基于数据整理，运用描述性统计方法对样本户基本情况进行分析。

第五章为基于可持续生计框架的农户家庭生计资本评价研究。根据可持续生计分析框架理论，对生计资本指标设定内容及测量方法进行说明，对研究区调查样本移民农户家庭生计资本进行测算，对各项生计资本进行描述性分析，对移民前后农户家庭生计资本进行比较与评价，运用统计方式比较两者之间的差异性变化。

第六章为基于生计资本变化的易地扶贫搬迁政策绩效评价研究。运用概率分布图及均值比较方法对移民农户与非移民农户在两个不同观测时期各项生计资本进行比较，以明确移民农户与非移民农户之间在各项生计资本上存在的差距，以非移民农户为参照对象，运用双重差分模型对移民农户家庭生计资本进行分析，测算易地扶贫搬迁政策的实施效果。

第七章为基于农户家庭生计资本变化的易地扶贫搬迁政策满意度研究。建立易地扶贫搬迁政策满意度分析模型，构建易地扶贫搬迁政策满意度指标体系并对指标体系量表进行检测，对易地扶贫搬迁政策满意度影响因素进行描述性分析，对不同特征移民农户的政策满意度进行描述统计，运用路径分析方法对易地扶贫搬迁政策满意度的影响因素进行分析，归纳影响政策效果满意度的主要因素。

第八章为农户对易地扶贫搬迁政策需求及其优先序分析。根据调查问卷所得数据对移民农户的政策需求在不同位次上频数进行统计分析，采用聚类分析方法求算易地扶贫搬迁政策需求的优先序，采用二元 Logistic 回归方法对影响易地扶贫搬迁政策需求的因素进行分析，归纳影响政策需求的主要因素。

第九章为研究结论、政策建议与研究展望。对研究结果进行概括，归纳总结现阶段赣南原中央苏区易地扶贫搬迁政策的实施效果、移民农户对政策效果满意度以及对政策需求优先序等的研究结论，结合当前国家精准扶贫政策创新要求，提出进一步完善易地扶贫搬迁政策的对策建议。就本书研究过程中存在的不足进行阐述，提出今后需要深入研究的内容和方向。

第七节　主要创新点

本书创新点主要有以下两点：

一是在研究视角上，本书基于生计框架分析理论，建立评价指标与定量评价模型分析移民搬迁前后农户家庭生计资本的变化情况，以衡量易地扶贫搬迁政策的实施成效，是一个比较新颖的研究视角。

二是在研究方法上，本书以非移民农户为参照对象，运用双重差分模型分析易地扶贫搬迁政策给移民农户家庭生计资本所带来的净增效应，比较有效地减少了以移民前后农户家庭生计资本简单相减方法所带来的结论偏差，能够更精准地刻画易地扶贫搬迁政策的真实效果。

第二章　易地搬迁及政策实施相关概述

移民搬迁是随着人类历史变迁而产生和发展，是人口迁徙的过程，移民搬迁政策是政府为有效组织人口迁移而制定的相关规章制度，是服务于移民搬迁但又滞后于移民搬迁，易地扶贫搬迁是移民搬迁的一种特殊形式，是为了摆脱贫困而主动搬离不适应人类居住的恶劣生存环境地区。本章从全国范围及江西省两个维度介绍了移民搬迁、移民搬迁政策变迁过程及取得的成效，并阐述了易地扶贫搬迁的历史背景及现实意义，分别归纳了国家提出的易地扶贫搬迁政策及江西省的具体实施措施。

第一节　易地（移民）搬迁政策的历史变迁

一、我国移民搬迁及政策的历史变迁

（一）我国移民搬迁历史

移民是人类发展演进的重要运动方式，伴随人类历史而产生、发展，并形成波澜壮阔的移民史。在某种意义上说，人类的发展史就是一部移民史，移民促进了人类文明的交汇融合。然而，从严格意义上说，真正的移民是从人类进入农耕经济时代开始的。移民的产生有多种动因归纳起来主要有：自然灾害、政治宗教、军事、生态环境变化、经济利益和工程建设六种因素（廖蔚，2005）。

自然灾害因素是指由于干旱、洪水、狂风、暴雨、泥石流、冰雹、地震、山崩、海啸、火山爆发、蝗灾及瘟疫等导致的自然灾害，往往对人们的生存造成直

接的危害，迫使人口大规模迁移，以寻找有利于生存和发展的地方。

政治宗教因素是指因种族、宗教、政治等原因而造成的大规模人口迁移，在人类历史上并不少见，如18世纪迁往美洲新大陆的很多欧洲移民，其重要动因就是躲避政治宗教迫害。

军事因素是指因军事原因而导致的移民，主要有两种，一种是由于战乱迫使人们大量地迁移到相对安定的地方生活，另一种是因为边疆卫戍、战略要地粮草补给等国防安全的需要而大规模的迁移人口。

生态环境因素是指因生态环境条件恶化而丧失人类居住条件的原因而产生的生态环境移民。

经济因素主要是指由于追求更好的经济条件、更高的生活质量、更加适合自己生存发展的自然和人文环境而以人才流动、劳工定居等形式而产生的人口迁移。

工程因素是指因社会经济发展而大量新建水利、电力、公路、铁路、机场、城市交通网络、河道工程等而导致的工程建设移民。

1. 历史上的中国移民

移民是社会演变的脉络，是民族融合的始因，是历史永恒的主题。杨丽丽等（2009）将历史上的中国移民分为“国内移民”“海外华人”和“西人来华”三大部分。

“中国移民史”传说始于商朝，商朝末年，周灭商，大批商朝军民乘竹筏东渡大海逃亡，有学者认为其中有部分流落到了中、南美洲。以后各朝代都有不少华人由于经商、逃难、宗教等原因留居海外。明代永乐年间“三宝太监”郑和下西洋后大批人开始移居南海各国。19世纪中叶鸦片战争后有大量华工，因欧洲工业革命的需求而移居到美洲、欧洲、东南亚及世界各国。

一般来讲，中国古代历史上共有六次大规模的移民，即第一次是汉武帝时从元朔二年（公元前127年）间到元封元年（公元前110年）的20多年的时间里，完全由政府实施的移民为120万人；第二次是从西晋永嘉年间到南朝宋元嘉年间（公元307~453年），中原汉族南下江南等地；第三次是“安史之乱”后中原汉族的南迁；第四次是“靖康之变”后的南迁；第五次是明初大移民；第六次是清代移民。就人口分布而言，人口多的地方，当地的农业生产条件一般都比较好。中国古代在宋朝之前，主要是“土满”问题，即地广人稀，需要用人口迁移来均匀地分布人口，合理分配土地。

清代及近代以来出现了“闯关东”“走西口”“下南洋”三股巨大的移民潮，对现代中国的形成产生了巨大且深远的影响。

2. 水库移民

水库移民是指因水利水电资源开发建设或大江大河治理而发生的、国家或政府主导的、多方参与的、有组织的、大规模的非自愿人口迁移过程及其引发的社会经济系统重建活动。

从1949年中华人民共和国成立以来到20世纪80年代中叶，我国水利工程大致经历了两个阶段，这两个阶段建成的水库产生了大量移民，累计约1000万人。一是中华人民共和国成立初期水库移民，在1950～1957年间，治理大江大河，兴修水利工程而进行的移民，由于移民问题处理较为慎重，补偿费用较为合理，基本上没有什么遗留问题。二是“大跃进”至“文化大革命”结束期间，全国以“兴建大型骨干控制性工程”为标志，先后完成了三门峡、新安江、龚嘴、密云、丹江口等280多座大型水库建设，也安置了大量水库工程的移民，这个时期产生了大量的水库移民问题。

针对水库移民存在的问题，党中央、国务院多次召开会议，研究水库移民工作，部署解决水库移民遗留问题。1984年，水利电力部专门召开水库移民政策研讨会，针对过去水库移民中取得的成绩、经验和存在的各种问题，进行深刻的总结，认识到水库移民工作必须从单纯安置补偿的传统做法中解脱出来，改消极补偿为积极创业、变单纯救济生活为多门路扶持生产，使移民安置与库区建设结合，实现移民安居乐业、移民社区长治久安。因此，第一次提出了实行开发性移民的办法，强调把移民安置与库区经济发展结合起来，提高移民的自我发展能力。“开发性移民”的提出得到党中央、国务院的充分认同和肯定，并在三峡库区进行开发性移民的试点，以探索解决库区移民难题的路子。

3. 生态（扶贫）移民

在西方语境下，与“易地移民搬迁”相对应的概念是“生态移民”（吴丰华和于重阳，2018）。中国的易地扶贫搬迁，是指把居住在深山区、高寒山区、生态环境脆弱地区，以及“一方水土养不起一方人”的生产生活条件极为艰苦地区的贫困农户搬迁出来，到条件较好的地区发展致富，从根本上解决长期困扰他们的生存问题（Cindy Fan C.，2013）。

我国贫困人口大多聚居在中西部省（区），特别是广大农村地区，截至2016年底农村贫困人口为4335万，占农村户籍人口的7.35%。国家最早的扶贫项目之一从1983年起国务院确定实施“三西”农业建设项目，国家每年投入资金2亿元（甘肃1.66亿元、宁夏0.34亿元）实施扶贫（生态）移民搬迁开发，先后进行了三期。从1994年开始扶贫移民的范围进一步扩展，延伸至东北地区的辽宁、吉林，华南地区的广东、华北地区的山西和华中地区的湖北等地也将移民搬迁纳入扶贫开发之中。

进入21世纪，农村贫困状况明显改变，虽然贫困人口仍然主要集中在中西部地区，但呈分散化分布，国家改变了以县为单位的扶贫策略，制定了以村为单位的扶贫对象，确定“整村推进”，结合国际上扶贫经验，在理论层面提出“参与式扶贫”，确保贫困农户参与项目建设当中。2001年国家计委发布《关于易地扶贫搬迁试点工程的实施意见》以后，对宁夏、内蒙古、贵州、云南等省区经济发展落后、生活条件差的地区实施易地扶贫搬迁约74万贫困农户。同时，在广西、四川、陕西、甘肃4省区实施约4万贫困群众的小规模搬迁，2004年移民试点范围扩大至9省区，其中西北3省区（陕西、宁夏、青海）、西南3省（云南、贵州、四川）、华北2省区（内蒙古、山西）、广西，从此生态移民在全国经济社会发展的落后地区全面展开。

（二）我国移民搬迁政策的演变

1. 水库移民政策

自中华人民共和国成立以来，水利水电工程移民工作及政策大致上可分为四个阶段（朱东恺，2005）。

第一阶段是中华人民共和国成立初期，政务院于1950年10月作出了《关于治理淮河的决定》，对淮河、永定河等主要河道进行了治理，完成了淮河佛子岭、永定河官厅水库等大型水库工程建设和移民安置任务。

第二阶段是20世纪50年代末到70年代中期的特殊历史时期，“左”倾思想影响严重，高指标、瞎指挥和“一平二调”盛行，一些工程建设曲折反复甚至违反一般决策程序，移民安置遗留诸多问题。

第三阶段是十一届三中全会以后，我国进入以经济建设为中心、实行改革开放的新时期，我国水利水电建设开始快速发展，很多项目恢复建设。在水利水电工程建设和移民安置问题上，党和政府在总结了30多年水库移民工作经验教训的基础上，一方面采取措施解决历史上遗留下来的移民问题，另一方面积极主动地改革水库移民的工作方针，制定了一系列的解决移民问题的政策、法规和规范。特别是1991年国务院第74号令颁布《大中型水利水电工程建设征地补偿和移民安置条例》，第一次以法律的形式把水库移民纳入法制轨道，它是我国水库移民第一个专用性法规，对水库移民的若干方面做了针对性的规定，具有很强的专业性，自颁布以来，改变了水库移民工作无法可依的局面，有力地推动了水库移民工作的法制化建设。这是一个历史性的进步，为做好移民工作发挥了重要作用，使移民工作发展到了一个新的阶段。针对三峡工程，1993年8月，国务院以126号令颁布了《长江三峡工程建设移民条例》，此后，国务院对《三峡移民条例》进行修改，对开发性移民方针的基本内涵作了进一步表述，增加了“实施可持续发展战略”“发展经济”等内容。

第四阶段是自2004年以来，我国政府的农村土地政策基本框架在局部上作出了较大调整。土地政策的显著特点是强调我国政府要执行世界上“最严格”的耕地保护政策，控制乱占和滥用土地，保障失地农民的利益。2004年10月四川瀑布沟事件已载入我国水利水电工程移民史册，该事件显著影响了我国西部水电开发进程，甚至对全国的水利水电工程建设也带来了重要影响。被国家列为“十五”建设项目的重要工程之一，也是西部大开发的标志性工程之一，涉及10万移民，事件引起国家的高度关注。水利水电工程的建设必然涉及移民问题，移民问题作为敏感问题，势必将影响到水利水电工程的决策，以瀑布沟事件为标志必将要重新审视我国的水利水电工程决策。

2. 开发性移民方针

1984年水利电力部提出的“开发性移民方针”为我国水库移民指明了正确的方向和目标，是水库移民理论上一次质的飞跃，从根本上改变了中华人民共和国成立以后实施了30多年的补偿性移民的基本思路，把移民的搬迁安置、库区资源的开发利用、库区经济结构调整、经济的进一步发展、安置区的社会稳定与广大移民的脱贫致富结合起来，把搬迁安置与经济开发、实现可持续发展融为一体。开发性移民从本质上摒弃了简单的原样搬迁，根据库区经济资源状况、库区经济结构特点和可持续发展要求重新进行规划和资源的合理配置，把库区和迁移地、移民生产生活及经济发展等作为一个系统工程统筹规划，采用经济、市场的手段迁建、安置移民，改变了过去长期实行的“一补了事”的移民安置方式，而把它变成为一个有助于调整库区经济结构，加快产业换代升级，促进库区经济、社会、人口、环境、资源相互协调和实现库区可持续发展的积极因素。

开发性移民方针的提出，“第一次使移民迁建、安置成为一种经济行为”。过去实施的补偿性移民基本上是一种单纯的、由政府实施的行政性工作，而开发性移民方针的提出，则“第一次把它作为一种经济现象来看待，突出了移民迁建的经济性；它是库区经济结构调整和经济发展的一项重要内容，是移民脱贫致富的重要途径，将移民迁建、安置视为一种经济行为和经济发展过程，反映了移民迁建、安置要符合社会主义市场经济发展要求，必须按照市场经济规律办事的特点，强调移民迁建、安置必须既注重社会效益，又注重经济效益的思路”。

3. 生态（扶贫）移民政策

将易地移民搬迁作为一项扶贫政策并将其付诸实施源于改革开放之初的地方政府自发实践（吴丰华和于重阳，2018）。1982 年，甘肃河西走廊、定西市和宁夏西海固地区遭遇了严重旱灾，80% 的人口缺粮半年以上，70% 的农户不能维持温饱。针对“三西”地区严重干旱缺水和当地群众生存困难的情况，政府探索实施了“三西吊庄移民”扶贫，同时实现了救灾、扶贫和生态保护三重目标。到 1998 年底，“三西”地区已经有组织地将 63 万受灾群众从贫困地区搬迁到新开发地区。这是中华人民共和国成立以来我国第一次有计划、有组织、大规模的易地移民搬迁。广西壮族自治区自 1993 年起对自然环境恶劣、资源匮乏的石山区实施易地搬迁，截至 1999 年底，共建立了 305 个安置点和 124 个居民点，安置移民 43755 户 208 万人（黄承伟，2000）。1994 年，中央政府颁布实施了我国第一个扶贫开发的纲领性文件——《国家八七扶贫攻坚计划（1994—2000 年）》，明确提出“对极少数生存和发展条件特别困难的村庄和农户，实行开发式移民”。中央正式确定宁夏、内蒙古、云南、贵州四省区为国家易地移民搬迁试点项目区，标志着这项工作由地方政府自发实施上升为国家战略，进入中央鼓励、地方试点的阶段，成为中国扶贫开发的重要举措。此后，陕西、甘肃、宁夏、山西、河北、广东、广西、湖北等省区相继启动了易地移民搬迁工程。2006 年中央政府颁布了我国第一个易地扶贫搬迁的纲领性文件——《国家易地扶贫搬迁“十一五”规划》，明确提出在 2006 ~ 2010 年搬迁农村贫困人口 150 万，标志着我国易地移民搬迁进入了中央统筹、地方推进的阶段，“十一五”期间中央累计安排易地扶贫搬迁资金76亿元，地方政府总投资超过106亿元，共搬迁162.7万人。

二、江西省移民搬迁及政策的历史变迁

（一）江西省移民搬迁历史

江西省作为中国的一个自然组成部分，其各种变化都与全国息息相关，其发展历史深受国家各种政策变革的重要影响，自古以来江西省的人口移民变迁都与当时国内政治经济形势密切相关，受当时全国大规模人口迁移的重要影响，江西人口迁移成为人口迁移潮的重要组成部分。人口迁移对江西省的历史产生了深远影响，在一定程度上决定了江西省的历史发展走向。

1. 中华人民共和国成立前的江西省移民搬迁

江西省的移民搬迁情况随着历史的演进而不断变化。

自商朝到西汉末年之前完全由政府实施的不下120万人的中国第一次大移民期间，江西所处的江南地区还被称为“蛮夷之地”，开发程度远远落后于当时比较发达的北方地区，移民还处于萌芽状态。

从西晋永嘉年间到南朝宋元嘉年间的中国历史上第二次大移民期间，江西省的移民状况出现了比较明显的变化。在三国结束之后，西晋王朝统一的短短52年内，“八王之乱”及“五胡乱华”使黄河流域沦为战场长达300年之久的动乱，长期战乱导致了我国文明史上第一次大规模人口南迁浪潮。随着大量北人南来，促进了江南经济开发，打乱了原有的社会结构，萌发了文明的新气象。由于江西离中原较远，移民人口到达较少，仅在北部地区设置了几个侨县，在“永嘉南迁”之后，促进了江西的经济开发，江西社会经济文化得到了较大发展。

唐朝时期，南方长江流域经过魏晋南北朝时期的发展，经济上已可以与北方黄河流域相抗衡，但当时的文化中心仍在北方黄河流域，黄河流域集中了中国大量的消费人口，粮食供应已经开始依靠南方长江流域的接济。长达八年的“安史之乱”促使北方人再次南下，从而形成中国文明史上的第二次人口南迁浪潮，大量的北方人纷纷向江西等南边地带逃难。“安史之乱”后中原汉族的南迁历时一个半世纪，直到北宋初年，才完成了中国经济文化中心的南移。江西在此次人口

迁移过程中得到了大量人口迁入，为日后江西在宋明时期的发展奠定了基础。

两宋时期，由于北方处于和少数民族政权的长期战乱当中，这次战乱带来中华文明史上的第三次人口南迁高潮，在长达150多年的时间里，移民人口达到200万至500万人。今东南各省，包括江西在内，接受了大量来自北方中原地区的移民，这些移民中有众多的宗室成员、官吏、士人及其家属（田旭敏，2009），这极大地促进了江西文化教育事业的发展。

明清时期，出现了著名的人口大迁移，“江西填湖广，湖广填四川”。元末明初连年战祸，使长沙田园荒芜、百姓亡散、庐舍为墟，许多地方杳无人烟，明王朝就近从江西大量移民迁入长沙地区（湖北和湖南，当时两省是一个省份，称为湖广省），并允许“插标占地”，开启了历史上有名的“江西填湖广”的宏伟史诗，历史上也将此次移民称为“洪武大移民”。此次移民中，在湖南地区，来自江西移民占据绝大多数，达到了78.5%（吴松弟和曹树基，1997）。从湖南全区的情况看，吉安移民占所有江西移民氏族总数的一半以上，根据相关记载，在明洪武年间，江西各地迁往两湖地区的移民氏族，按照由多到少的顺序依次为：吉安、南昌、袁州、临江和瑞州。“洪武大移民”在湖北地区，江西籍移民依然是主流，占70%（葛建雄等，1997）。其中来自饶州府和南昌府的移民最多，均为19万左右，吉安府约为8万，九江府移民约为3万。

明朝永乐年间到明朝后期，江西等省移民仍在源源不断地迁入两湖，虽然不似洪武年间猛烈，但因持续时间较长，总量也十分可观。这些移民主要是为了在经济上寻求发展，有的以为两湖荒地可随意圈占开垦，有的因苦于江西等地赋重，湖北比之要轻且逃税机会多才决定北迁。

在清初，由于社会动乱和战争的原因，四川人口极度稀少，需要充实，湖广填四川的移民运动中，两湖地区成为移民四川的重要输出地。浙江、福建、广东沿海居民内迁，造成现今两湖和江西地区客家人的大量分布（孙一帆，2008）。

抗战时期，战争的巨大破坏，给江西社会造成了重大的影响，大批民众为避战火进行了迁移。据1945年6月的统计，赣省流亡难民人数，全沦陷区为511842人，半沦陷区为144065人，克复区为632572人，完整区为71560人，总计1360039人。难民的主要流向是本省的赣南地区，邻省的闽北、浙南、皖南、鄂西北地区及西南地区（张根福，2006）。

2. 中华人民共和国成立后江西的移民搬迁

中华人民共和国成立后，江西省1954年至1990年间的人口迁移规模呈现出波浪式发展，三次迁移高峰分别出现在1960年、1968年和1981年。江西省内人口迁移在中华人民共和国成立后的不同时期呈现出不同的特点。1965年以前，即“一五”“二五”期间，由于国家经济建设的需要，大量农村人口迁入城市，“二五”后期，政府又有计划地组织城镇人口向农村迁移以减轻城镇职工工资支出和城镇供销粮的压力。“文化大革命”初期，知识青年上山下乡运动导致大量城市人口迁往农村，几年之后，知识青年又大批回城。改革开放后，以务工经商为标志的经济型人口迁移开始占据主导地位，由乡村流向市镇。中华人民共和国成立以来江西省内因兴建大、中型水库，也导致了约35万水库移民。

江西省人口迁移中省际人口迁移比重较小。中华人民共和国成立之初，因政权建设的需要，迁入了一批随军南下的干部，而后迁入的原因主要是支援江西经济建设和国家调整工业布局，以及“上山下乡”运动。“一五”期间江西迁入过一批上海的劳动力，20世纪60年代以后，迁入的上海移民则是技术人员和熟练工人，上海的下乡知识青年也大批进入江西。改革开放之后，江西省省际移民则以经济移民为主，先后接受安置过几次国家大型水库库区移民（郑克强，2013）。

（1）水库移民。江西省有284座大中型水库，共搬迁和安置移民120.44万人。其中，中央直属水库移民51.1万人（包括1986年以前建成的柘林、上犹江、罗湾、江口、洪门五座水库移民26.86万人，1986年以后建成的万安、东津水库移民6.63万人，浙江新安江、富春江水库迁赣移民16.6万人，三峡水库移民10143人），地方水库移民69.34万人（包括本省修建的水库移民67.16万人，湖南省韶山灌区等水库移民2.18万人）。江西省境内安置的大中型水库移民安置在全省11个设区市及其所辖的100个县（市、区）的1100多个乡镇的20100个村组。对江西产生较大影响的是新安江水库移民及三峡水库移民。

自中华人民共和国成立以来，中国因水利水电工程建设而产生了大量的水库移民，新安江水库是中华人民共和国成立后第一批大型水利工程，是被列入国家“一五”计划的中央级大型水利工程。新安江移民工作从1956年开始，移民达31万人次之多，在江西境内安置的新安江移民有十万之众，近1/3。新安江移民入赣的过程并非一帆风顺，历经了由自发性到计划性移民的过程。这批入赣移民被安置在江西20多个县（市），安置地主要是偏远山区，移民虽有十万之众，然而分散安置在江西后，对于江西人来说，是处于边缘化的弱势群体，也偏离了省内安置的移民主体（王康敏，2013）。

三峡水库移民又是一次较大规模人口内迁江西的移民工程。江西省作为三峡库区农村外迁移民接收安置地，自靖安县2000年开始接收安置三峡库区重庆市云阳县农村外迁移民185户806人以来，到2004年，已有计划地先后在全省7个县接收安置重庆市云阳县和奉节县农村政府组织外迁移民8633人，这些移民集中安置在50个乡镇场，分散安置在146个安置点，平均每个安置点约为13户59人（周忠伟和祝昌鸿，2011）。

（2）生态（扶贫）移民。江西省生态扶贫移民起始于20世纪90年代。1998年，江西省委、省政府作出移民扶贫决策，将居住在深山区、地质灾害频发区和长期遭受水患的鄱阳湖区的贫困群众进行集中搬迁，安置到交通便利、土地肥沃、资源丰富的乡镇，帮助他们开辟脱贫致富的门路，自此开始了江西省生态扶贫移民之路。2003年，江西省启动第二阶段移民，计划用5年时间，将21个国家级贫困县的25万地处深山区、地质灾害频发区的贫困群众进行集中搬迁安置，到2005年底已完成移民10.6万人，到“十一五”结束时，江西省已累计完成移民扶贫搬迁37万人。“十二五”期间，江西省加大了生态扶贫移民力度，大量增加生态移民资金投入，整合各级资金，投入300多个亿，帮助34.6万名贫困群众，搬离深山区、地质灾害区、库区和农村重点污染区，搬迁到城区、工业园区、乡镇和中心村。

（二）江西省移民搬迁政策的演变

江西省移民搬迁政策的演变是根据江西省移民搬迁历史演变的，可分为中华人民共和国成立前和中华人民共和国成立后两个阶段。

1. 中华人民共和国成立前江西移民搬迁政策

在中国古代历史上，有关江西省的移民搬迁当中，由于政治、经济、军事等非政策因素所引起的移民占大多数，典型的是中国文明史上的三次人口南迁浪潮；到明清时期，政策因素所引起的江西移民占据了主导地位。

江西三次较明显的移民出现在中国历史上三次大规模的人口南迁浪潮时期，这三次移民主要是由战争军事因素所引起的，都是为躲避战乱而被迫迁移，并无相关移民政策可言。

在抗战期间，由于战争因素产生了以大量难民为主的移民，这一时期的移民安置政策更多表现为难民的安置救济政策。国民政府行政院先后颁布《非常时期难民救济办法大纲》《非常时期难民服役计划纲要》《振济委员会救济难童团体申请补助经费办法》《抗战中华人民共和国成立时期难童教养方案》等各项法令，江西省遵令设立难民救济委员会江西分会及各县支会，专办战时难民救济事宜。为了解决大量难民问题，江西省振济会积极推行以“振济为体，以生产为用”的振济政策，1937 年以后更大力推行“以工代贩”的政策，包括开设简易工厂、移民垦殖等，1941 年 5 月 5 日第 1360 次省务会议通过了《江西省救济难民实施办法》，除对难民进行消极的收容、配置、管理外，还积极地发挥难民的力量，令其各有所用。

为解决难民生计并能使之长久维持，国民政府大力推行难民垦殖，江西由于荒地多，劳动力少，成为难民垦殖的一大理想地。国民政府在 1938 年 10 月 15 日颁布《非常时期难民移垦规则》后，江西省政府积极响应，颁布了一系列促进垦殖事业的法令和政策。1939 年 12 月 19 日颁布了《江西省非常时期垦殖事业推进办法》，1940 年 9 月颁布了《江西省各县办理垦殖事业奖惩办法》，同年江西省振济会颁布了《江西省振济会难民移垦实施办法》，1941 年 2 月 25 日颁布了《江西省各县荒地承垦规则》，5 月 2 日颁布了《江西省非常时期难民移垦区荒地清查办法》，1942 年 1 月 18 日颁布了《江西省配置难民移垦零荒施行细则》，10 月 23 日颁布了《江西省奖励垦荒暂行办法》，1944 年 5 月 20 日颁布了《江西省各县垦殖督导团督促垦荒办法》。江西通过出台一系列政策办法，促进难民垦殖事业的发展，推动难民安置生计问题的解决。

2. 中华人民共和国成立后江西移民搬迁政策

（1）水库移民政策。中华人民共和国成立以来因多种原因水库移民问题一直未能得到有效解决，移民的生产生活条件普遍较差，移民安置区“行路难、饮水难、上学难、就医难、用电难”问题比较突出。2003 年 11 月，江西省编制的《中央直属水库移民遗留问题处理 6 年规划》被国家批准。规划明确，江西省以移民增收为中心，对尚未解决温饱的贫困移民实施重点扶持、加强移民安置区的水电交通等基础设施建设、改善移民生产生活条件、全面提高移民的科技文化素质、加快移民向非农产业的转移步伐、调整和优化移民安置区的产业结构。

根据《国务院关于完善大中型水库移民后期扶持政策的意见》（国发〔2006〕17 号）和财政部《大中型水库移民后期扶持基金征收使用管理暂行办法》精神，江西省制定了《江西省大中型水库移民后期扶持政策实施方案》（赣府发〔2006〕21 号），以帮助水库移民脱贫致富，促进库区和移民安置区经济社会发展，构建社会主义和谐社会，保障新时期水利水电事业健康发展。

为贯彻落实党的十八大、十九大精神，坚持打好脱贫攻坚战，江西省先后颁布了《关于加强水库移民美丽家园建设的指导意见》（赣扶移字〔2017〕61号）、《关于编制水库移民美丽家园建设三年行动计划的通知》（赣扶移综字〔2017〕76号）、《2018—2020年省派单位定点帮扶工作方案》和《关于报备2018年度大中型水库移民后期扶持项目有关事项的通知》等一系列政策通知。以做好水库移民安置扶持工作，加强移民安置区建设，实现乡村振兴战略，决胜全面建成小康社会。

1）专项资金助力水库移民后期扶持。相关政策明确规定，在水库移民安置扶持过程中，通过加大水库移民后期扶持资金和基金投入，开展水库移民产业扶持示范点建设，加强安置区基础设施建设，解决移民安置区突出困难、在建工程突出困难，统筹考虑大中型水库移民美丽家园建设、移民危房改造、移民产业扶持和贫困移民脱贫攻坚等需求，助力水库移民后期扶持的开展。

2）定点帮扶助推脱贫攻坚。在水库移民安置过程中，组织安排党政机关、人民团体、事业单位、国有企业、金融机构、高等院校、中央驻赣单位深入贫困村开展定点帮扶工作。通过加强工作队伍建设、落实帮扶规划、强化对接帮扶的工作方式落实扶贫政策，解决水库移民后期问题，打赢脱贫攻坚战。

（2）生态（扶贫）移民政策。党的十八大以来，江西省为保障新阶段全省移民搬迁扶贫工作顺利开展，一系列生态（扶贫）移民政策和规划相继出台。2012年江西省政府出台了《关于完善库区深山区移民搬迁扶贫有关政策的意见》，配合补充之前发布的《江西省库区深山区移民扶贫若干政策规定》并制定了相关优惠政策；2014年下发《江西省扶贫和移民产业贷款试点工作指导意见》及2015年的《关于开展交通扶贫推进贫困地区自然村（25户以上）和搬迁移民扶贫集中安置点通水泥路建设的通知》；2016年出台了《江西省“十三五”易地扶贫搬迁工作实施方案》，并以此为基础于2018年出台了《江西省财政厅关于拨付易地扶贫搬迁贷款利息资金的通知》。江西省已经形成了一套较为完整的扶贫移民工作方案政策体系，以此来推动生态扶贫移民工作的开展。

1）金融和信贷资金的支持。充分利用国家易地扶贫搬迁政策性金融信贷资金，做好易地扶贫搬迁移民安置及基础设施建设；灵活运用支农惠农再贷款、再贴现、信贷政策导向效果评估等工具，引导辖内商业性、合作性金融机构不断强化社会责任意识，加大扶贫搬迁移民产业担保贷款、扶贫小额信用贴息贷款及创业担保贷款等信贷投放，有效支持安置区后续产业发展和搬迁移民创业就业。

2）安置点基础设施、公共服务建设。结合当地经济发展实际和安置点建设需要，在整合相关部门资金的基础上，发放建档立卡贫困人口建（购）房补助，统筹用于各地规划的建档立卡贫困人口与同步搬迁人口安置点的基础设施、公共服务设施建设；将农业、林业、水利、地质灾害防治、农网改造、新农村点建设和农村敬老院、社区居家服务中心建设等涉农惠农资金，在确保资金性质、用途不变的前提下，用于安置点的基础设施、公共服务设施建设。

3）相关政策落实社会保障。以县为平台统筹整合多种涉农惠农政策，在各项指标安排上向易地扶贫搬迁实施县倾斜。搬迁对象在符合政策条件前提下，进城进园区安置的移民户实行“二转一选择”的社会保障，可以直接办理城镇居民户口，也可以保留农村户籍办理城镇居住证，享受城镇保障性住房政策等城镇居民待遇，各种强农惠农政策不变；在乡镇和农村中心村安置的移民户可享受农村危旧房改造政策。整体搬迁移民安置点道路建设，同等享受省政府《关于进一步加快交通运输事业发展的意见》（赣府发〔2013〕10号）所明确的25户以上自然村通村水泥路和村内道路建设补助政策。

4）用地保障促进就业创业。通过城乡建设用地增减挂钩试点政策，解决易地扶贫搬迁安置所需建设用地，在满足城镇化需要的基础上，集中连片特困地区和片区外国家扶贫开发工作重点县，可将部分城乡建设用地增减挂钩节余指标在全省范围内使用。加大对易地扶贫搬迁移民转移就业培训的支持力度，“雨露计划”“阳光工程”等资金安排向易地扶贫搬迁实施县倾斜。优先扶助搬迁移民小额贴息贷款、子女免费就读职高、免费创业就业培训和职业介绍。优先安排搬迁移民在工业园、农业产业龙头企业或产业基地就业，确保有就业需求的家庭有一人实现就业。

5）产业扶持促进脱贫致富。重点扶持符合当地实际的种、养、加等特色产业项目，支持迁出地建设现代农业产业发展。易地扶贫搬迁移民流转的土地，在复垦过程中，宜林的复垦为林地、宜园的复垦为园地、耕的复垦为耕地。复垦的山林和耕地，符合条件的要优先纳入生态保护和农业综合开发扶持范围，促进农户增收脱贫致富。

第二节 易地（移民）搬迁实施的成效

一、我国移民搬迁取得的成效

（一）水库移民成效

中华人民共和国成立以来，全国范围内修建大中小水库约8.6万座，总库容量4924亿立方米，共建成水电站4500多座，总装机达6.5万兆瓦，年发电量2100多亿千瓦时。通过水库与全国26万多公里的江河堤防及98处蓄滞洪区联合调度，保护了4.1亿人口、3300多万公顷耕地、600多座城市和主要铁路及交通干线的防洪安全，灌溉农田面积1600多万公顷。

修建水库不可避免地淹没部分耕地和搬迁安置库区的居民，中国在水利工程建设中，由于修筑大坝而淹没耕地150多万公顷，搬迁安置水库移民1500多万人，主要分为两个阶段：第一阶段为1978年实行改革开放以前，全国8.6万座水库中，大部分是在这一时期建设的，共计搬迁安置水库移民约1000万人，保证了工程建设的顺利进行，其中丹江口水库移民38.3万人、三门峡水库31.9万人、东平湖水库27.8万人、新安江水库30.6万人，是该阶段水库移民搬迁规模较大的水利项目。第二阶段为1979年中国实行改革开放以后，中国建成了长江三峡、黄河小浪底、葛洲坝、龙羊峡、乌江渡、隔河岩、水口、五强溪、二滩、东风、桃林口、飞来峡等70多个大中型水库大坝，搬迁安置水库移民约250多万人。其中，长江三峡工程是中华民族治水兴国的“中国梦”标志工程（梁福庆，2011），三峡工程顺利建设的关键在于百万移民搬迁安置，该工程淹没涉及湖北、重庆两省（市）20个区（县），搬迁安置人口129.64万人，迁建12个城市（县城）、114个集镇、1632个工厂及众多专业设施项目，涉及移民搬迁安置、产业发展、环境保护、资金管理、项目管理、政策法规、移民权益保护、库区稳定等20多个方面，移民补偿投资高达529.01亿元（1993年5月静态价格），移民时间长达17年（1993～2009年）。

（二）生态（扶贫）移民成效

2016年9月，《全国“十三五”易地扶贫搬迁规划》提出到2020年完成1000万建档立卡贫困人口的搬迁任务、实现稳定脱贫，共涉及全国22个省（区、市）约1400个县（市、区）。全国各省市区高度重视，全力推进易地扶贫移民工作。

表2-1　2016~2017年全国各省移民搬迁安置成效

省份	年份	移民搬迁人数（万人）			安置点建成数（个）	安置人数（万人）
		总数	建档立卡	同步搬迁		
河北	2016	12.37	6.87	5.50	153	5.34
	2017	8.97	3.20	5.77	37	1.59
山西	2017	15.00	12.00	3.00	601	7.46
内蒙古	2017	8.00	5.00	5.00	479	3.70
吉林	2017	—	0.91	—	30	1.13
安徽	2017	3.51	—	—	407	3.08
福建	2017	—	4.74	—	—	3.54
江西	2016	—	4.20	—	—	4.20
	2017	—	7.00	—	—	4.24
山东	2017	2.64	0.94	1.70	27	1.15
河南	2016	—	10.00	—	310	9.10
	2017	—	—	—	390	—
湖北	2017	35.00	—	—	5039	14.17
湖南	2017	35.00	—	—	—	34.00
广西	2016	—	21.00	—	—	17.47
	2017	—	41.00	—	—	19.49
重庆	2016	13.05	10.85	2.20	—	—
	2017	—	8.70	—	—	8.70
贵州	2016	45.00	36.33	8.67	562	45.00
	2017	76.28	68.62	7.66	78	7.77
云南	2016	—	30.00	—	—	28.30
	2017	—	20.00	—	501	13.70
西藏	2016	—	—	—	353	7.70
	2017	2.50	—	—	450	16.80

续表

省份	年份	移民搬迁人数（万人）			安置点建成数（个）	安置人数（万人）
		总数	建档立卡	同步搬迁		
陕西	2017	32.08	—	—	—	42.75
甘肃	2017	23.80	18.00	5.80	480	6.35
青海	2017	11.70	7.30	4.40	459	8.10
宁夏	2017	—	—	—	—	4.07
新疆	2017	8.39	—	—	—	2.67

资料来源：国家发展和改革委员会《全国易地扶贫搬迁年度报告（2018）》。

2016～2017年全国22个省份完成扶贫移民搬迁589万人，其中2017年开工扶贫项目1.48万多个累计为191万建档立卡搬迁人口落实帮扶措施，完成340万人易地扶贫搬迁。

二、江西省移民搬迁取得的成效

（一）历史上的江西移民搬迁成效

在我国历史上三次北民南迁的过程中，三次南迁所导致的成效不尽相同。第一次南迁即“永嘉南迁”之后，虽然江西离中原较远，移民人口到达的较少，仅在北部地区设置了几个侨县，但北民南迁过程中带来了北方先进的耕作技术、生产技术等相对较为先进的北方文明，促进了江西的开发，使江西的社会经济文化得到了较大发展。

“安史之乱”后，中原汉族的历时一个半世纪的南迁，给江西带来了大量的劳动力、先进的生产技术，促进了江西经济的发展，南方经济日益超过北方，也给后代江西文化的繁荣发展带来人才、经济和文化基础。

“靖康之变”后，江西迎来了第三次北民南迁的高潮。这些移民中既有众多的宗室成员、官吏、士人及其家属，又有更多的下层百姓。这些人口的迁入，不仅提高了江西地区人口的素质，而且促进了当江西教育的发展，具体表现在三个方面：第一，促进了办学风气的兴盛；第二，大批宗室成员、官吏、士人迁居江西，促进了江西书院教育的发展；第三，活跃了当地的办学风气和学术氛围，促进了学术思想的发展，促成了大批著名学者的出现，江西的教育文化发展繁荣。

明清时期，由于两宋时期江西经济文化较为发达，免受北方战乱影响，江西接纳了大量外来移民，使江西人口过多、耕地不足，出现了较为严重的人地矛盾问题；与此同时，湖广、四川等省因战乱或其他因素影响，人烟稀少，大量耕地荒芜，江西填湖广应运而生。这次移民活动不仅缓解了江西的人地矛盾，还填补了湖广、四川等省份的人口空缺，促进了当地生产的发展，维护了社会的稳定，并巩固了封建王朝的统治。此外，大规模、大范围的移民活动还促进了江西文化的传播，促进了各地的文化交流，对湖广地区的风俗习惯产生了深远影响。

抗战时期，国民政府对包括江西在内的全国性的难民安置政策在一定程度上缓解了难民问题给社会带来的压力。在传统救济方式无法适应战时需要时，安置政策提出了一系列现代救难措施，为合理安顿难民、发展战时生产事业作出了贡献，也在客观上加速了后方地区的发展。

（二）当代江西的移民搬迁成效

1. 水库移民（后期扶持）成效

在国家层面，20 世纪七八十年代是水库移民的空白期，该时期的移民安置由于政治、政策和技术等原因，重工程、轻移民，重搬迁、轻安置，导致移民安置效果极差，水库移民问题一直未受到重视，至 1986 年水利电力部呈送国务院的《关于抓紧处理水库移民问题的报告》一文，由此国家才开始重视水库移民问题。《浙江省民政志》载“1987 年 4 月，水电部决定，将新安江水电站列为水库移民遗留问题第一批处理项目（库外移民），拨贷资金 1600 万元，其中无偿拨款 700 万元，有偿贷款 900 万元”。1995 年 5 月 26 日国务院办公厅下发了《关于解决新安江水库移民遗留问题的通知》（国办函〔1995〕32 号），由此，党中央、国务院才真正将新安江水库移民问题提上议事日程。

自中华人民共和国成立以来，江西省境内兴建了上犹江、洪门、江口、罗湾、柘林等大中型水利水电工程共 280 多座，同时在 20 世纪 60 年代末 70 年代初，还接收了浙江新安江、富春江水库移民 14 万余人，共搬迁和安置水库移民 120. 44 万人。根据 2006 年大中型水库移民后期扶贫对象统计，江西省水库移民 161. 53 万人，分布于全省 11 个设区市及其所连 11 个县 1100 个乡镇 20100 个村组。

根据《大中型水利水电工程征地补偿与移民安置条例》（国务院〔2006〕

471 号和国发〔2006〕17 号）相关规定，江西省主要采取三种水库移民后扶路径：一是人均 600 元每年的现金直补扶持，政策实施第一个五年（2006 ~ 2011 年）内，全省直补资金共发放 31.1 亿元；二是基础设施建设扶持，2006 ~ 2011 年，全省基础设施建设项目投入后扶资金 54.19 亿元，其中完成基本口粮建设及水利设施配套项目投资 5.06 亿元，基础设施项目投资 41.88 亿元，生态及环境项目投资 0.23 亿元，社会事业项目投资 9.08 亿元；三是经济发展项目扶持，主要对扶持库区和移民安置区生产开发，以提高当地经济发展水平，促进移民安置区经济长期可持续发展。2006 ~ 2011 年全省经济发展项目扶持投资 24.31 亿元，其中培训项目 0.34 亿元，生产开发资金 23.96 亿元。

2. 生态（扶贫）移民成效

江西省扶贫移民是从根本上解决库区、深山区和地质灾害频发区群众贫困问题的有效措施，移民搬迁后农户生产生活条件发生了根本变化，生活有可靠保障，家庭收入有了一定增长，温饱问题基本解决，移民满意度较高。扶贫移民同时也产生了积极的外部影响，促进了迁出地生态环境保护和迁入地新农村建设，降低了政府的扶贫成本及行政管理成本，对构建和谐社会和推进城镇化进程有良好的促进作用。

一是贫困群众生产生活条件、生存条件都得到明显改善。集中体现在“五便利、一保障”上，即出门行路便利了、子女上学便利了、有病求医便利了、获得信息便利了、寻找就业门路便利了，碰到灾害生命财产安全有保障了。贫困另一深层次矛盾是人们对自然资源的过度开发利用，使生态平衡失调最终加剧环境恶化，移民搬迁政策使生存在恶劣环境下的贫困人群到环境发展良好的地区重新生活，在地域上为其脱贫提供了一层保障。

二是贫困群众增收致富、自我发展能力明显增强。实施扶贫搬迁的地区，移民农户生活发生较大变化，各级政府通过采取小额信贷、产业扶持、实用技术培训和农村劳动力转移培训等多种形式帮助移民外出务工或发展生产，农户增收取得明显成效；移民农户思想观念发生积极变化，增加就业机会，拓宽增收渠道，农户自我发展能力得到明显增强，收入水平明显提高。

三是迁出地生态环境保护有了明显变化。区域内人口的迁出，使人类伐薪烧炭、开垦山地、以火烧荒等活动减少，对深山区动植物保护、防止水土流失和减少森林火灾等都具有积极意义，退耕还林进一步促进了库区、深山区生态环境良性发展。因此，移民搬迁扶贫对环境保护而言有较好外部正效应。

四是扶贫成本和行政管理成本明显降低。移民农户搬迁前居住较为分散，山高路远，政府扶贫和管理成本高、效率低。实施移民搬迁后，集中安置点基本实现社区化服务和管理，制定了小区各项事业发展规划，移民后续扶持和普及医疗、教育都有了依托和着力点。

五是对构建和谐社会和推进城镇化进程有促进作用。已经建成的移民集中安置小区成为新农村建设示范点，使新农村建设得到明显促进，正按“产业兴旺、生态宜居、乡风文明、治理有效、生活富裕”的要求向乡村振兴战略目标稳步迈进。

“十二五”期间江西省完成移民扶贫搬迁安置25万人，显著改善贫困地区群众居住条件；2016年全省易地扶贫搬迁建档立卡贫困人口4.2万人，建设安置住房11130套，住房竣工率100%；2017年易地扶贫搬迁建档立卡贫困人口7万人，建设安置住房18460套，住房竣工15170套，完成搬迁入住42430人；2018年计划建档立卡搬迁人口安置住房建设56.4万平方米，安置贫困人口22696人。

第三节　易地扶贫搬迁政策

一、易地扶贫搬迁历史背景及意义

（一）易地扶贫搬迁历史背景

世界卫生组织（WHO）将其定义为“由于环境突然或缓慢变化，对人们生活或生存条件产生不利影响而被迫或主动、暂时或永久离开其家园的人或人群，既可以是国内迁移也可以是国际迁移”。

1. 我国易地搬迁提出的历史启发

中国历史上经历了多次较大规模易地搬迁人口迁徙浪潮，实践证明，大多数移民搬迁都会对迁出地和迁入地的社会结构、经济发展、文化演变、生态环境等各方面产生较大影响，甚至直接改变两地经济、政治、文化各层面的发展状况，最终达到搬迁人员与常住人员的生存环境与生活质量双双得到改善和提高，迁出地与迁入地的经济文化与生态环境均得到发展和保护。

改革之初，部分地方政府通过对早期易地搬迁人口迁徙活动的追溯与启发，开始将易地移民搬迁作为一项扶贫政策并予以实施。到 1994 年中央政府颁布实施了我国第一个扶贫开发的纲领性文件——《国家八七扶贫攻坚计划（1994—2000 年）》，明确提出“对极少数生存和发展条件特别困难的村庄和农户实行开发式移民”，此后，易地扶贫搬迁的概念正式在国家层面得到明确提出。

2. 我国易地扶贫搬迁的客观需求

易地扶贫搬迁是对生存和发展环境恶劣地区的农村贫困人口实施易地搬迁安置，从根本改善其生存和发展的环境，实现脱贫致富。

在我国进入社会主义建设初期阶段，由于人民群众的生存条件急需得到保证，国家对生态环境保护的重视程度较低、地方政府对社会经济水平迅速发展的渴求与科技水平有限带来的大量资源浪费，使许多资源被过度利用并逐渐退化，主要体现在煤矿、森林、土地、水资源等各个方面，各级地方政府进入一种无法利用现有资源优势继续发展经济，又未开发出新的资源优势或发展道路促进发展的尴尬局面。同时，由于部分地域自然条件恶劣，地形或气候等其他因素导致其农业经济发展缓慢，缺乏优势资源导致工业与第三产业发展受限，这一系列因素在客观上造成了“一方水土养不起一方人”的情况。

我国贫困地区与生态脆弱区在地理空间上高度重合，自然地理禀赋的缺失已经超越个人及家庭因素成为贫困生成、固化的决定性因素。通过实施易地移民搬迁能够提升贫困人口生产、生活等空间条件，提高他们获取和使用外部资源的机会和能力，帮助他们快速积累生计资本并提升自我发展的能力。

3. 我国易地扶贫搬迁的历史进程

2015 年 10 月，习近平总书记首次提出实施精准扶贫的“五个一批”工程，即“发展生产脱贫一批、易地搬迁脱贫一批、生态补偿脱贫一批、发展教育脱贫一批、社会保障兜底一批”，易地扶贫搬迁逐渐走入大众视野，并成为脱贫攻坚，解决脱贫问题的重要手段。随着“精准扶贫”方略的提出和实施，我国易地移民搬迁进入中央顶层设计和地方实施的新阶段。

党的十八大以来，以习近平同志为核心的党中央始终把脱贫攻坚摆在治国理政的首要位置，并制定全面建成小康社会，到 2020 年实现 7000 万贫困人口全部脱贫的宏伟目标。根据这样的治国理念，国家与各地政府都对易地扶贫搬迁进行了大量的尝试，在 2016 ~ 2017 年两年间，全国共完成约 589 万人的易地扶贫搬迁任务。

（二）易地扶贫搬迁意义

党的十九大报告指出：新时代我国社会主要矛盾已经转化为人民日益增长的美好生活需要和不平衡不充分发展之间的矛盾，这种发展不平衡不充分在贫困地区表现得非常突出。因此十九大报告提出要把“加大力度支持革命老区、民族地区、边疆地区、贫困地区加快发展”放在最优先的地位。新时代区域协调发展的三大目标为：实现基本公共服务均等化、基础设施通达程度比较均衡、人民生活水平大体相当。易地搬迁在实现这个目标方向上也起到了一定的积极推动作用，超过千万的贫困人口通过“挪穷窝”不仅改善了物质生活条件，也获得了更多的体现尊严、公平、权利的机会，为年轻一代的成长与发展带来了更多的可能和机遇。

易地扶贫搬迁是扶贫开发和生态保护的复合系统，通过引导易地搬迁人口搬迁、发展特色产业、强化基础设施建设、实施生态修复工程等，建立扶贫开发与生态保护良性互动的基础，借助基本公共服务覆盖、创新工作机制等方式，营造扶贫开发与生态保护良性互动的环境。

易地扶贫搬迁作为“十三五”时期党中央、国务院精准扶贫、精准脱贫的头号工程，经过中央与地方政府的长期实践和经验总结，明晰了易地扶贫搬迁对搬迁户、迁入地、移出地三方面的积极作用，对我国社会主义现代化建设与全面建成小康社会具有重要意义。

1. 有利于易地搬迁人口脱贫致富

易地扶贫搬迁本质目的是脱贫，在经过了易地搬迁后，通过异地搬迁人口自身的努力，解决了部分贫困人口的基本生存问题，并由温饱逐步奔向小康。在与搬迁前地区的生存条件的对比下，易地搬迁群众生活在一个社会经济发展、文化程度、基础设施、公共服务等各方面都更为优异的环境之下。在这种环境下，易地搬迁人口拥有了更有利的脱贫条件和更广阔的脱贫空间。

2. 有利于调整易地搬迁人口产业结构

通过易地扶贫搬迁，使易地搬迁人口在产业结构方面得到极大调整。一方面，由于易地搬迁人口在原地区受到诸如环境因素和资源匮乏的限制，普遍以第一产业为主，收入低、发展慢。搬迁至相对发达的城镇后，自然气候条件也相对优越，易地搬迁人口中具有丰富的农业种植经验，可以在更为适宜的地区继续从事第一产业，利用现代化科技，增加收入，达到脱贫目的。另一方面，迁入地区现代化水平更高，交通与信息传递日益便利，产业结构更加复杂，即便是文化程度较低的人群也可以从事简单的第二、第三产业工作，通过外出务工方式，从原有生产方式中解脱出来，增加收入，以提高生活质量。

3. 有利于改善易地搬迁安置地基础设施与公共服务

通过易地搬迁，使易地搬迁安置地基础设施和基本公共服务有了极大的改善。对于易地搬迁户本身而言，基础设施与公共服务的提升能够为他们带来极大的满足感和幸福感，为他们生活环境的改善、工作条件与内容的优化、生活水平的提高奠定了基础。搬迁户在易地搬迁后在教育、培训、医疗、卫生、科技、信息等诸多方面都比之前拥有更多的便利和更好的条件。优良的教育条件可以为易地搬迁户子女提供良好的受教育条件，提高贫困人口的文化水平，实现从物质脱贫与文化脱贫同时进行；在医疗卫生方面，迁入地区医疗条件完善，医疗保障政策实施更加到位，能够大大提升易地搬迁户的幸福感和安全感，使贫困人口更加积极响应易地搬迁号召，加快脱贫步伐，促进迁入地与迁入群众的共同发展；科技与信息的迅速发展带来的好处在发达地区体现得更为明显，易地搬迁户有了更好的信息获取渠道，工作学习与生活都变得更为便捷，为提高人口素质，打破贫困地区家庭贫困循环链条，阻断贫困代际传递具有非常特殊的意义。

4. 有利于推动易地搬迁安置地经济发展

通过易地搬迁不仅对易地搬迁人口产生影响，在较大程度上改变了迁入地区的社会经济发展状况。易地搬迁户子女在迁入地接受较好的教育之后，文化水平和思想素质都会得到显著提高，并且容易产生回报性心理，能够在未来成为当地的高素质劳动力潜力；同时，人口的涌入会带来大量的消费和产出，数量较多、价格较低的劳动力与大量的日常生活用品消费，为中小型企业发展带来了机遇，使大量剩余劳动力有用武之地，贫困人口收入增加，在一定程度上能够提高国民经济水平，促进迁入地社会经济发展，形成易地搬迁与社会发展的良性循环。

5. 有利于加强易地搬迁安置地文化建设及丰富文化内涵

通过易地搬迁，加强迁入地区文化、精神文明建设，丰富民众生活。对于远离故土的易地搬迁户，其生活条件得到了改善、温饱问题得到解决，精神文明自然而然地得到发展。有一技之长的易地搬迁人员可以重拾自己的手艺，丰富业余生活，通过组织活动等方式参与更多的娱乐活动，有更多时间和精力投入精神文明建设方面。易地搬迁人员原有文化是建立在其原有物质生活条件之中，搬迁后两地居民在文化生活上不可避免地会产生一系列碰撞和摩擦，在碰撞中擦出火花，使移出地区的文化在迁入地得到传播和发扬，两种文化交流融合，促进迁入地文化创新，丰富居民精神文明。甚至在易地搬迁人员中，有部分人员具有原生活地区文化特色的手艺或绝技，在被迁入地区所接纳、生活条件得到保障后，会重新投入民间文化传承发扬中去，使民族传统文化在不知不觉中得到新的发展，赋予其新的时代使命，注入新的活力。

6. 有利于推进易地搬迁安置地多民族交流与合作和加强族际认同

通过易地搬迁能形成多民族共居模式，民族之间交流更加密切，逐渐构建起团结友爱、和睦相处的关系。在不断地交流与融合之后，易地搬迁人员与当地其他民族人员之间关系变得融洽、交往频繁。这种良好的族际交往在一定程度上有利于形成更宽容的意识、更强的认同，提升各族人民间的相互交流能力，形成更加友善的氛围。

7. 有利于改善迁出地生态环境和调整局部小气候

对于过度开发导致生态环境破坏的地区，贫困原因是资源过度使用导致的资源匮乏、经济发展乏力及生态环境与自然条件的严重破坏。通过易地搬迁大量减少此类生态脆弱地区人口数量，资源过度利用状况得到较大改善，极大降低粮食需求，当地政府可以合理地通过退耕还林等方式，改善受到严重破坏的生态环境及当地的局部气候和自然条件，调整发展方式、探索新的发展路线，使之在未来能够跟得上社会发展的步伐。

8. 有利于促进迁出地产业结构调整与寻求特色经济道路

通过易地搬迁，借助科学技术促进迁出地产业结构转换，发展特色产业。在易地搬迁的地区通常保存大量古村落，搬迁后留下的村落可以由当地政府和旅游公司接手保护，并进行保护性规划和开发，建设成乡村旅游景区，通过“互联网 +”模式迎接各地游客，发挥乡村旅游扶贫的可持续性优势，既能增加居民收入，又能促进当地经济发展，也使古村落的布局和建筑得到保护。另外，部分易地搬迁地区在自然环境条件允许的情况下，可以发展大规模农业生产，迁出地人员减少出现大量耕地富余，当地政府可以通过外包或者引入生产公司等方式，利用大规模生产工具，逐步实现农业生产自动化，有利于进一步调整产业结构，促进特色经济发展。

二、易地扶贫搬迁政策概述

易地扶贫搬迁是精准扶贫精准脱贫“五个一批”重要途径之一，在实现全面脱贫中担当着重要使命。通过搬迁实现脱贫致富，已经成为生态条件恶劣、生态环境脆弱地区贫困群众的广泛共识。而易地扶贫搬迁政策的巩固、完善和强化为易地扶贫搬迁工作的实施起到了积极的促进和拉动作用。

（一）我国易地扶贫搬迁相关政策

“十五”初期，为进一步减少贫困人口的数量，我国开始实施贫困人口的易地扶贫搬迁试点工作，较好地解决了边远山区贫困人口的脱贫问题，取得了良好的经济、社会和生态效益，开启了易地扶贫搬迁的先河。之后，易地扶贫搬迁成为中国开放式扶贫的重要措施，受到重视并逐步推广，易地扶贫搬迁政策也逐渐趋于完善。近来，国家有关部门制定并发布了《“十三五”时期易地扶贫搬迁工作方案》（发改地区〔2015〕2769 号）、《全国“十三五”易地扶贫搬迁规划》（发改地区〔2016〕2022 号）、《易地扶贫搬迁专项建设基金监督管理暂行办法》（发改地区〔2016〕409 号）以及《中国的易地扶贫搬迁政策》等，更好地指导新时期易地搬迁扶贫工作。

1. 关于搬迁目标

我国坚持以脱贫目标统领搬迁安置全过程。易地扶贫搬迁不仅是一项社区再造和重建工程，还是一项人口分布、资源环境、经济社会重新调整与完善的系统工程，不仅涉及安置住房、基础设施和公共服务设施建设，还涉及搬迁群众就业创业、社区管理、文化传承等诸多方面。

易地扶贫搬迁注重因地制宜、精准施策，“挪穷窝”与“换穷业”同步，将“搬迁是手段，脱贫是目的”的理念贯穿于安置区选址、安置模式选择、安置房及配套设施建设、后续产业发展和就业扶持全过程。安置区选址以方便搬迁群众生产生活和就业为目标，尽量靠近中心村、小城镇、产业园区、旅游景区，避免出现因选址不当进行二次搬迁；鼓励采取以集中安置为主、集中安置和分散安置相结合的安置模式，引导搬迁群众在安置区附近就业；在自然景观优美、旅游资源丰富、文化特色突出的地区，注重搬迁安置与乡村旅游有机结合，帮助搬迁群众通过开发旅游资源、开办农家乐等脱贫致富。安置区还提供较为完善的基本公共服务，解决搬迁群众就医、就学等后顾之忧。为防止出现群众因搬迁举债无力再发展的问题，易地扶贫搬迁政策加大了资金投入力度，确保搬迁群众掏很少的钱就能获得一套安全适用的住房，帮助搬迁群众就业创业，不断拓宽搬迁群众增收渠道，努力实现扶真贫、真扶贫、真脱贫。

2. 关于搬迁对象

瞄准“一方水土养不起一方人”地区贫困群众。脱贫攻坚，精准是要义。“一方水土养不起一方人”地区主要集中在青藏高原地区、西北黄土高原地区、西南石漠化地区、东部酸壤地区和部分高寒地区及自然灾害严重地区，这些地区资源环境承载能力弱，水、电、路等基础设施和教育、医疗、文化等公共服务设施落后，群众出行难、用电难、吃水难、上学难、看病难的现象普遍存在，就地脱贫发展无望，增收渠道不畅，传统扶贫手段难以奏效。经调查识别，在易地扶贫搬迁实施之初，上述区域分布在全国22个省（自治区、直辖市）约1400个县（市、区），涉及需搬迁的近1000万贫困群众。

需搬迁的建档立卡贫困群众按照环境条件分类：约三分之一居住在深山石山、边远高寒、荒漠化和水土流失严重地区及水土、光热条件难以满足农业生产需要或不具备基本发展条件的地区；约三分之一居住在交通、水利、电力、通信等基础设施欠缺及教育、医疗、卫生等基本公共服务能力严重不足的地区；约六分之一生活在《全国主体功能区规划》明确的水源保护区、生物多样性保护区、湿地保护区、国家森林公园等禁止开发区或限制开发区；其他生活在地方病严重、地质灾害频发的地区。

另外，还有部分生活在同一村庄的非贫困群众同样缺乏发展空间，是返贫的高风险人群，各地也同步实施了搬迁，并与贫困群众共享基础设施和公共服务设施。同时，注重长期目标和短期目标结合，综合考虑贫困地区现有资源条件和安置容量稳步推进同步搬迁，防止整体搬迁把不该搬的一般农户搬了而遗漏应该搬的贫困户。

3. 关于安置方式

“搬到哪里去”是搬迁群众最关心的问题，也是搬迁后能否实现脱贫的关键。按照群众自愿、应搬尽搬的原则，结合新型城镇化和新农村建设，采取了以集中安置为主、集中安置与分散安置相结合的方式。在选择具体安置区时，遵循城乡统筹、布局优化、集约用地、规模适度的原则，注重与当地土地利用总体规划、城乡建设总体规划的衔接，主要利用存量建设用地、荒山和荒地。集中安置区选址以有利于脱贫为原则，尽量选择特色资源优势突出、开发利用潜力较大的地区，主要是交通较为便利、基础设施和公共服务设施较为完善、产业发展较好的中心村、小城镇、产业园区。要特别注重安置区及周边的地质勘查，排查滑坡、泥石流、地质断裂带等自然灾害隐患，规避潜在灾害风险，努力把易地扶贫搬迁打造成安全工程、放心工程。

科学选择适合本地区搬迁群众脱贫的安置方式，鼓励文化程度较高、具有一定劳动技能的搬迁群众向城镇、工业园区、旅游景区搬迁；引导农业技能较强的搬迁群众向中心村或移民新村搬迁；对无劳动能力的搬迁群众，通过社会保障政策予以兜底。

4. 关于建设标准

建设安全适用的住房。拥有一套安全适用的住房是中国农民一代人甚至几代人的追求和梦想，也是到2020年实现“两不愁、三保障”脱贫目标中最重要的任务之一。通过综合考虑搬迁群众生产生活需要、各级政府财政承受能力等多方面因素，坚持尽力而为、量力而行，在易地扶贫搬迁工程中努力建造“保障基本、安全适用”的安置住房。

易地扶贫搬迁政策对安置房户型和建筑风格不搞“一刀切”，各地在充分尊重搬迁群众意愿的基础上自行确定。房屋设计强调与当地自然环境相协调，注重体现区域民居特点和民族文化特色，鼓励采取“统一规划、统一建设”“统一规划、自行建设”等方式施工建设，便于统一规划设计风格，并在确保房屋质量安全前提下有效控制住房建设成本。在工程实施过程中，注重引导搬迁群众全流程参与安置房设计、工程招标施工、材料采购、质量监管，充分调动搬迁群众参与美好新家园建设的积极性，有效保障搬迁群众的知情权和参与权。

安置房是保障搬迁群众基本生活的脱贫房，不是富裕房、小康房。为此，国家发展改革委、国务院扶贫办明确了建档立卡贫困户人均住房建设面积不超过25平方米的控制标准，主要是防止贫困群众建大房、搞豪华装修，避免因此背上沉重的债务，也为了防止造成新的不公平，影响农村社会和谐稳定。

为使搬迁群众享受更为便捷的公共服务，方便搬迁群众就医和就学，除建设安置房外，按照“规模适宜、功能合理、经济安全、环境整洁、宜居宜业”的原则，在安置区配套建设水电路、电信网络及垃圾、污水处理设施，同步规划建设教育、卫生、文化等基本公共服务设施，配套建设商业网点、便民超市、集贸市场等生活服务设施，努力实现搬迁群众不仅搬得出来，还能尽快融入和适应新环境。

5. 关于资金来源与管理

资金能否足额筹措到位，是完成易地扶贫搬迁建设任务的首要条件。为保障符合条件的搬迁群众应搬尽搬，防止出现“搬富不搬穷”等问题，易地扶贫搬迁创新资金筹措方式，大幅增加中央预算内投资，引入了开发性、政策性金融资金。到 2017 年底，全国易地扶贫搬迁资金筹措总量约 6000 亿元，其中，中央预算内投资约 800 亿元，地方政府债务资金约 1000 亿元，专项建设基金约 500 亿元，低成本长期贷款约 3500 亿元。此外，搬迁群众根据自身经济条件，按照每户不超过 1 万元的标准适当自筹建房资金，鳏寡孤独等特定困难群体可以免予自筹，农户自筹资金总计约 200 亿元。

为承接使用好易地扶贫搬迁金融资金，有关省份按照市场化运作原则，组建了省级投融资主体，专门承接通过专项建设基金、地方政府债务注入的项目资本金，以及国家开发银行、中国农业发展银行等金融机构发放的长期贷款。同时，在市县一级组建项目实施主体，与省级投融资主体签订资金使用协议，从省级投融资主体承接相关资金，专项用于易地扶贫搬迁工程建设。

为确保资金规范、高效使用，政府有关部门先后出台了一系列资金使用管理办法。国家发展改革委出台了《易地扶贫搬迁中央预算内投资管理办法》《易地扶贫搬迁专项建设基金监督管理暂行办法》等，建立事前规范审核、事中强化监督、事后严格考核的工作机制，力求实现资金安排使用全过程监管。财政部、国务院扶贫办印发《关于做好易地扶贫搬迁贷款财政贴息工作的通知》，明确中央财政贷款贴息政策，规范贴息资金申请下达和使用管理流程。为加大监管力度，国家发展改革委建立了易地扶贫搬迁常态化稽查机制，对地方政府政策执行、资金使用等情况进行多次稽查，并启动实施大巡查；与最高人民检察院联合开展易地扶贫搬迁重点项目挂牌督办，加大惩治和预防职务犯罪力度。

6. 关于迁出区生态修复与宅基地复垦

迁出区大多处在生态脆弱地区，有些属于《全国主体功能区规划》中禁止开发区或限制开发区，易地扶贫搬迁为改善迁出区生态环境提供了空间。迁出区土地的综合利用紧紧围绕生态安全，根据不同地区分类施策，对仍可利用的迁出区耕地，鼓励新型农业经营主体流转搬迁户耕地，按照现代农业生产组织方式，进行规模化、标准化经营；对不适合耕种的土地，严格退耕恢复生态，打造青山绿水。

按照《中华人民共和国土地管理法》规定，农村居民实行“一户一宅”，搬迁群众在安置区获得新的宅基地并建设住房后，依照法律规定应退出原有宅基地。易地扶贫搬迁政策要求对原宅基地进行复垦复绿，土地指标纳入城乡建设用地增减挂钩项目予以优先安排，并作为安置区住房建设用地指标置换来源，相关收益统筹用于支持省级投融资主体偿还信贷资金。

7. 关于后续扶持

易地扶贫搬迁是否成功，不仅要看房子有没有盖起来，贫困户有没有搬进去，还要看搬迁群众的钱袋子有没有鼓起来。易地扶贫搬迁与产业扶贫、就业扶贫、教育扶贫、健康扶贫、生态扶贫实现较好结合，也为贫困群众分散居住时难以开展的电商扶贫、光伏扶贫、扶贫车间等项目提供了条件，为家庭农场、农民专业合作社等新型经营主体助力扶贫提供了平台。

立足安置区资源优势，因户因人施策，发展特色农牧业、劳务经济。对农业安置的搬迁群众，根据当地农业资源和农产品特色，采取“公司 + 农户”“合作社 + 农户”“订单农业”等新模式、新理念，提供与城乡消费结构升级相适应的绿色农产品、体验式农产品，助推农村一二三产业融合发展。对靠近工业园区、靠近旅游景区、进城安置的搬迁群众，开展“订单式”“定向式”职业技能培训，推动有劳动能力的搬迁群众向安置区周边的工业企业、旅游服务、商贸流通等二三产业转移，帮助有劳动能力和就业意愿的贫困群众在安置区就业。另外，根据安置区实际情况，将集体土地上的水电、矿产、光伏等资源开发赋予集体股权，让搬迁群众分享资源开发收益；通过盘活农村闲置房屋、集体建设用地、农村四荒地、林场和水面等资产发展休闲农业和乡村旅游，增加搬迁群众资产性收入。

易地扶贫搬迁在帮助贫困群众增收脱贫过程中，注重扶贫同扶志、扶智相结合，正确处理外部帮扶和自身努力的关系，培育贫困群众自力更生、光荣脱贫的意识，加大对搬迁群众发展生产和技能培训支持力度，大力弘扬勤劳致富、勤俭持家的传统美德，激发搬迁群众脱贫致富的内在活力、提高自我发展能力。

（二）江西省易地扶贫搬迁相关政策

从2003年开始，江西省就把易地扶贫搬迁作为脱贫攻坚的重中之重来抓，先后从深山区、地质灾害多发区搬迁贫困人口80多万人，为加快困难群众脱贫致富步伐发挥了积极作用。2016年全省易地扶贫搬迁建档立卡人口4.2万人，建设安置住房11130套，住房竣工率100%；2017年易地扶贫搬迁建档立卡人口7万人，建设安置住房18460套，住房竣工15170套，完成搬迁入住42430人。为了更好地实施易地扶贫搬迁工作，江西省制定并完善了一系列相关政策。

1. 关于补助标准

移民建（购）房补助，建档立卡贫困人口每人补助0.8万元（其中，在敬老院集中安置的，其补助资金拨付所在敬老院；无经济能力自建（购）房并在保障房安置的，其补助资金用于置办简单的家具、生活用品等），由中央预算内专项资金安排，不足部分由省财政专项扶贫资金补助。在此基础上，县级政府可根据当地建档立卡贫困户的困难程度，分类再给予增加补助。补助标准由县级自行确定，其资金由县级从投融资平台的信贷资金中安排；同步搬迁的移民人口每人补助0.6万元，由省财政专项扶贫资金安排。

对于安置点基础设施、公共服务建设支出标准，根据建档立卡贫困人口搬迁年度计划，各地结合自身实际和安置点建设需要，在整合有关部门资金的基础上，县级按每人不超过5万元的标准，在用于增加建档立卡贫困人口建（购）房补助后，剩余部分再统筹用于全县规划的建档立卡贫困人口与同步搬迁人口安置点的基础、公共服务设施建设。

2. 关于安置方式

江西省统筹考虑水土资源条件、城镇化进程和搬迁对象意愿，采取集中安置与分散安置相结合的方式进行搬迁。

集中安置。对于有劳动能力，尤其是已有家庭成员在县城或工业园区务工的，在县城或工业园区统建的安置点安置；对于自身条件稍差或要求留在乡镇生产生活的，在乡镇所在地建设安置点安置；对没有离乡意愿和条件较差的，在中心村（旅游村）建设安置点安置；对需搬迁的五保贫困移民对象，符合入院供养规定的，全部纳入敬老院集中供养安置；对无经济能力搬迁的建档立卡贫困户及身患精神病、传染病等不符合入院集中安置的五保对象，在由户主申请，村委会初审、乡镇审核、县级审批，公示后并与乡（镇）政府签订保障房安置协议的，按其家庭人口数制定不同住房面积标准，由县统筹安排，在村建设保障性安置住房，实施交钥匙工程。安置房产权公有，周转使用。此外，各地结合实际，因地制宜探索回购空置商品房和其他空置房等多种形式的安置方式，优化搬迁安置的投资性价比。

分散安置。依托安置区已有基础设施、空置房屋等资源，鼓励支持搬迁对象购买安置区内闲置的二手房；引导搬迁对象通过进城务工、投亲靠友等方式自主进城购房安置；在乡镇和村组支持下，由规划、国土等部门引导分散安置户，按照村镇建设规划和土地利用总体规划，科学选址易地分散建房。分散安置对象限于纳入当年搬迁计划中的搬迁户，须由户主申请，村委会初审、乡镇审核、县级审批，公示后并与乡（镇）政府签订自主分散安置协议，并享受易地扶贫搬迁补助（不包含基础设施）政策。

3. 关于安置点建设内容与标准

安置点建设内容。安置点建设要围绕改善搬迁对象生产生活条件和发展环境，建设住房和必要的水、电、路、气、网等基本生产生活附属设施，根据安置区实际需要，配套建设教育、卫生、文化等公共服务设施。

安置房建设标准。安置住房建设按照“保障基本”的原则，建档立卡贫困户人均住房面积不超过25平方米（宅基地严格按照当地标准执行）。建设的贫困户保障性住房，以砖混结构的小户型为主，并搞好简单装修、水电设施等，保证基本入住条件。对与建档立卡贫困户同步搬迁的其他农户，各地可根据当地居民生产生活习惯，结合地方财力和农户自筹能力，自行确定住房控制面积的标准，但要防止盲目扩大住房面积。

4. 关于资金筹措

易地扶贫搬迁安置资金，按人均6万元测算，“十三五”全省将搬迁安置50万人（其中建档立卡贫困人口20万人），约需投入资金300亿元。资金筹措包括：一是地方政府债券人均约9750元共19.5亿元；二是中央预算内投资人均补助8000元共16亿元；三是财政专项扶贫资金18亿元；四是省农发行、省国开行发放的中长期政策性低息货款贷款，人均3.5万元共70亿元，中央财政贴息90%；五是专项建设基金人均5000元共10亿元，贷款期限20年，年利率1.2%；六是农户自筹、整合各有关部门资金、基础设施建设贷款166.5亿元。

贫困户自筹资金主要由搬迁对象依据自身经济条件自筹解决，原则上每户不超过1万元。搬迁群众自筹少量资金不强制要求，各地结合实际，区分搬迁对象性质，合理确定自筹资金标准，对于鳏寡孤独等特殊困难群体，不要求住房建设自筹资金，避免因自筹资金过多而增加搬迁对象脱贫难度，影响脱贫进程。

5. 关于用地保障

江西省通过城乡建设用地增减挂钩试点政策，优先解决易地扶贫搬迁安置所需建设用地。对符合增减挂钩试点项目区立项条件的，优先安排增减挂钩周转指标；对不具备开展增减挂钩条件的，根据扶贫、发改部门下达的易地扶贫搬迁任务数，据实由省、县两级按照各50%的原则优先安排安置所需新增建设用地计划；支持易地扶贫搬迁县依法依规进行土地利用总体规划的修改调整。在满足城镇化需要的基础上，集中连片特困地区和片区外国家扶贫开发工作重点县，将部分城乡建设用地增减挂钩节余指标在全省范围内使用。

6. 关于搬迁群众后续发展

加大金融支持。充分利用国家易地扶贫搬迁政策性金融信贷资金做好易地扶贫搬迁移民安置及基础设施建设；运用支农惠农再贷款、再贴现、信贷政策导向效果评估等工具，引导辖内商业性、合作性金融机构不断强化社会责任意识，持续加大扶贫搬迁移民产业担保贷款、扶贫小额信用贴息贷款及创业担保贷款等信贷投放，有效支持安置区后续产业发展和搬迁移民创业就业。

落实社会保障。进县城安置的，社会保障可实行“二转一选择”：新农保和城镇居民社会保险互转、农村和城镇低保互转、农村合作医疗和城镇居民医疗保险自由选择。易地扶贫搬迁移民既可以直接办理城镇居民户口，也可以保留农村户籍办理城镇居住证，享受城镇居民同等待遇，各种强农惠农和农村计划生育政策不变。

促进就业创业。加大对易地扶贫搬迁移民转移就业培训支持力度，“雨露计划”“阳光工程”等资金安排向易地扶贫搬迁实施县倾斜；优先扶助搬迁移民小额贴息贷款、子女免费就读职高、免费创业就业培训和职业介绍；优先安排搬迁移民在工业园、农业产业龙头企业或产业基地就业，确保有就业需求的家庭有一人实现就业。

加强产业扶持。重点扶持符合当地实际的种、养、加等特色产业项目；重点支持迁出地建设现代农业产业发展。易地扶贫搬迁移民流转的土地，在复垦过程中，宜林的复垦为林地，宜园的复垦为园地，宜耕的复垦为耕地。复垦的山林和耕地，符合条件的要优先纳入生态保护和农业综合开发扶持范围，促进移民农户增收脱贫致富。

抓好后续管理。落实迁出地与迁入地管理的过渡与衔接，建立联合管理服务机构，落实好相应后扶经费，做好社区服务和原迁出地村级债务的化解。加强对易地扶贫搬迁移民的培训教育，帮助他们从心理上、生活上尽快适应新的生活环境、新的生活方式，不断增强他们的认同感和归属感，确保他们稳得住，实现安居乐业。

第三章　相关文献回顾和理论基础

围绕农户生计及易地扶贫搬迁这一主题，本章对易地扶贫搬迁和可持续生计理论的国内外研究现状进行了梳理，认为在政策性帮扶下，农户可持续生计能力培育、以生计资本积累和生计策略提升为基础的移民搬迁模式值得深入系统的研究和探讨，并以可持续生计框架理论、顾客满意度理论和社会资本理论作为共同支撑了本研究的理论基础。

第一节　相关文献回顾及评述

一、易地（移民）扶贫搬迁的国内外研究现状

（一）国外关于移民搬迁的研究

对于移民搬迁，国外学者称为“生态移民搬迁”，研究主要集中在为了保护生态环境而对当地农民实施迁移，最早由美国科学家考尔斯于20世纪初在生态学领域中首次提出。而“生态移民”也被称为“生态难民”。英国学者Dorman Myers（2002）将生态难民定义为：“由于各种灾害，像土壤侵蚀、森林的过度砍伐、干旱、土地荒漠化、过度放牧等问题，加上贫困和人口压力等问题，从而导致生活质量低下的人。”自20世纪80年代以来，随着全球生态环境不断恶化，人类生存需求与环境承载力之间的矛盾不断加剧，生态移民问题成为学术界关注的重点之一，研究角度也从概念的界定逐步演进到对生态移民动因及生态移民效益评价等方面。

对于生态移民的原因，Markos Ezra（2001）认为人口压力造成生态恶化是生态移民的主要原因；Amacher（1998）从人口压力、贫困和森林采伐角度分析菲律宾移民，认为人口、贫困和环境是移民的主要动机；而英国统计学家 E. Ravenstein（1885）提出了经典的“推拉理论”，认为受原住地生态环境和人为因素两者共同作用产生的“推力”更大，并指出经济动机是人口迁移的主要原因之一；Diamond（2005）分析全球 10 个移民案例后认为气候变化是一个共同影响因素。Everett S. Lee 在综合考虑迁移农户自身条件后，认为并非所有迁移行为都是理性选择，从迁入地因素、原居地因素、中间障碍因素、迁移者个人因素四个方面分析生态移民的动因。E. Hinnawi（1985）从迁移原因的角度将生态移民分为自然灾害引起的移民、环境持续缓慢退化引起的移民和环境崩溃造成的移民三类。

对于移民效益评价的研究，国外学者主要运用生态系统服务价值和功能方法定量评估生态价值并量化其生态效益。Curran（2002）研究结果认为由于人口数量增长的政策性导向较强，生态移民政策对改善环境起的作用不会很大；DU（2005）则认为贫困农户不可能以生态移民作为提高家庭收入的手段；Thomas Gries（2011）通过研究巴西生态移民政策实施情况时发现，东南到东北迁移者与东北到东南迁移者之间具有显著的差别，不同的迁移方向，教育因素的影响不一样。另外，生态移民政策往往与土地利用相关联，M. G. Wolman 等（1983）通过对历史数据分析研究认为，人口迁移变化与全球土地利用变化具有紧密相关性；R. Bilsborrow（1993）发现农用可耕地与人口密度之间是正向关系；Samuel NiiArdey Codjoe（2012）通过分析加纳农业生态区 110 户移民和 142 户当地农户在农业土地利用的数据，表明随着时间推移现行的许多土地耕作方法往往会破坏耕地，并且移民农户比当地农户对土地破坏程度要低。

作为最大的发展中国家，中国生态移民问题也受到了国外学者的高度关注。世界银行专家 Debbie Dickinson 和 Michael Webber（2007）对中国内蒙古生态移民的发展和演变进行研究，认为生态移民受到各方面关注结果和发展思路的影响。

（二）国内关于移民搬迁的研究

国内关于移民搬迁的研究最早始于三峡库区的移民搬迁，初始阶段更多起到的是一种宣传引导作用，主要集中在对三峡库区移民的激励（曾凡勇，1997）、移民安置点基础设施的建设（徐甫聚，2000）及安置点的选择方面（廉庆云，

2000)，随着搬迁进程中问题的出现，学者开始注意这部分特殊的群体，开始围绕移民展开进一步研究。

（1）关于移民搬迁政策的研究。梁福庆（2006）认为国内移民搬迁政策可以分为安置政策、资金补助政策和扶持政策三类。安置政策是由国家和地方政府选定安置地组织移民搬迁安置，为移民提供基础设施、基本生产资料；资金补助政策是对移民提供一定金额搬迁安置资金补助；扶持政策是在移民迁入区建立完善移民社会保障体系，对生态移民进行资金、技术、信息等方面的帮助。桑敏兰（2004）研究宁夏“吊庄移民”的政策机制创新时，提出移民安置形式包括开发国有荒地集中安置移民、政府进行投资开发安置移民、政府通过征用方式补偿耕地承包权给移民经营、国企系统对移民接收安置、加快城镇化建设的移民安置、移民的异地安置等。对于移民搬迁政策研究的学者还有方兵（2001）、但新球（2004）、王治国（2004）、崔献勇（2004）、李东（2009）、张伶俐（2013）等。

（2）关于移民搬迁意愿研究。移民搬迁工程的实施主要是政府起推动作用，作为迁移主体的移民农户自身意愿同样具有重要作用，有学者从理论上分析认为这是一种权利的交换过程（高春华等，2006)，政府的政策选择和制度安排应重视保障农民的交换权利，另外，农户的搬迁意愿在移民搬迁过程中也应该得到充分的尊重，非自愿性移民与自愿性移民的搬迁效果及能力损失是完全不一样的（黄承伟，2004)；一般来说，在比较大范围内农户这种搬迁是出于自愿，经典的推拉理论能够较好地解释移民农户的这种自愿动机（张坤，2014)，但同时也还是要有政府的支持力、社会的支持力和移民的内驱力。也有学者从影响农户搬迁意愿因素的角度进行了研究，唐宏等（2011）研究发现家庭人口数、人均纯收入、主要收入来源、非农收入比和参与退耕还林情况是影响农户搬迁意愿的主要影响因素；冯雪红等（2013）研究宁夏回族生态移民迁移意愿与迁移行为时发现，性别、年龄、受教育程度、家庭人口数、宗教信仰、生态环境等因素影响宁夏地区农户移民搬迁意愿；时鹏等（2013）以陕西省西康市生态移民工程为例开展研究时发现，家庭人口数量、少儿托养比、年人均纯收入等农户家庭特征对农户的移民意愿具有影响作用，而亲邻态度、村干部态度也会对农户的搬迁行为产生影响；汤榕等（2014）研究宁夏生态移民迁徙意愿影响因素时发现，农户年龄、文化程度、搬迁前后住房面积差、搬迁前后养殖业收入差和交通条件是影响农户移民意愿的重要影响因素。

(3) 关于移民生活状况的研究。移民在新的居住区（安置区）生活所发生的变化是国内诸多学者研究的内容。首先，文化冲突是一个需要面对的问题，在完全陌生环境，世代传承的习俗、价值观念和生活方式都有可能消失，新移民群体与原居住地居民的交流和融合会影响安置区主流文化的形成（魏昕，2009）。其次，社会关系的变化，原有的社会关系网络被打破，一方面，群居性、同质性会增加移民间内部的沟通，会减缓短期内的不适、能够激发个人主动性（胡锦山，2008）；另一方面，家庭社会关系短期内无法重构，会引发与当地居民的摩擦与冲突（施国庆等，2009）。再次，移民对当前生活现状的排斥和失望，也会影响其个人生活满意度、适应度，对未来会缺乏信心（唐利平，2005）。个人发展是移民可持续生计的重要内容，个人发展风险取决于其自身发展适应能力。又次，移民后自我发展也是一个需要考虑的问题，关键在于能否融入新的社会环境、能否寻找到适合自身需求的发展机会（沈茂英，2006），比如习惯于农业生产和农村生活的农民很难适应城镇生产生活方式，很难找到新的生产技能寻求个人发展（沈茂英，2009）。大规模的移民搬迁对当地社会、经济、人口和民族等方面带来较大的影响（曾蕊，2013），农村城镇化就是一个典型现象，由此也会有农村教育、医疗、住房等基础设施建设的问题（薛栋，2013）。最后，移民后续产业发展滞后、资金不足、移民缺乏有效技能、安置土地和水资源等问题（龚自本，1994），因此有学者提出了应该加大产业扶贫力度，大力发展配套产业，加强移民技能培训（曹国庆等，2015）。

(4) 关于移民收入变化和政策评价研究。对于不同研究地域和对象，采用不同研究方法，移民搬迁实施效果的结论也不尽相同。研究结论中对移民搬迁工程效果给予正面评价的主要有：刘学敏（2002）研究伊克昭盟移民工程效果时得出结论认为，移民搬迁不仅改善当地生态环境，也大大改善农户生存条件，增加农户经济收入，促进了移民地区产业结构调整和经济快速发展；陶忠（2007）研究移民搬迁工程对果洛州经济发展的影响时发现，移民农户的收入明显上升、生活条件提高，同时当地农牧民的生产结构也发生改变；东梅等（2010）则认为参与移民搬迁的农户收入显著提高，并高于非移民农户的收入，同时引起了农户的收入结构发生相关变化；刘小强等（2010）研究内蒙古多伦县地区移民搬迁政策对农户收入支出的影响分析时发现，移民搬迁工程的实施在一定程度上改善农户收入状况，并促进了农村劳动力转移和产业结构的调整。部分学者研究结论认为移民搬迁工程对增加农户收入和促进经济发展不显著。唐宏等（2011）认为由于移民工程并未妥善安置好迁移农户，使迁移农户收入水平较未移民前相比有所下降；孟向京（2011）研究三江源地区移民搬迁工程效果时发现，移民效果的最终体现受当地农户迁移的选择影响较大，所以并未直接给出移民农户收入变化的结论。

（三）国内关于易地扶贫搬迁的研究

2015年12月《中共中央 国务院关于打赢脱贫攻坚战的决定》具体指出对居住在生存条件恶劣、生态环境脆弱、自然灾害频发等地区的农村贫困人口，加快实施易地扶贫搬迁工程。近年来，国内众多学者从多角度展开了对扶贫搬迁的研究。

（1）移民搬迁安置是精准扶贫的一项有效途径。地方政府在制定扶贫攻坚政策措施上不能搞“一刀切”，要因时因地制宜、有针对性，针对不同情况的贫困农户做到有的放矢，由“粗放扶贫”向“精准扶贫”转变（袁成达，2016）。何得桂（2016）指出随着全国扶贫“脱帽”倒计时的开始，连片特困地区成为脱贫攻坚战的最后一块“骨头”，通过移民搬迁安置一批农村贫困人口是集中连片特困地区推进精准扶贫的有效实现形式，也是新型城镇化背景下实施精准扶贫最为直接的有效实现方式，这能显著改善搬迁户和社区的生产、生活条件，也有利于推进生态文明建设，提高治理贫困的能力。对于居住地缺乏基本生存条件的深山区，搬迁扶贫和小城镇建设是一条相辅相成的减贫之路（刘敬朝，2011），也能够从根本上消除贫困、保护生态环境。但是移民搬迁农户也应该进行合理的划分，一般分为三种类型，即选择性贫困、暂时性贫困和持久性贫困，不同贫困类型农户陷困原因也不尽相同，因此减贫方式也应具有针对性（刘伟等，2015）。

（2）关于搬迁扶贫安置的研究。移民的安置模式和安置方式是大家关心的焦点，本地整体搬迁安置、政府组织跨县移民搬迁和“政府+企业”跨市移民搬迁被认为是三个典型的模式（黄特军，2005），不同的安置模式由于政府干预程度不同，对移民的心态、适应性和社会整合方面都会有较大影响，所带来的效益也有较大差距。高聪颖等（2016）研究后指出目前各地搬迁安置以集中安置模型为主，与农民差异化意愿存在偏差，提出要以安置区农民可持续发展为重点，做到以“就业与增收”为导向规划搬迁安置、增加安置区农户财产性权利及优化公共服务和民生保障。

（3）关于易地扶贫搬迁效益的研究。移民效益包括经济效益、社会效益和生态效益，经济效益主要体现在移民农户生产结构变化而带来的经济收入的增加（黄承伟，2004）；社会效益则是移民农户能够吸收外界信息、接受新知识、获取新技术等，是思想文化素质的变化；生态效益则是缓解人口与环境的矛盾，使原居住地生态环境得到改善（桑晚晴，2016）。有学者通过动态价格方法计算搬迁扶贫的成本及效益，显示搬迁扶贫的成本低于在原地扶贫，而效益高于在原地扶贫，认为应该建立和充分利用市场机制参与移民搬迁中（孙梅等，2000）。另外，有学者从经济学视角探讨贫困地区移民搬迁安置的风险及规避策略（何得桂等，2015）、从移民搬迁政策的政府支持和社会保障、移民搬迁安置区建设及管理等角度开展研究（杨欣，2015）。但是，也有学者提出不同看法，李巧（2015）以宣恩县为例对搬迁扶贫政策的效果进行评价，指出了在生存环境恶劣的农村地区实施的搬迁扶贫政策存在负面政策性效应，首次提出搬迁扶贫政策会导致当地贫穷人口内部贫富差距拉大。

二、可持续生计的国内外研究现状

关于全球贫困问题的讨论由来已久，随着全球形势、世界格局的不断变化，全球贫困涉及的相关问题与讨论也在变化之中。可持续生计就是在这样的背景之下提出来的，以一种发展的眼光看待一个传统问题，同时得出一些新思路和新方法，为更好地解决贫困问题、生计问题奠定了理论基础和政策依据。

（一）国外关于可持续生计的研究

（1）生计的内涵探讨。20 世纪 80 年代，生计（Livelihood）问题开始被国外学者和国际组织开始研究。Chambers 和 Conway（1992）将“生计”定义为一种“谋生的方式，是建立在能力、资产（包括储备物、资源、要求权和享有权）和活动基础之上”。Carney（1998）提出一种生计“包括能力（Capacities）、资产（Assets）以及一种生活方式所需要的活动（Activities）”。Scoones（1998）在强调生计的可持续性研究中给出的生计定义是“生计由生活所需要的能力、资产（包括物资资源和社会资源）以及行动组成”。Ellis（2000）在强调农村生计多样化的研究中给生计定义为“生计包括资产（自然、物质、人力、金融和社会资本）、行动和获得这些资产的途径（受到制度和社会关系的调节），这决定了个人和家庭的生活质量与生活水平”。还有部分国外学者从环境变化、空间发展、劳动力迁移、妇女发展、教育培训等角度研究了生计问题。Robert Chambers 等（1992）则用生计思想解释贫困问题。另外，也有学者研究了农户生计的其他方面，比较突出的有生计安全（Singh 等，2010）、生计多样性（Smith 等，2001）、土地利用与农户生计（Soini，2005）、能源消费与农户生计（Cherni 等，2009）等。Brian King（2011）以南非为例，探讨了空间与生计之间的相互影响；Goulden 等（2013）以特定的社会—生态系统为对象，研究在适应环境变化中的社会资本和生计的多样化策略。

（2）可持续生计内涵探讨。“可持续生计”概念最早见于 20 世纪 80 年代末的世界环境与发展委员会的报告，在 1995 年哥本哈根社会发展世界峰会上通过的《哥本哈根宣言》将可持续生计概括为“使所有男人和妇女通过自由选择的生产性就业和工作，获得可靠和稳定的生计”。可持续生计主要集中于可持续生计框架构建、可持续生计策略运用和可持续生计分析框架与贫困问题的研究三个方面。Scoones（1998）第一个对可持续生计概念进行说明，将可持续生计定义为：“某一个生计由生活所需要的能力、有形和无形资产以及活动组成。该生计如果能够应对压力和冲击，在不过度消耗其自然资源时维持或改善其能力和资产，那么就具有持续性。”这种可持续性包括工作时间，减少贫困，幸福感和能力，适应性、脆弱性和恢复力，自然资源五个方面。英国国际发展署（DFID）对可持续生计界定为：“当一种生计能够应对、在压力和打击下得到恢复，能够在当前和未来保持甚至加强其能力和资产，但又不损坏自然资源基础，这种生计才是可持续性的。”联合国开发计划署（UNDP）通过探讨穷人所拥有的资产来对可持续性生计进行定义（苏芳等，2009），把对发展的思考引向支持个体的才能、知识和技术，了解他们所处的环境，并创造环境让他们运用自身能力、实现潜能并最终得到发展。纳列什·辛格、乔纳森·吉尔曼（2000）在《让生计可持续》中指出：消除贫困的目标在于发展个体、家庭和社区改善生计系统的能力。

（3）可持续生计分析框架的研究。可持续生计框架首先由 Scoones（1998）提出，Carney（1998）随后也建立了生计分析框架，非政府组织 CARE（1999）则推出以家庭为对象的生计安全框架，用于区分农户的家庭资本和公共资本。Bebbington（1999）提出的分析框架将资本和能力作为核心，分析了农民脆弱性、农村生计和贫困等问题。Ellis（2000）则以人的资产和活动为中心，强调“资本—调整（获得和使用资本）活动的程序—活动”的生计分析结构，提出了生计多样化分析框架，从多角度理解贫困并提供了一些综合解决方案，得到了世界银行和许多非政府组织的倡导。2000 年英国国际发展机构根据可持续农村生计咨询委员会（IDS）及其他机构前期研究构建了 SLA 框架，最具代表性且运用最为广泛。SLA 框架由 5 部分组成，即脆弱性背景、生计资本、结构和制度的转变、生计战略和生计输出，其中生计资本被进一步划分为 5 种类型：人力资本、自然资本、物质资本、金融资本和社会资本。利用 SLA 框架，Hesselberg 和 Joseph（2006）、Knutsson 和 Ostwald（2006）对贫困群体脆弱性和生计安全进行分析，Tacconi 等（2009）则分析了生态补偿对生计资本的影响；Edward H. Allisona 和 Benoit Horemans（2006）阐述了可持续生计框架如何转变成发展项目和西非可持续渔业生计计划的政策行动；Nesar Ahmed 等（2010）针对孟加拉国限制沿海贫民过度捕捞对虾、保护生态系统的禁令，分析沿海贫民的生计资本问题。Arezoo Soltani 等（2012）运用可持续生计框架对居民生计进行定量分析，识别家庭生计策略、分析民生的选择，以及调查哪些策略是最可持续的。

（4）可持续生计的应用研究。可持续生计策略是可持续生计研究的具体应用，早在 20 世纪 70 年代，Hart（1973）就指出城市中存在着许多小商小贩、修理铺等服务业，使失地农民可以据此养家糊口。Michael（2003）对尼日利亚的研究发现，大量失地农民被商业农场直接雇用，一部分成为农场的工人、工匠或技术员，另一部分为农场提供其他收费服务。Vishal（2009）对印度的研究发现，失地农民通过在临近村子烧砖、在村里开商店、跑运输、出租房屋赚钱等方式改变原来的生计策略。Maretxki（2007）从妇女合作社的角度探讨了促进农户社会资本积累和农村生计可持续发展的综合策略。Glavovic 和 Boonzaier（2007）利用可持续生计概念研究贫困与发展问题，揭示了贫困地区建立可持续生计策略的紧迫性。Joseph 和 Casrro（2002）提出参与式的主观分析方法，用来设计新的发展活动，评估现有的活动对生计可持续性的影响，并提出了有关“脆弱性”“能力”“社会资本”等术语。

（二）国内关于可持续生计的研究

（1）外部环境对农户家庭生计资本影响。影响农户家庭生计资本的外部因素涉及自然灾害、劳动力迁移、生态补偿、水利建设等方面。蔡志海（2010）对汶川地震灾区贫困村农户研究指出，农户家庭生计资本的总量普遍处于相对较低水平，特别是金融资本、人力资本、自然资本的水平较低，在很大程度上限制了农户的生计行动，增加了灾区贫困村农户生计恢复的难度。时红艳（2011）提出外出务工户在自然资本、人力资本和金融资本占优势，非外出务工户在社会资本占优势，而在物质资本方面两类农户的差异并不显著；于秀波等（2006）研究表明生计水平的提高可以归结为当地社区的积极参与、国家政策机遇、伙伴关系的建立、社区基层组织建设以及适应性管理方法的应用等；张春丽等（2008）调查分析发现，农民对退耕还湿的支持主要取决于能否保证自身的经济利益，并与农民收入来源和谋生能力有关，在替代生计发展不健全时农民仍把土地作为重要的生活保障；苏娟（2007）分析了退耕还林工程影响下农户生计的变化，提出有利于生态脆弱的贫困地区获得可持续发展的相关建议；李树茁、梁义成（2010）研究表明参与退耕的农户与没有参与退耕的农户在五类生计资本上差异显著，参与退耕还林农户所有生计资本指标都相对较高；赵雪雁（2011）以甘南高原农户为研究对象，指出不同的区域生计资本差异明显，农区农户自然资本匮乏，半农半牧区农户物质资本缺乏、而纯牧区农户金融资本匮乏；黎洁（2009）研究表明，与农业户相比，除自然资本外兼业户在物质资本、金融资本、人力资本及社会资本的拥有情况方面更优。但是，蹇莉（2011）研究则认为，在退耕还林政策下农户的生活并未达到预计的改善效果，甚至农民在心理上对退耕还林存在一定的抵触情绪。

（2）关于农户生计策略研究。生计资本状况决定了生计策略的选择，要实现不同生计策略往往依赖于农户拥有的生计资本。李琳一（2007）从发展学视角研究了农户生计资本，分析了五种生计资本对不同类型农户在生计策略选择时的特征及意义；苏芳等（2009）以张掖市甘州区为例，分析表明不同生计资本对农户选择不同的生计策略有重要影响；张大维（2011）将农户资本作为贫困现状评价的指标对连片特困区进行了研究，表明农户家庭生计资本的数量与结构在某种程度上决定着农户的生计策略。苏芳（2012）认为不同的生计资本对农户风险应对策略的影响情况是不一样的，通过增加金融资本、提升农户的人力资本等措施，增强农户的抗风险能力；安迪（2003）、薛辉（2006）通过研究滇西北半农半牧生计方式，指出当地农牧民要维持生计需要依靠不同的资本；侯玉峰（2006）研究发现，“公司＋牧户”模式对牧户的六种生计资本都有不同程度的改善，指出在自然资源有限的情况下牧户进行合理选择生计策略，缓解草原保护与牧民利益的矛盾；张丽萍等（2008）研究表明，以非农活动为主的生计多样化是山地农牧区构建可持续生计的核心。

（3）可持续生计分析框架（SLA）的运用研究。利用可持续生计框架，国内学者的研究主要涉及贫困与反贫、失地农民、生态补偿等方面。李小云等（2005，2007）发现农村贫困人口生计表现为自然资本受到外界因素的影响较多、物质资本在面临风险的时候不具有转换性、缺乏可流动的金融资本积累、缺乏对人力资本投入的能力、社会资本则主要局限于为家庭网络；再通过设计农户家庭生计资本量化研究，表明在农村社区，不同群体的脆弱性表现出差异性，生计资本的单一缺乏或者多元缺乏都是导致农户脆弱性的直接原因；陈传波等（2005）利用可持续生计分析框架，将农户的各类资源、收入、消费、福利及相应的制度安排纳入一个体系之中，得出农户面临多重风险，贫困农户更容易陷入贫困的恶性循环；唐钧（2003）认为建立一个以社区为依托的城市扶贫和发展可持续生计的社会政策体系和工作机制，是城市反贫困取得根本胜利的关键。

中国社会科学院社会政策研究中心课题组（2005）认为实现失地农民可持续生计的政策措施有："完善补偿机制、资本建设、促进就业以及社会保障制度建设四个方面的内容"；朱秀变等（2005）提出解决失地农民可持续生计的五条建议：建立失地农民再就业服务机制、失地农民就业保障金、留地安置或异地安置、规范和引导出租房市场及鼓励农民从事第三产业；王文川等（2006）则认为失地农民生计问题根本原因是构建和运用生计策略遇到障碍，关键在于充分发挥政策、机构的正向积极作用，帮助失地农民增加生计资本积累；孙绪民等（2007）认为实现失地农民以建构科学合理的制度为基础、以实现失地农民的生产性就业为核心，引导和帮助农民积累资本；刘家强等（2007）认为在重新构建可持续生计基本框架下，建立失地农民的社会保障制度是重要的制度资本和基础要件。

张丽（2012）、李军龙（2013）通过SLA分析认为现有的森林生态补偿方式对农户生计能力的提高不大，提出建立多样化、差别化的森林生态补偿方式和配套政策，才能有效提高农户的生计资本能力、保护环境。尚海洋（2012）指出政府补贴可以通过提高人力资本、物质资本和金融资本的水平来提高农户生计资本，政策支持和资金支持两种补偿方式被多数农户作为首选补偿方式。

三、移民可持续生计的研究

随着可持续生计研究的进一步深入，可持续生计分析方法作为一种寻找移民农户生计脆弱性的原因，并在移民搬迁之后面临生存和发展问题时提供多种解决方案的分析框架和建设性工具，引起了国内外学者的广泛讨论，并在研究中得到不断开发并日臻成熟。

（一）国外关于移民可持续生计的研究

生态移民主要是因为外在的生活环境已经不再适宜人口生存或者是为保护生态环境而进行的搬迁，包括自愿移民和非自愿移民。国外众多学者认为，生态环境的破坏与人口贫困有关，农户家庭生计资本低下是造成生态环境问题的主要原因，Bigsten（1996）和 Haan（1999）认为人口迁移能有效打破这种恶性循环，Bilsborrow 和 Ogendo（1992）提出土地被过度利用并退化之后，人口外迁可能是一个缓解贫困、改善环境的方式，移民能够改善农户家庭生计资本，增加农户可持续生计能力。但是，也有一些学者并不认同这样一个观点，Duetal（2005）则认为由于存在高昂的迁移成本及不可预知的风险，真正贫困人口并不能将移民作为提高家庭生计能力的策略，Kothari（2002）认为可能会有更糟糕的情况，当出于保护环境的需要而导致非自愿移民搬迁时，就有可能使搬迁家庭的生计状况更加恶化。因此，要更好地改善贫困人口的生活环境，增加他们的生计资本，Jackson 和 Sleigh（2000）指出，要使非自愿移民转变为自愿移民需要一个合理的补偿，在搬迁过程中，对移民的补偿应能够维持其必要的生计条件，合理的补偿能够增加移民的可持续生计能力。Lachman（1978）、Koczberski 和 Curry（2005）认为，土地对于移民来说是最重要的，在移民过程中对土地的征收会减少了移民的福利，会降低移民的可持续生计能力，也需要得到合理的补偿，包括货币补偿及实物补偿。社会学家 Cernea（1996）则认为，移民在迁移之后其生计水平应该有所提高，或者至少和移民前一样的生计水平，才是移民安置的目标所在。

（二）国内关于移民可持续生计的研究

（1）关于移民行为对农户可持续生计的影响研究。移民对农户生计的影响方面，国内有学者从农户经济、社会方面进行了初步研究，结果表明移民搬迁对农户的生计，尤其是家庭可支配收入会产生消极影响，移民家庭的生计脆弱性十分突出（辛瑞萍，2016），并且会形成一个贫困过渡期，这就需要从可持续生计的角度来解决这种现象，否则会成为当地经济与社会发展的一个“瓶颈”（葛根高娃等，2003），移民搬迁对人们的生产生活方式、文化观念也会带来很大的变化（包智明，2006；石德生，2008）。另外，不同的移民安置政策会对移民生计产生较大的影响，通常在经济发达区安置移民能更好地适应搬迁后的生计生活（朱夫静等，2016），但是对于非自愿搬迁的移民往往面临着资金短缺、非农就业困难、收入来源、农业生产困难、生活困难等生计困境（史俊宏等，2015），也有学者提出恢复与重建移民生产生活系统、增强移民生计资本储备等策略（刘雅静，2014；韩学雨等，2014）。

（2）关于灾害区及库区移民的可持续生计研究。因灾害形成的人口迁移是非自愿移民中的一种，自然灾害的发生是移民的一个重要原因，如汶川地震灾后重建过程中有大量的人口迁移，刘家强（2008）以 10 个极重灾区县为研究对象，对灾区人口容量、人口迁移规模、进程、方向和路径进行分析和研究；沈茂英（2009）从推拉理论角度，指出地震灾害造成的资源环境变化是推动人口迁移的决定力量；陈勇（2009）认为，地震灾害导致的人口迁移，是人类应对自然灾害而重建生计的对策。我国水利工程建设带来的大量农户移民搬迁，也致使他们的生计资本发生较大变化，杨云彦、赵锋等（2009）在对南水北调（中线）工程库区的研究中发现，库区农户五大资本的拥有量差异较大，主要是缺乏必要的金融支持和融资能力低，而水库的建设会导致农户传统的社会联系断裂、社会资本流失。严登才（2011）对搬迁前后水库移民的生计资本进行了对比，发现搬迁后移民自然资本下降、物质资本得到了提高、金融资本下降幅度较小、社会资本和人力资本均有一定的损失。

（3）关于移民农户可持续生计调整研究。个人发展是移民可持续生计的重要内容，个人发展风险取决于其自身发展适应能力。移民的自我发展在于他能否融入新的社会生活环境、能否适合自身需求的发展机会（沈茂英，2006），因为在移民过程中，搬迁人口并不具备足够的生存技能和发展技能，汶川大地震后青川县组织的移民，迁入新的安置区后不习惯水稻生产而不得不迁回原地；另外，习惯于农业生产、农村生活的农民很难适应城镇生活方式，很难找到新的生产技能寻求个人发展（沈茂英，2009）。在移民过程中存在移民可持续发展的风险问题，尤其是非自愿移民，存在诸多风险，包括政治风险、社会风险、经济风险和环境风险（荀厚平，2005），移民搬迁安置过程中资产的损耗、生产技能的失效、原有生产生活环境的丧失、发展资源的缺失，都是移民后可持续生计所面临的风险（施国庆等，2009），因此移民农户在移民搬迁之后要根据可持续生计框架对自身进行调整以提高自我可持续生计能力。

四、国内外研究评述

自20世纪90年代以来，特别是进入21世纪以后，移民搬迁问题正越来越受到学术界的关注。早期的研究主要集中于怎样的安置内容和形式能够使移民尽早恢复生产生活，这些研究主要侧重补偿的内容和标准是否合理，安置的方式是否更有利于移民生产生活的恢复，安置后移民收入的变化等。从整体上看，已有研究多属于理论和经验研究，实证分析研究相对偏弱，研究系统性尚有欠缺，还无法全面客观地体现移民搬迁对农户的影响。不仅如此，已有研究基于第一手调研资料来源与实地调研或深入访谈的成果较少，对现实状况把握不够精确和深入，研究结论尤其是实施方案尚不够具体，其现实可行性与可操作性还不够强。需要指出的是，我国移民搬迁工作本身具有历史性和阶段性，新时代的移民搬迁工作已被赋予新的内涵，已经成为实施精准扶贫的一条重要途径，现有研究在破解移民搬迁问题上还显得无能为力，这是因为：一方面，安置区的宏观环境不尽相同，同样的政策和方式常常会因为移民所处区域不同、移民各自特点不同和搬迁后采取的生计策略不同而出现很大的差异，已有研究大部分忽视了相关利益群体的参与逻辑和对具体地域“地方性”知识的把握；另一方面，现有研究成果大都是官方背景或政策性研究，关注焦点主要集中在移民搬迁政策背景、搬迁对象、存在主要问题及如何完善等对策建议等方面，以经验总结基础上的问题解决对策为主，工作总结式的政策研究较多，较少涉及农村的区域特点对移民搬迁政策实施的间接影响，容易忽视搬迁引发的社会效应。

可持续生计分析方法的引进为中国移民的生计问题研究提供了崭新的视角。从“可持续生计”的概念提出距今已经有20多年的历史，这期间，国外学者利用SLA框架对贫困地区和生态脆弱地区的农户生计状况进行大量研究，将理论运用到实际的扶贫斗争中去。可持续生计分析框架对贫困群体的研究，从客观环境到个人的生计资产，再到生计策略和生计输出，都有一个较为全面的测度。国外针对农户可持续生计的相关研究相对成熟，涵盖范围较广，尤其是农户可持续生计与生态环境的关系方面（孙博等，2016）。国内学者将西方的可持续生计分析理论框架应用于经验性研究，但研究内容和方法有待改进和创新，主要表现在：一是大多数研究方法和技术手段多以对现象评估和结果分析为主，缺乏对机理及过程的深入研究，使可持续生计的理论发展受到限制（汤清，2015）。二是从研究内容来看，由于可持续生计的概念最初提出是为了解决农村地区贫困人群的发展问题。因此，大多数研究都是针对农村地区的点状研究，只是孤立针对农户生计的某一方面，如农户的生计资本，缺少社会和经济快速发展下生态环境恶化、城镇化建设进程和经济欠发达地区农户的可持续生计问题的研究。

显然，可持续生计理论是一种诠释易地扶贫搬迁的新角度、新方法，对中国易地扶贫搬迁实践具有重要的指导意义。然而，目前有关移民生计问题研究还处于起步阶段，相关研究文献较少，既有的文献主要集中在农民工和失地农民等方面，较少有学者能运用可持续生计分析理论对这一特殊群体进行系统的实证研究。着眼未来，在我国推行的城镇集中安置模式下，要实现移民家庭可持续生计目标，至少还有两个关键问题需要寻找答案：一是移民家庭的生计资本如何变化，这种变化如何影响移民家庭的生计模式和生计风险；二是如何建立有效的风险防范机制，促进移民家庭可持续生计目标的实现。总体而言，关于政策性帮扶下可持续生计能力培育、以生计资本积累和生计策略提升为基础的移民搬迁模式有待深入系统的研究和探讨。

综上所述，国内外经济学界对易地扶贫搬迁和可持续生计理论进行了卓有成效的研究，经济学家把自己的精力无保留地贡献给了扶贫搬迁和可持续生计理论的研究，他们深入调查、认真思索、反复比较、提炼建设，尽管或多或少存在一些问题，或者各自的研究结果有比较大的差距，对移民搬迁政策的实施有不同的意见，但是这些都是事物发展中有益的声音。展望未来，人们应该同时把移民农户可持续生计与“十三五”规划中现代农业发展战略和生态文明建设三者有机地结合起来，对完善易地扶贫搬迁政策进行更为全面系统而有效的研究。

第二节　相关理论基础

一、可持续生计框架理论

可持续生计框架（Sustainable Livelihood Framework，SLA）是对与农户生计特别是围绕贫困问题的复杂因素进行梳理、分析的一种方法，是人们对可持续生计方法具体应用的结果，以英国海外发展署（DFID）提出的可持续生计分析框架最为典型，该框架对分析农户贫困问题的思路进行了梳理（见图3-1）。在图3-1中，可持续生计框架包括五部分内容：脆弱性背景，生计资本，政策、结构和过程，生计策略，生计结果。在一个脆弱性背景中，人们运用自己的生计资本生存或谋生，同时受到外界政策的支持或约束，综合考虑这些因素之后，决定自己的生计策略，从而带来生计结果。

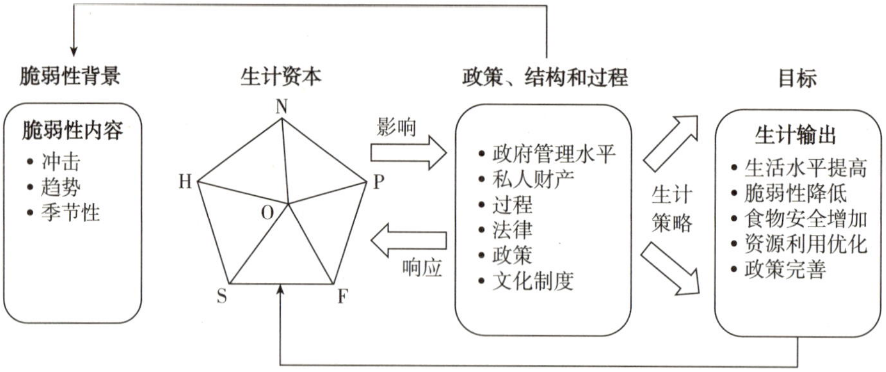

图3-1　英国国际发展署（DFID）提出的可持续生计框架

第一是脆弱性背景，即每个人都生活在自己相应的环境之中，面临一个客观的外界环境即脆弱性背景或环境。在这一环境中，人们将面对打击、季节性、趋势和变化。打击主要是指自然灾害、疾病的突然袭击，以及一些人为的事故，如车祸等；季节性是由于农业的季节性特征造成劳动力市场的周期性波动，给贫困人口的就业产生严重影响；趋势和变化是指经济发展的大环境，根据产业的生命周期理论，每一种产业都要经历从成长到衰退的演变，产业的更替将对以这一产业为生的人们产生巨大冲击，此外，经济发展的健康与否也对人们的生计产生影响，如金融危机的爆发。

第二是生计资本，即人们无法完全掌握其脆弱性背景，只能被动地接受其产生的冲击和影响，然而在接受这些影响的时候，人们可以充分利用自身所具备的能力使其带来的负面影响降到最小，从而更好地适应环境，这种能力的直接体现就是人们所拥有的生计资本。可持续生计框架将生计资本归纳为五类：自然资本（N）、物质资本（M）、金融资本（F）、社会资本（S）、人力资本（H）。此外，人们可以利用生计资本从事生计活动，进而改善生活状况。因此，生计资本是SLA的核心。

第三是人们面临的政策、机构和过程，即如果说脆弱性背景是人们所面对的客观自然社会环境的话，政策、结构和过程则是他们不得不面对的人为主观环境。政府通过其成立的部门，制定相应政策及相关规定，旨在帮助人们实现生计的可持续。理想情况是，这些政策、机构和过程能够帮助人们实现其自身的可持续生计，同时也能对那些为了自身生计发展而侵害他人生计的行为予以约束。然而由于政策本身的缺陷及一些政策落实过程中的障碍，使政策在支持人们谋求生计过程中的效果大打折扣。

这些问题之所以存在，重要原因之一是人们权利与责任的不对等，贫困农户之所以贫困其根本原因在于自己的部分权利被剥夺，他们甚至在自身生计发展规划中，不能参与决策制定，不能充分表达自己的意见。对权利的剥夺是可持续生计分析框架特别重视的内容之一。

第四是生计策略，即在既定的客观脆弱性背景下，结合由人为制定的政策、结构和过程决定的主观环境，人们充分利用自己的生计资本以适应环境，改善自身的生计状况，而实现这些目标的途径就是他们所选择的生计策略。如果人们是理性的，在特定环境下，人们必然选择最佳的生计策略，也就是说，生计策略是人们对外界环境和自身因素综合考虑的直接反应。例如，农民的生计策略主要有从事农业以外的兼业活动和迁移。

第五是生计结果，即生计策略的选择直接决定生计结果，而生计结果又反作用于农户的生计资本。生计结果主要表现为收入的提高、生活状况的改善，以及权益的获得。更高收入可以提升家庭金融资本存量、可以转化为物质资本，同时也获得了更广人际关系、其社会资本的得到改善，更高的教育与培训使其人力资本得以提升。

从这个框架中可以看出，在脆弱性背景中，在政策法律与文化制度相互作用下，作为可持续生计框架核心的生计资本的状况，决定了生计策略采用的类型，进而导致相应的生计输出结果，生计结果又反作用于生计资本，影响资本的性质和状况，依次循环往复。

二、顾客满意度理论

顾客满意度（customers satisfaction degree）是一个相对概念，是客户期望值与客户体验的匹配程度，就是客户通过对一种产品可感知的效果与其期望值相比较后顾客形成的愉悦或失望的感觉状态。

顾客满意度理论最早由 Cardozo 于 1965 年提出。早期的满意度方面研究主要集中在产品方面，而 Cardozo（1965）认为提高顾客满意度，会使顾客产生再次购买行为，而且不会转换到其他产品。当前，市场竞争主要表现在对顾客的全面争夺，是否拥有顾客取决于企业与顾客的关系，取决于顾客对企业产品和服务的满意程度，顾客满意程度越高，企业竞争力越强，市场占有率就越大，企业效益就越好。

评价顾客满意程度，需要通过一组与产品或服务有关的、能反映顾客对产品或服务满意程度的项目进行测量，即需要建立顾客满意度测评指标体系。通常顾客满意度测评指标体系是一个多指标结构，运用层次化结构设定测评指标，一般划分为四个层次，每一层次的测评指标都是由上一层测评指标展开的，而上一层次的测评指标则是通过下一层的测评指标的测评结果反映出来的，最后一层次反映到具体调查问卷上，为问卷上的问题，由客户根据自身情况进行作答。

顾客满意度作为一种心理状态，是一种自我体验，心理学家认为情感体验可以按梯级理论进行划分若干层次，相应可以把顾客满意程度分成七个级度或五个级度，其中七个级度分为很不满意、不满意、不太满意、一般、较满意、满意和很满意，五个级度分为很不满意、不满意、一般、满意和很满意。

三、社会资本理论

20 世纪 70 年代，西方学者将社会关系和社会结构纳入资本范畴，提出社会资本概念，是经济资本、人力资本外的另一种资本类型。Pierre Bourdieu（1986）认为社会资本是与社会网络密切联系的社会资源，包括个体的血缘、亲缘、职业联系和居住活动社区等，个体可以借助其社会资本获得一定的经济资源；Coleman James（1988）将社会资本定义为个人拥有的社会结构资源，嵌入于一定的社会网络结构，是社会关系的体现，由个体所拥有，但不具备私有财产性，不能由个体进行转让；A. Lei & Porte（1995）界定社会资本为个体通过某种资格在社会网络结构中取得珍贵资源的一种能力，是个体与社会网络结构之间互动互惠的结果；Putnam（1995）、Lin Nan（1999）等学者也对社会资本给予了不同的界定。

社会资本与人力资本类似，能够在使用中得到积累，是一种可投资的并在未来可获得预期回报的长期资产，它可以与其他类型资本相互"兑换"，比如社会网络中的地位优势可以兑换成经济或其他方面的优势，个体可以利用这种优势来补偿金融资本或人力资本的不足，也可以通过降低交易成本来改善经济效率。社会资本也需要投资和维护，其生产需要花费成本，包括金钱、时间和精力的投入，需要按时更新和重组。

社会资本作为一种隐藏在社会网络中的资源，可以提升活动结果及带来相应的效应，作用机制在于：第一，信息流的作用，信息能降低组织雇用最佳个体的交易成本，借助于信息，个体能发现最佳的组织，组织则能以最低成本来雇用个体；第二，施加影响的作用，一些拥有特殊社会关系资源的个体对于组织决策者会形成某些较大的影响力；第三，个体的社会信用，个体社会联系和获得普遍认同的关系可以被组织视为个体社会信用的资质，反映个体通过社会网络对资源的可用性；第四，强化识别与认同的作用，个体的社会资本是一种特殊的资源，可以和群体中其他成员区分开来并形成独特的优势（姚福喜等，2008）。

第四章　研究区域概况及数据来源

第一节　研究区域概况

一、赣南原中央苏区基本概况

原中央苏区亦称“中央革命根据地”，是指在 1929 年至 1934 年土地革命战争时期，中国共产党在赣南、闽西革命根据地的基础上发展起来的最大、最重要的中央革命根据地，是全国 13 块革命根据地面积最大、人口最多的一块，也是人民共和国的摇篮和苏区精神的主要发源地，为中国革命作出了重大贡献和巨大牺牲。原中央苏区以江西省瑞金为中心，辖有江西、福建、闽赣、粤赣、赣南 5 个省级苏维埃政权。赣南原中央苏区是指主要集中在江西南部地区建立起来的中央苏区部分，是原中央苏区的主要组成部分，在原中央苏区时期起着至关重要的作用。

（一）区域范围

考察和认定赣南原中央苏区区域范围，主要遵循六个原则：一是涵盖中央苏区斗争历史全过程；二是涵盖中央苏区斗争各时期涉及的所有区域；三是依据当年党、政、军的隶属关系；四是区分全红县、苏区县、部分范围县和游击区县等不同层次；五是以现在县（区、市）行政区划为单位去认定；六是认定“苏区县”和“中央苏区县”的区别和交叉。

依据上述六项原则，2011 年 9 月 1 日，中央党史研究室确认全国共有 42 个中央苏区县：其中福建省 22 个，江西省 13 个，广东省 7 个。江西省 13 个中央苏区县是：瑞金、兴国、宁都、于都、石城、会昌、寻乌、信丰、安远、广昌、黎川、上犹、崇义，本研究所确定的即为江西的13个县，即赣南原中央苏区，共222个乡镇，其中除广昌县和黎川县隶属现抚州市外都隶属于现赣州市。赣州被称为“红色故都”“共和国摇篮”，工农红军从瑞金、于都等地出发进行了震惊世界的二万五千里长征，兴国是著名的将军县，当年有80%青壮年参加工农红军，其中有近30%的人为国捐躯。

（二）区域人口

2017年赣南原中央苏区各县市常住人口总数为603.9万人，约占江西省总人口的13.1%。其中：信丰县67.1万、上犹县28.6万、崇义县19.7万、安远县34.3万、宁都县73.5万、于都县94.4万、兴国县73.1万、会昌县44.9万、寻乌县30万、石城县30.2万、瑞金市61.6万、广昌县23.2万、黎川县23.3万。该区域内很多县以深山为主，地广人稀，人口密度较小，除于都县（326人/平方公里）大于全省人口密度（275人/平方公里），其余各县均低于全省平均人口密度，且崇义县人口密度最小，每平方公里常住人口数仅89人，尚未超100人。

（三）自然条件

赣南原中央苏区主要位于江西省南部，属中亚热带南缘，气候温和，热量丰富，雨量充沛，无霜期长，年平均气温18.9℃，年平均无霜期287天，年平均降雨量1605毫米，年日照时数为1813小时，昼夜温差大，适宜宽皮柑橘和橙类的生长。

该区域群山环绕，断陷盆地贯穿其中，主要地形以山地、丘陵为主，地势周高中低、南高北低。四周山峦重叠、丘陵起伏，形成溪水密布，河流纵横，水系呈辐辏状向中心——章贡区汇集。赣南山区成为赣江发源地，也是珠江之东江的源头之一，千余条支流汇成上犹江、章水、梅江、琴江、绵江、湘江、濂江、平江、桃江9条较大支流。

赣南原中央苏区位于赣江上游，是以暴雨、洪水为主要自然灾害的地区，每年4~9月为汛期，5~6月为洪水多发季节，春汛和秋汛也时有发生各河川径流量补给主要是降水，属雨水补给型。

（四）林业资源

赣南原中央苏区以山地为主，林广人稀，区域内13个县面积为31833平方公里，占全省面积19.07%；山林地面积达3630.02万亩，占区域内国土面积的

76.85%，占全省山林地面积22.41%，但耕地面积533.82万亩，仅占全省耕地面积的3.82%，属于典型的山区（见表4－1）。

表4－1　赣南原中央苏区各县自然条件状况

区域	人口（万人）	面积（平方公里）	人口密度（人/平方公里）	耕地（万亩）	山林地（万亩）	乡镇（个数）	森林覆盖率（%）	森林蓄积量（万立方米）
信丰县	67.1	2878	233	65.40	302.00	16	66.50	641.50
上犹县	28.6	1544	185	18.00	185.03	14	81.40	530.00
崇义县	19.7	2197	89	19.04	259.20	16	88.30	1023.00
安远县	34.3	2375	144	28.53	297.00	18	83.40	639.14
宁都县	73.5	4053	181	85.15	450.00	24	71.00	784.80
于都县	94.4	2893	326	51.33	321.00	23	71.68	827.10
兴国县	73.1	3214	227	63.09	373.12	25	72.20	296.00
会昌县	44.9	2722	165	44.72	303.00	19	79.47	845.20
寻乌县	30	2311	129	15.79	290.75	15	81.34	701.00
石城县	30.2	1582	191	33.07	211.13	10	75.10	560.62
瑞金市	61.6	2488	247	53.22	275.79	16	75.60	471.75
广昌县	23.2	1612	144	18.48	172.00	11	66.70	335.00
黎川县	23.2	1729	134	38.00	190.00	15	68.65	602.60
合计	603.8	31833	—	533.82	3630.02	222	—	—
江西省	4592.3	166874	—	13966.00	16198.50	—	63.10	44500.00

从森林覆盖率来看，区域内普遍较高，13个县森林覆盖率均高于全省63.1%的水平，其中崇义县森林覆盖率达到88.3%，比全省平均水平高出25个百分点，上犹县、安远县及寻乌县的森林覆盖率均在80%以上，最低为信丰县，达66.5%。

（五）稀土资源

赣南地区是南方离子型稀土的发现地，也是南方离子型稀土矿山开采技术的发明地。经过多年的发展，已经形成从矿山开采、稀土分离、金属冶炼、深加工及应用到贸易、科研的完整稀土产业体系，在全国乃至世界都具有举足轻重的地位。初级加工环节优势明显，分离能力约占全国同类矿的50%；稀土金属冶炼能力占全国的60%左右；年处理稀土废料能力超过5万吨，可回收稀土氧化物超过1万吨，成为全国最大的稀土金属生产基地和资源综合利用基地。赣州更荣获

“稀土王国”称号，在赣南原中央苏区中已探明的稀土资源主要分布在寻乌县、宁都县、信丰县和安远县4个县。其中寻乌县是以低钇轻稀土为主，宁都县、信丰县和安远县则以中钇富铕型稀土为主。

二、赣南原中央苏区历史贡献

原中央苏区是土地革命战争时期最大的革命根据地。现赣州市所辖赣南区县曾经是以毛泽东同志为代表的中国共产党人所创建的中央苏区的主体，也是中央红军的载体。没有中央苏区的创建，就不可能有中央红军的发展，中央苏区存在的这6年时间里，在党的历史上留下了浓重一笔。在中国共产党领导下，苏区广大军民经过艰苦卓绝的奋斗，在坚持革命战争、建立和扩大红军、发展苏维埃建设事业以及支援红军主力突围转移等方面，都作出了巨大贡献和英勇牺牲。

（一）赣南原中央苏区形成过程

赣南原中央苏区的形成经历了一系列艰苦卓绝的斗争，历经了长期千辛万苦的奋斗也作出了巨大的牺牲。

1927年11月~1928年6月，赣西、赣南和闽西地区的农民，在中国共产党领导下，先后举行万安、吉安、赣县、雩都（于都）、南康、信丰、寻邬、永定、龙岩、上杭、平和等起义，建立红军江西独立第二、第三团、闽西红军第十九师和游击队，开展游击战争，为建立根据地奠定了基础。

1929年1~2月，毛泽东、朱德、陈毅等率红军第四军主力由井冈山进军赣南，随后进行了大柏地、长汀、龙岩等战斗，后北上东固，与红军独立四团会师，与红军独立二团、红军独立四团会师，在赣南站住了脚；3月红四军在长汀召开前委扩大会议，决定利用军阀混战之机，在赣西南、闽西放手发动群众，开展游击战争，建立红色政权。

1930年春，包括兴国、雩都（于都）、宁都、瑞金、安远、寻邬等县的赣西南根据地初步形成；2月毛泽东在吉安陂头主持召开红四军前委、红四、红五、红六军军委和赣西、湘赣边、赣南特委联席会议（即二七会议），决定将赣西、赣南、湘赣边三特委合并为中共赣西南特委，统一领导赣西南的斗争；3月闽西革命根据地正式形成，闽西革命根据地纵横300多里，建有长汀、上杭、龙岩、永定、连城、武平6个县政府；6月红军第四、六军、十二军合编为红军第一军团，在赣南、闽西地区活动。

1931年1月中共苏区中央局在江西小布成立；9月，红一军团粉碎敌人的第三次“围剿”后，赣西南、闽西革命根据地连成一片；11月中华苏维埃第一次全国代表大会在江西瑞金召开，宣告中华苏维埃共和国临时中央政府成立，并成中革军委，标志着中央革命根据地正式形成，并统辖和领导全国苏维埃区域的斗争。

1933年2~3月，中央革命根据地取得第四次反“围剿”的胜利，不仅巩固了中央革命根据地，而且打通了中央苏区与闽浙赣苏区的联系；1933年秋，中央苏区辖有江西、福建、闽赣、粤赣4个省级苏维埃政权，成为全国最大革命根据地，拥有60个行政县，红军和根据地发展到了鼎盛时期。

1934年10月，在“左”倾冒险主义领导指挥下，中央革命根据地军民未能打破国民党军“围剿”被迫退出根据地进行长征，此后中央革命根据地成为游击区，留下的部分红军变成游击队，坚持了3年游击战争。

（二）赣南原中央苏区历史贡献

20世纪30年代，以毛泽东同志为代表的中国共产党人在赣南等地区创建的中央苏区是第二次国内革命战争时期全国最大的革命根据地，是中华苏维埃共和国党、政、军首脑机关所在地。中央苏区时期，以毛泽东为代表的共产党人带领广大苏区军民，把马克思主义普遍真理同中国革命具体实践相结合，对中国革命道路进行了艰苦卓绝的探索，预演了治国安民的文韬武略；在创建、保卫中央苏区的斗争实践中，铸就了伟大的苏区精神。在革命年代，赣南等原中央苏区人民在党的领导下，为民族独立和人民解放，为争取建设独立、自由、民主、统一、富强的中华人民共和国成立作出了巨大牺牲和突出贡献。

1. 赣南人民踊跃参加红军，成为组成中央红军的基本力量

赣南原中央苏区当时总人口240万，其中33万人参加了红军，60万人支援前线，几乎所有的青壮年劳动力都参与了保卫苏区的作战、支援前线的军事斗争。中央红军在长征出发时8.7万人中，赣南籍红军达五六万人，占当时中央红军总数的65%，部分县、区、乡16~55岁的男子，凡身体条件合格者都争先恐后随军转移。长征出发前以扩充的新兵为基础组建的担负中央机关保卫和抬运沉重物资、机器的中央教导师，以及由征调的5000名挑夫组成了运输队和担架队，均来自赣南原中央苏区。因此说，没有赣南人民，就没有强大的中央红军，就没

有浩浩荡荡去长征的红军，中央红军也难以实施战略大转移行动。

2. 赣南人民为中央红军提供了大量物资和军费

据史料统计，长征前夕赣南人民提供的物资等包括了 84 万担稻谷、2 万多床被毯、8.6 万余斤棉花、20 万双草鞋、10 万个米袋和制造枪弹的 8 万多斤铜等，另外还包括价值 10 万元的中西药品和 150 多万元军费。赣南人民对红军物力和财力的支援，对红军前期的战略转移发挥了巨大的作用。

3. 赣南人民为中国革命、为红军长征承受了巨大的牺牲

赣南等原中央苏区是中华人民共和国成立的摇篮，整个赣南地区在革命战争年代牺牲的有名有姓的烈士为 10.8 万余人，其中有半数都牺牲在长征路上，在湘江战役中牺牲的绝大多数烈士是新入伍的赣南子弟，赣南苏区 13 个县均为苏区全红县。当时仅有 240 万苏区人口中参加红军有 33 万余人，参加赤卫队、担架队、运输队等支前参战的有 60 余万人；中央红军长征出发时 86859 人，赣南人就有 6 万人，在二万五千里长征路上，平均每公里就有 3 名赣南籍战士倒下，占江西全省革命烈士总数的 43%，占全国烈士总数的 1/16，其中兴国籍牺牲的有名有姓烈士为 23179 人，意味着兴国籍烈士占全国烈士总数的 1/60，占江西全省烈士的 1/10，占赣南烈士的 1/5，是全国各县牺牲烈士人数最多的县。牺牲在长征路上的瑞金籍战士有 1 万余人，特别是在国民党反动派重新占领瑞金后，作为“赤都”首当其冲地遭到反动势力最疯狂、最残酷的报复，全县被残杀的达 1.8 万多人，许多地方成了“血洗村”“无人村”，为革命作出了这么巨大的贡献和牺牲在全国实属罕见，因此赣南对中国革命、对长征所作出的贡献和牺牲是极其伟大的。

4. 开辟了一条中国特色的革命道路

中央苏区的创建是中国共产党人开辟中国特色革命道路的伟大实践。中国特色革命道路是以武装斗争为主要形式，以土地革命为基本内容，以根据地为依托，以农村包围城市、武装夺取政权为特色的道路。中国共产党人在中央革命根据地领导取得了第一、第二、第三、第四次反“围剿”斗争的胜利，开展了轰轰烈烈的土地革命运动，进行了卓有成效的经济文化社会建设，建立了中华苏维埃共和国中央政府及江西、福建、闽赣、粤赣、赣南 5 个省级苏维埃政权，是对中国特色革命道路的积极探索和开辟。

尤其宝贵的是，经历中央苏区的斗争，中国共产党加深了对中国革命规律的

认识，真正实现了工作重心从城市到农村的转移，真正改变了进攻大城市、期望一举成功的军事路线，真正找到了进行人民战争的切实办法。中国特色的革命道路发源于井冈山，基本形成于中央苏区，并在抗日战争时期和解放战争时期越走越宽广，最终成就了农村包围城市、武装夺取政权的伟业。

5. 形成了以苏区精神为代表的一系列优良传统和作风

苏区精神主要在中央苏区培育。在长达数年的苏区创建和发展中，在建立红色政权、探索革命道路的实践中，无数革命先辈用鲜血和生命铸就了以“坚定信念、求真务实、一心为民、清正廉洁、艰苦奋斗、争创一流、无私奉献”为主要内涵的苏区精神，这一精神是中国共产党人精神链条中极为重要的一环，前承井冈山精神，后启长征精神，既蕴含了中国共产党人革命精神的共性，又显示了苏区时期的特色和个性，是中国共产党人政治本色和精神特质的集中体现，是中华民族精神新的升华，也是今天正在建设的社会主义核心价值体系的重要来源。

苏区精神是苏区时期中国共产党人共有的精气神，既源自各苏区的共同培育又在各苏区都有所展现，其中中央苏区最具代表性，是苏区精神的主要来源和集中展现地。苏区干部好作风主要形成于中央苏区，是苏区精神在苏区干部群体中的外在表现，最实质的内涵是“深入实际、调查研究，联系群众、一心为民，模范带头、艰苦创业，勤俭节约、廉洁奉公”等方面，是我们党的优良传统和作风，体现了革命战争年代中国共产党人的蓬勃朝气、昂扬锐气和浩然正气，为党领导人民夺取全国革命的胜利发挥了重要作用。

6. 进行了治国安民的伟大预演

1931 年 11 月在瑞金成立的中华苏维埃共和国，是中国历史上第一个全国性的工农民主政权，是中国共产党预演治国安民文韬武略的全新平台。正如毛泽东所说：“党开辟了人民政权的道路，因此也就学会了治国安民的艺术。党创造了坚强的武装部队，因此也就学会了战争的艺术。所有这些，都是党的重大进步和重大成功。”苏维埃中央政府在“围剿”与反“围剿”、封锁与反封锁的激烈较量中，创造性地领导各苏区特别是中央苏区的政治、经济、军事、文化、教育、卫生、体育等各项事业，揭开了“创造中国新社会的序幕”，这些经验为后来中华人民共和国成立的政治、经济、文化等方面的建设提供了重要的参考，由此，瑞金被誉为“人民共和国的摇篮”。

7. 锻造了一支听党指挥、能征善战的军队和一大批优秀干部

在中央苏区，中国共产党人学会了战争的艺术，锻造了一支听党指挥、能征

善战的红军部队。中央苏区的历史本身就是一部中国共产党领导的人民革命战争史，由毛泽东、朱德、周恩来、彭德怀等亲自创建、领导和指挥的红一方面军，拥有第一、三、五、七、八、九共6个军团，兵力最多时约13万人，是全国各革命根据地中最强大的红军部队，创造了许多“横扫千军如卷席”的战争奇迹。更重要的是，在创建、巩固和保卫中央苏区和中华苏维埃共和国的斗争中，毛泽东、朱德等红军统帅们，从战争中学习战争，总结创造了一套适合中国国情的人民军队建军原则和红军的战略战术思想，在此基础上发展成为伟大的毛泽东军事思想，成为我国人民军队建设的最重要的指导思想。

在中央苏区，造就了大批治党、治国、治军的领导骨干，中国共产党第一代领导集体成员中的毛泽东、周恩来、刘少奇、朱德、任弼时，第二代领导集体成员中的邓小平、陈云、叶剑英、杨尚昆、胡耀邦等，当年都在中央革命根据地工作、战斗过。据史料统计，在中央苏区战斗过的中华人民共和国成立初期省部级以上领导人合计有93人；中华人民共和国开国将帅共604人中有9位元帅、7位大将、34位上将、114位中将、440位少将在中央苏区工作、战斗过；当年在中华苏维埃共和国工作过的干部，许多人成为中华人民共和国各个方面的重要领导人。

三、赣南原中央苏区在新时代面临困境

由于苏维埃革命遗留的战争创伤且地理位置偏远，赣南苏区的发展较为滞后，主要表现为贫困程度深、发展差距拉大。赣南原中央苏区有国家级贫困县8个，分别是：上犹县、安远县、宁都县、于都县、兴国县、会昌县、寻乌县、广昌县，江西省定贫困村达1119个。依据国家新划定的2300元（2010年不变价）贫困线，2015年赣南有贫困人口70.2万，贫困发生率达9.3%，贫困人口基数大。在人口、国土面积占优势的情况下，赣南发展严重滞后于延安、临沂、三明、龙岩等革命老区，经济发展情况不容乐观。在新时代中赣南原中央苏区发展面临的困境主要体现在革命遗留问题、当今发展基础薄弱及未来发展缺动力等三个方面。

（一）客观因素产生的遗留问题

赣南是中央苏区的核心区域，是中华苏维埃共和国临时中央政府所在地，是

共和国的摇篮。赣南原中央苏区为革命奉献巨大，中央红军战略转移离开中央苏区后，当地民众遭到敌人疯狂报复，这大大地破坏了赣南老区的生存发展基础。

1. 战争创伤影响深远

中华人民共和国成立后，中央和地方政府制定了一系列扶持政策，投入了巨大的人力、物力和财力，赣南老区的经济、社会面貌发生了很大变化，但与全国平均水平相比仍有较大差距。赣南苏区土地面积3.18万平方公里，人口只有603万。2015年数据显示，赣南人均GDP仅是全国平均数的44.67%，是江西全省平均值的63.04%；全国592个国家级贫困县中江西有21个，其中赣南苏区就占了8个，在国家扶贫办划定的13个集中连片贫困县的区域中，赣南地区列入其中。

表4-2 赣南苏区、全省2010~2015年贫困信息统计

年份 / 赣南苏区贫困状况	2010	2011	2012	2013	2014	2015
赣南苏区贫困人口（万人）	215.5	195.0	172.0	139.5	105.6	70.2
赣南苏区贫困发生率（%）	30.0	26.8	23.0	19.2	13.4	9.3
全省贫困人口（万人）	538	438	386	328	275	204
全省贫困发生率（%）	15.2	12.6	10.7	9.3	7.7	5.7

2. 中华人民共和国成立后持续付出

赣南为保护环境主动放弃一些发展机会，客观上也制约了赣南经济的发展，这种付出在过去几十年内并未得到相应的补偿、转移支付，加剧了赣南经济的滞后。

长期农副产品统购统销制度，国家从农村汲取资源投入城市和工业体系建设，作为农业大区，赣南输送出大量农副产品。据测算，通过工农产品“剪刀差”，仅粮食、生猪、油料、甘蔗和竹木，赣南苏区农民就为城市和工业提供了1785亿元的“积累”。

赣南是赣江水的源头，为保护赣江和东江的一江清水、保护鄱阳湖经济区的环境，东江、赣江源头的寻乌、石城、崇义等县已撤办工业园区；赣州市已连续8年禁伐阔叶林、沿江工业企业一律后退1.5公里。近5年来，赣南关闭和搬迁企业2540家，拒绝3100多个对环境有破坏或污染的产业投资项目，累计经济损失近千亿元，并且大量居民为了保护生态环境而进行搬迁。赣南为保护环境主动放弃了一些发展机会而未得到相应的补偿、转移支付，客观上也制约了赣南经济的发展。

（二）区域经济发展基础薄弱

赣南苏区经济发展乏力，总体发展水平偏低，虽然经过改革开放40年来的发展，已经形成了独具特色的产业结构和工业体系，经济总量大幅增加，但赣南由于苏区经济基础过于薄弱，经济欠发达的事实没有改变，因此发展较为滞后的总体特征没有变。

1. 基础设施投入不足，交通落后

赣南老区在基础设施建设方面欠债较多，在投资方面不仅未能加快发展以缩短差距，反而与全国平均水平差距逐渐拉大。赣南地处南岭、武夷山、诸广山三大山脉交接地，地势四周高、中间低，丘陵和山地占土地总面积的83%，这种地形地貌造成的交通不便是长期制约赣南发展的“瓶颈”之一。赣南原中央苏区位于闽粤赣湘四省交界地区，远离经济中心，基础设施比较薄弱，省际、市际、县际交通投入有限，造成了赣南原中央苏区基础设施较差，影响了发展。

以前赣南各县之间不通高速公路，阻碍了物资流通、信息交流，这种封闭状态，在计划经济下对经济影响不大，在市场经济环境下表现得较为突出。交通闭塞造成可达性差，企业运输成本剧增，难以发挥承接经济发达地区产业转移的作用。交通不便使商品生产成本高、损耗大、效益低，即使赣南地区劳动力廉价和自然资源丰富，但也难以吸引外资。改革开放以来，尽管赣南在基础设施方面有了很大进步，但与外界相比仍有很大差距。

近年来，赣南苏区范围内制造业等大型工业有所发展，但数量较少，如江铃汽车虽然进驻了赣南部分地区，但规模不大。较大规模企业基本上集中在赣州市区周边，很少延伸至县域，从而加剧了赣南内部区域经济发展不平衡。

2. 资源优势没有发挥

南康、大余、崇义等地的钨、钼等稀有金属矿藏丰富，钨储量占全国的1/6，素有“世界钨都”之称，赣南钨业迄今有百余年开采史。赣南苏区矿产虽然非常丰富，但钨矿、稀土资源等都在国家控制下，实行配额限制，且钨矿、稀土资源深加工不在本地，并不能给当地经济带来多大经济效益，资源优势未能得到有效发挥。

3. 落后文化风俗和思想制约

贫困地区的人们以非常传统的方式在生活，同时由于受到一些传统思维和社会风俗的影响，致使贫困现象加重。第一，生育理念落后，认为人口多家庭才能兴盛，大量的生育降低了人均社会资源和财富的拥有量，加重了贫困；第二，小农意识很重，为了最大限度地获取眼前利益，严重地破坏生态环境的平衡，从而影响以后的发展；第三，眼光短浅，固守自己的田地，不愿意选择寻求更好的发展机会，减缓了地区的经济发展；第四，消费观念落后，红白喜事上的铺张浪费与生产生活中的斤斤计较形成鲜明对比，严重制约了生产发展；第五，“读书无用”思想蔓延，整体受教育程度不高并有下滑趋势，不利于农业的发展和收入的增加，同时也因为文化不高，无法利用其他媒介对农业生产进行帮助，农民与社会市场经济脱钩，使其被动与盲目地进行农业生产。

4. 缺乏相关政策的倾斜扶持

中华人民共和国成立以来，国家对革命老区发展给予了一定的财政扶持，对解决民生问题提供了很大帮助，基本帮助老区人民解决了温饱问题。国家提供一定的资金、粮食和衣物，的确可以帮助老区那些特困户解决燃眉之急，为他们创设了维持生活、生产的基本条件，但这些帮助对赣南地区国民经济发展和产业振兴又显得微不足道。在2012年国务院出台《国务院关于支持赣南等原中央苏区振兴发展的若干意见》以前，仅在第一个五年计划时期，在经济建设统调资源的大吉山、西华山和岿美山三大钨矿，以及作为配套动力设施的上犹江水电厂外，并没有特别针对赣南苏区投资建设过其他的大型产业和基础设施项目。近年来，国家为应对经济发展滞后的问题，相继批准实施了36个区域性规划，赣南苏区均没有成为其核心。由于赣南等原中央苏区地域闭塞、基础薄弱，很难成为国家重大项目、重点投资和大规模国有大型企业选择的目标。赣南地区成为国家优惠政策中的“政策洼地”，得不到资金核心技术的援助，地域壁垒是制约其发展的重要因素，面临日益被边缘化的艰难处境。越来越多的人也深刻意识到，仅靠赣州自身的努力难以肩负起带动老区人民与全国一同进入小康社会的重任，需要党和国家在政策、规划和资金等方面给予正确引导和特殊扶持。

（三）未来发展缺动力

1. 人才流失，缺乏软实力

由于赣南地区长期贫困落后，优秀的劳动力（青壮年）外流到了外省，如到广东等沿海发达地区打工。据统计，单单宁都一个县就有 20 多万人长期在外工作、生活。此外，大量高校毕业生毕业后也选择到长三角、珠三角等经济发达城市工作，导致赣南本地的劳动力素质受到影响。很多赣南人在外地创业，有的非常成功。如兴国出去的很多人在珠三角将企业做得很大，但不想回来。有个在佛山打工的兴国人，后来成为当地一个较大企业的老板，他曾经想回兴国创业，但发现无法适应当地的政治经济环境。最大的问题是干部群众的思想不是太解放，还是应该向广东那边学习，有了好的政策，要把政策敢于用起来，打破思想禁锢，加大改革的力度，用好中央的扶持政策。

由于赣南原中央苏区经济条件的限制，既留不住分配来的科技人员，也难以兴办教育培养本地人才。而且，为了支援祖国的建设，赣南原中央苏区还大量输入了各种矿产资源和森林资源，长期的过度砍伐，矿产资源和森林资源都迅速减少。人才和自然资源的大量流失使赣南原中央苏区的发展更加缓慢，经济的落后又加速了人才和自然资源的流失，如此往复，形成恶性循环。

2. 生态环境被破坏

赣南原中央苏区的生态环境优越，森林覆盖率高，还有多个区域被列入国家重点生态功能区。然而，山水生态环境保护压力持续加大。在城市开发建设中，大规模的“低丘平整”造成水土流失；赣南地区稀土资源丰富，是我国稀土的重要产区，离子型稀土资源占全国同类资源的 2/3，世界同类资源 60%，是典型的“稀土王国”。长期以来，赣南离子型稀土矿无序开采、产业粗放式发展，以原材料初级加工为主，重金属污染风险持续加大，乱挖滥采现象严重，造成了大范围环境污染、生态破坏和资源浪费，制约了赣南地区的可持续发展。

3. 技术水平落后

从农业机械动力指标统计数据可以看出，赣南原中央苏区农村农业机械动力 2014 年已经达到了 502. 56 万千瓦，比 2010 年的 383. 5 万千瓦大幅提高。但是与江西省农村平均水平相比，依然处于落后的态势。2014 年江西省农村平均农业机械动力达到了 532. 6 万千瓦，比赣南原中央苏区农村高出 30. 04 万千瓦。并且从农村用电量、有效灌溉面积及化肥施用量等指标来看，赣南原中央苏区农村依然落后于江西省平均水平。

第二节　赣南原中央苏区社会经济发展状况

由于受战争创伤的影响，以及自然地理等多种原因，截至2015年，赣南原中央苏区基础设施薄弱、产业结构单一、经济发展仍然滞后，全区域内各项社会经济指标均处于较低水平。

一、赣南原中央苏区人均GDP状况

GDP是一个地区内所有机构单位在一定时期内生产的所有最终产品和劳务的市场价值，反映的是一个地区的总体经济状况。一直以来，赣南原中央苏区各县人均GDP均处于一个较低水平，2015年统计资料显示（见表4－3），区域内人均GDP最低为石城县，为12730元，为江西省人均的34.66%，全国人均GDP的25.79%，仅为全省人均GDP的1/3和全国人均GDP的1/4；最高为崇义县，达到31860元，但也仅为江西省人均GDP的86.76%，全国人均GDP的64.56%，这也可以看出，区域内各县人均GDP之间存在较大差异（见图4－1）。

表4－3　2015年赣南原中央苏区各县GDP总量及占比　　单位：元、%

区域	人均GDP	在江西省占比	在全国占比
信丰县	20343	55.39	41.22
上犹县	15987	43.53	32.40
崇义县	31860	86.76	64.56
安远县	13100	35.67	26.54
宁都县	15999	43.56	32.42
于都县	15128	41.19	30.65
兴国县	14484	39.44	29.35
会昌县	15094	41.10	30.59
寻乌县	16909	46.04	34.26
石城县	12730	34.66	25.79

续表

区域	人均 GDP	在江西省占比	在全国占比
瑞金市	17696	48.19	35.86
广昌县	20052	54.60	40.63
黎川县	23733	64.62	48.09

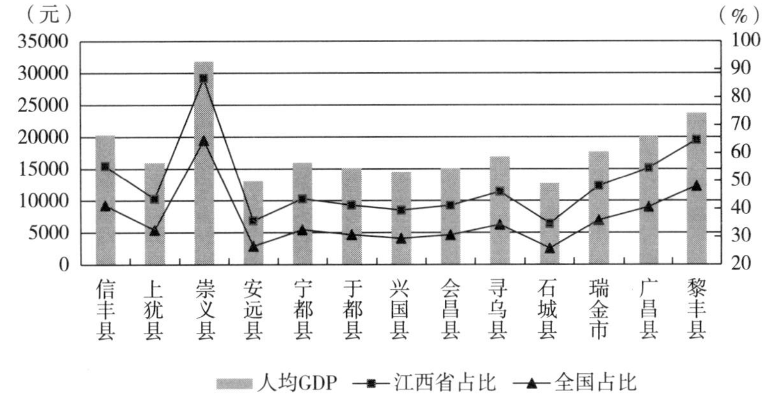

图 4-1 赣南原中央苏区各县 GDP 总量占江西省及全国的比例

经过对 2010~2015 年各县 GDP 数据的整理，计算出区域内人均 GDP 值，从时间纵向上比，如表 4-4 所示，人均 GDP 呈现增长趋势，由 2010 年的 9636 元增长到 2015 年的 16891 元，增加了 75.29%，年增长率 11.88%。

表 4-4 2010~2015 年赣南原中央苏区内人均 GDP 及占比 单位：元、%

	2010 年	2011 年	2012 年	2013 年	2014 年	2015 年
区内人均 GDP	9636	11639	13111	14822	16064	16891
在江西省占比	45.49	44.51	45.52	46.42	46.33	45.99
在全国占比	32.10	33.07	34.18	35.37	34.43	34.23

从横向上比较发现，区域内人均 GDP 与全省及全国人均 GDP 存在较大差距（见图 4-2），区域内人均 GDP 仅为全省的 45% 左右、全国的 1/3 左右。另外，

数据分析表明，从 2013 年开始，区域内的人均 GDP 与全省及全国人均 GDP 的差距呈现逐渐拉大的趋势，分别由 2013 年的 46.42% 下降到 45.99%、35.37% 下降到 34.23%，这也说明，赣南原中央苏区的经济发展与全省乃至全国经济发展差距在进一步拉大。

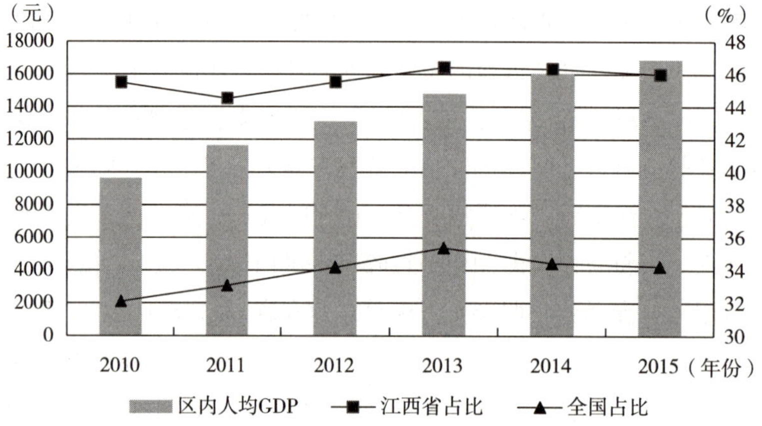

图 4-2　赣南原中央苏区各县人均 GDP 占江西省及全国的比例

二、赣南原中央苏区各县三产结构状况

从 2015 年赣南原中央苏区各县产业结构来看，如图 4-3 所示，各县第一产业占比都远远高于江西省 10.6% 和全国 9.3% 的水平，其中寻乌县、石城县、安远县的占比分别达到了 29.5%、28.9% 和 28.4%，列前三位，即使是最低的崇义县也达到 14.9%；相对应的是第三产业占比则明显不足，除瑞金市第三产业占比较高，达到 50.9%，超全国水平 50.5% 以外，其他各县第三产业占比均低于全国水平，其中最低为崇义县，仅为 27.3%，其次为兴国县，为 31.1%。以上数据表明，赣南原中央苏区各县经济发展依然主要依靠农业生产，现代服务业发展存在明显不足，这也是制约赣南原中央苏区各县经济发展的一个主要原因。

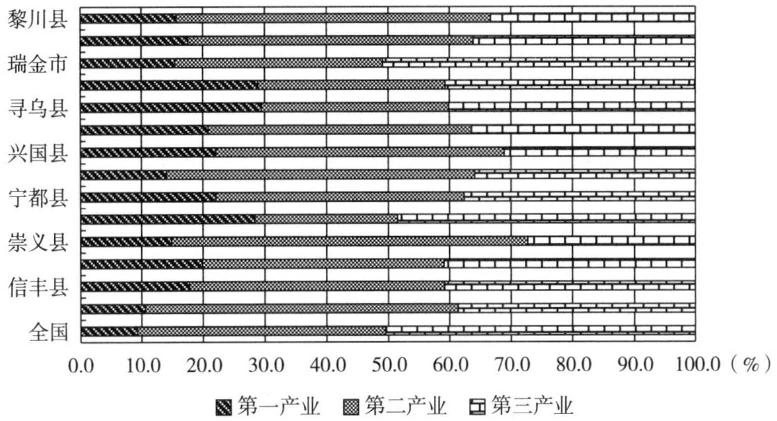

图 4 –3 赣南原中央苏区各县三产结构

三、赣南原中央苏区人均财政总收入状况

财政总收入反映一个地区的整体收入，是一个地区经济发展速度的宏观反映，也是衡量地区经济发展的重要参数。由表 4 –5 可以看出，赣南原中央苏区内宁都县人均财政总收入最低，仅有 1251 元，仅为全省人均财政总收入的 18. 90%、全国人均财政总收入的 11. 30%；最高是崇义县，为 4791 元，也仅为全省的 72. 39% 及全国的 43. 26%，其次较高为黎川县（4432 元），为全省的 66. 97% 及全国的 40. 02%；其他县的人均财政总收入通常为全省的 30% ~40%。从总体上来看，区域内各县人均财政总收入都处于一个较低水平，说明区域内各县经济发展速度较为缓慢。

表 4 –5 2015 年赣南原中央苏区各县财政总收入及占比 单位：万元、元、%

区域	财政总收入	人均财政总收入	在江西省占比	在全国占比
信丰县	160000	2125	32. 11	19. 19
上犹县	80300	2525	38. 16	22. 80
崇义县	103000	4791	72. 39	43. 26
安远县	70028	1751	26. 45	15. 81

续表

区域	财政总收入	人均财政总收入	在江西省占比	在全国占比
宁都县	101200	1251	18.90	11.30
于都县	165700	1509	22.80	13.62
兴国县	143200	1609	24.31	14.53
会昌县	118300	2232	33.73	20.16
寻乌县	66000	2000	30.22	18.06
石城县	64800	1988	30.04	17.95
瑞金市	159000	2304	34.82	20.81
广昌县	82100	3284	49.62	29.66
黎川县	112794	4432	66.97	40.02

从2010~2015年赣南原中央苏区内人均财政总收入来看，在纵向上有一个持续增长的过程（见表4－6），由859元增长到2078元，共增长了141%、年增长率15.86%；但从横向上比较来看存在较大差距，区域内人均财政总收入不足全省的1/3，最低为2012年的30.39%，最高为2014年的32.95%，在2015年又下降到31.40%，进一步拉大了与全省的差距；与全国人均水平相比，最小为2010年的12.25%，仅为全国人均水平的1/8，最高为2014年的18.95%，但仍未达到全国人均水平的1/5，且在2015年又出现下降趋势，这也说明，与全国人均水平相比，赣南原中央苏区在财政总收入该经济指标上与全国其他地区相比，呈现进一步拉大的趋势。

表4－6　2010~2015年赣南原中央苏区内人均财政总收入及占比　单位：元、%

	2010年	2011年	2012年	2013年	2014年	2015年
区内人均财政总收入	859	1175	1383	1673	1945	2078
在江西省占比	31.26	32.05	30.39	32.08	32.95	31.40
在全国占比	12.25	15.16	15.89	17.62	18.95	18.77

四、赣南原中央苏区人均地方财政收入

地方财政收入是一级政府的可用资金，反映的是区域内经济发展状况。从

2015 年赣南原中央苏区内各县人均地方财政收入数据来看（见表 4－7），最高为黎川县的 3558 元，占全省人均地方财政收入的 75.01%、全国 59.19%；其次为崇义县的 3302 元，占全省人均地方财政收入的 69.62%、全国的 54.94%；最低为宁都县的 925 元，仅占全省人均地方财政收入的 19.49%，不到 1/5，全国的 15.38%，不及 1/6；其余各县人均地方财政总收入占全省的 30%～40%、全国人均水平的 20%～30%。以上数据分析表明，赣南原中央苏区人均地方财政总收入与全省及全国人均水平相比，存在较大差距，在另一项指标上反映出区域内经济发展处于一个较低水平。

表 4－7　2015 年赣南原中央苏区内各县人均地方财政收入及占比　单位：元、%

区域	人均地方财政收入	在江西省占比	在全国占比
信丰县	1513	31.89	25.16
上犹县	1972	41.57	32.80
崇义县	3302	69.62	54.94
安远县	1325	27.94	22.04
宁都县	925	19.49	15.38
于都县	1176	24.80	19.57
兴国县	900	18.98	14.97
会昌县	1636	34.49	27.21
寻乌县	1485	31.31	24.70
石城县	1472	31.04	24.49
瑞金市	1696	35.75	28.21
广昌县	2456	51.78	40.86
黎川县	3558	75.01	59.19

图 4－4 反映了赣南原中央苏区 2010～2015 年人均地方财政收入及占全省、全国人均地方财政收入的比例。从图 4－4 中可以看出，区域内人均地方财政收入有一个持续增长的过程，由 2010 年的 602 元增长到 2015 年的 1511 元，增长了 1.51 倍，年增长率为 16.58%。但是从横向上比较，可以发现，区域内人均地方财政收入处于一个较低水平，与全省人均地方财政收入相比，通常为 1/3 左右，

最高为2010年的34.54%，且总体上也呈现一个下降趋势，也反映出其与江西省内其他县的差距有一个进一步拉大的现象；与全国的人均财政收入相比，所占比例则更低，最高为2014年的25.29%，最低的2010年仅为19.89%，不及1/5。整体数据显示，赣南原中央苏区2010~2015年期间人均财政地方收入均处于一个较低水平。

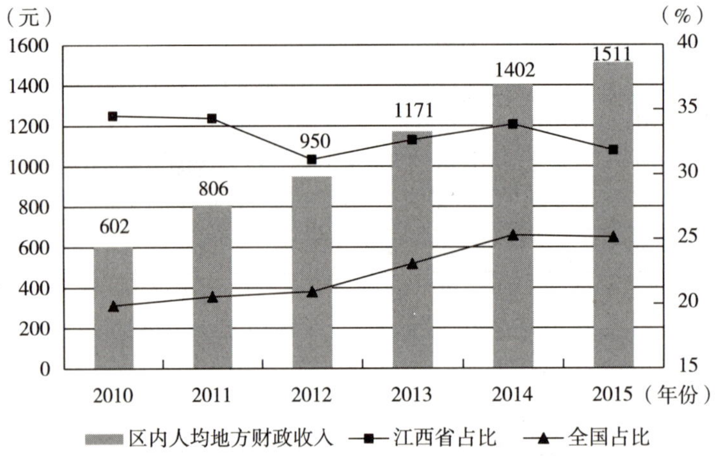

图4-4　2010~2015年赣南原中央苏区区内人均地方财政收入及占比

五、赣南原中央苏区人均固定资产投资状况

固定资产投资反映的是一个地区基本建设、更新改造、国有单位投资、城镇集体经济单位投资、房地产开发投资、城镇农村固定资产等方面资金投入情况，是地方经济发展的主要驱动力之一。2015年统计数据显示，如表4-8所示，赣南原中央苏区各县人均固定资产投资处于一个较低水平，投资额最大为黎川县（28369元），占江西省人均固定资产投资额的74.49%、全国人均投资额的69.12%，均未超过3/4；其次为广昌县（20020元），占全省人均固定资产投资额的52.57%、全国人均投资额的48.78%；而最低的为安远县（7740元），占江西省人均固定资产投资额的20.32%、全国人均投资额的18.86%；其余各县人均投资额占全省的比例在30%~40%、占全国的比例

在 20% ~30%，均处于较低水平。

表 4-8　2015 年赣南原中央苏区区各县人均固定资产投资及占比　单位：元、%

区域	人均固定资产投资	在江西省占比	在全国占比
信丰县	18632	48.92	45.40
上犹县	14434	37.90	35.17
崇义县	18605	48.85	45.33
安远县	7740	20.32	18.86
宁都县	8404	22.07	20.48
于都县	13176	34.60	32.10
兴国县	11054	29.02	26.93
会昌县	8509	22.34	20.73
寻乌县	9839	25.83	23.97
石城县	7945	20.86	19.36
瑞金市	9855	25.88	24.01
广昌县	20020	52.57	48.78
黎川县	28369	74.49	69.12

赣南原中央苏区人均固定资产投资在 2010 ~2015 年呈现增长趋势，如图 4-5 所示，2010 年区域内固定资产投资有一个较高投入，人均投资额为 8818 元，占全省人均投资额的 54.92%、全国人均投资额的 48.97%。在 2011 年出现较大幅度下降，2011 ~2015 年在投资额上则又呈现持续上升趋势，由 6024 元增长到 12558 元，增长了 108.47%，年增长率为 15.83%。从横向上比较则处于较低水平，与江西省人均投资额相比，最高比例为 2015 年的 32.97%，仍不及 1/3；与全国人均投资额相比，则明显更低，仅为 30.60%。数据显示，在人均固定资产投资方面，赣南原中央苏区的投入远远低于全省平均水平及全国平均水平，反映出区域内固定资产的投资严重不足，这也是制约区域内经济发展的一个重要因素。

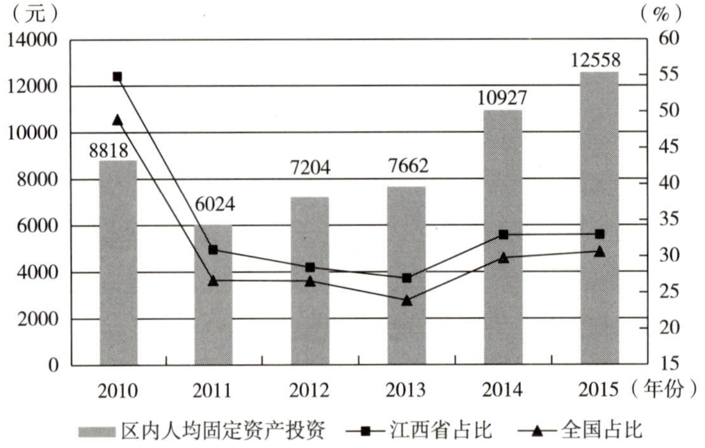

图 4－5　2010～2015 年赣南原中央苏区区内人均固定资产投资及占比

六、赣南原中央苏区人均社会消费品零售总额状况

社会消费品零售总额是各行业直接售给城乡居民和社会集团的消费品总额，反映的是一个地区的经济景气程度。表 4－9 显示了 2015 年赣南原中央苏区各县人均社会消费品零售总额情况，黎川县 8684 元为区域内最高，占全省人均社会消费品零售总额的 67. 24%、全国的 39. 67%；最低为石城县 3252 元，仅占全省的 25. 18%、全国的 14. 85%；其余各县的人均消费额一般占全省人均消费额的 30%～40%、全国的 20%左右。数据也反映出赣南原中央苏区各县零售商品消费的不足、居民购买能力较为低下、县域经济状况发展较弱。

表 4－9　2015 年赣南原中央苏区各县人均社会消费品零售总额及占比　单位：元、%

区域	人均社会消费品零售总额	在江西省占比	在全国占比
信丰县	5352	41. 44	24. 45
上犹县	4478	34. 68	20. 45
崇义县	6181	47. 87	28. 24
安远县	4005	31. 01	18. 29

续表

区域	人均社会消费品零售总额	在江西省占比	在全国占比
宁都县	4494	34.80	20.53
于都县	3953	30.61	18.06
兴国县	3787	29.32	17.30
会昌县	4775	36.98	21.81
寻乌县	5242	40.60	23.95
石城县	3252	25.18	14.85
瑞金市	4884	37.82	22.31
广昌县	5424	42.00	24.78
黎川县	8684	67.24	39.67

2010～2015 年统计数据结果如图 4－6 所示，赣南原中央苏区人均社会消费品零售总额呈现持续增长，由 2010 年的 3050 元增长到 2015 年的 4661 元，增长了 52.82%，年均增长率为 7.32%；从横向上比则一直呈现下降趋势，2010 年区域内人均社会消费品零售总额占全省的 46.04%、全国的 26.05%，至 2015 年分别下降到 36.09% 和 21.29%，这也反映出与其他地区相比，赣南原中央苏区商品零售消费总额的差距在进一步拉大，区域内居民购买能力不足的特点。

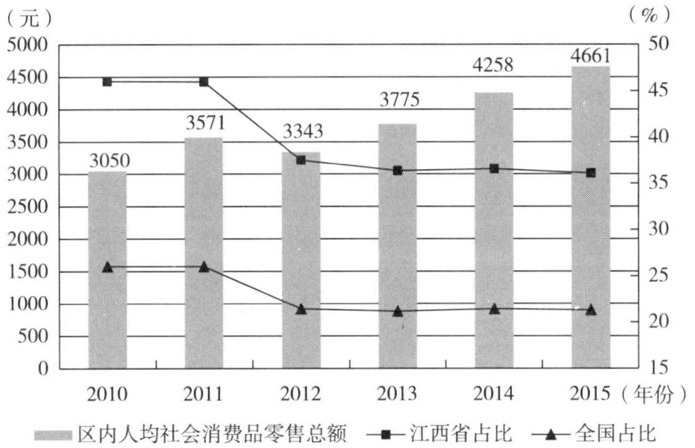

图 4－6　2010～2015 年赣南原中央苏区区内人均社会消费品零售总额及占比

七、赣南原中央苏区城镇居民可支配收入状况

城镇居民可支配收入是指城镇居民能够自由支配的收入，反映一个地区城镇居民的消费能力及消费水平，也是城镇居民实际生活水平的真实反映。表4－10显示了2015年赣南原中央苏区城镇居民可支配收入情况，最高是信丰县，为23629元，占全省城镇居民可支配收入的89.17%、全国城镇居民可支配收入的75.75%；其次为瑞金市（23309元），占全省城镇居民可支配收入的87.96%、全国城镇居民可支配收入的74.72%；最低为宁都县（19189元），占全省城镇居民可支配收入的72.41%、全国城镇居民可支配收入的61.51%；其余各县城镇居民可支配收入一般为20000元左右，分别占全省及全国水平的80%及70%左右。总体数据显示，赣南原中央苏区各县城镇居民可支配收入均仍处于一个较低水平，13个县均低于全省城镇居民可支配收入水平，更低于全国平均水平，这也是制约各县居民消费和县域经济发展的一个重要因素。

表4－10　2015年各县城镇居民可支配收入及占比　　单位：元、%

区域	城镇居民可支配收入	在江西省占比	在全国占比
信丰县	23629	89.17	75.75
上犹县	20643	77.90	66.17
崇义县	21490	81.09	68.89
安远县	19675	74.25	63.07
宁都县	19189	72.41	61.51
于都县	22414	84.58	71.85
兴国县	22024	83.11	70.60
会昌县	21357	80.59	68.46
寻乌县	20304	76.62	65.09
石城县	19514	73.64	62.55
瑞金市	23309	87.96	74.72
广昌县	21567	81.38	69.14
黎川县	22059	83.24	70.71

图 4－7 显示 2013～2015 年赣南原中央苏区城镇居民可支配收入，从数据上看，3 年来区内城镇居民可支配收入呈现持续增长趋势，由 17619 元增长到 21321 元，增长了 21.01%，年增长率为 3.23%，增幅不是很明显。从横向比较来看，区内城镇居民可支配收入均处于一个较低水平，低于江西省城镇居民可支配收入平均水平，2015 年达到最高，仍只有 80.46%，更低于全国城镇居民可支配收入，最高的 2015 年仅为 68.35%。以上数据也表明，赣南原中央苏区城镇居民可支配收入一直以来都处于一个较低的水平，因此也制约着区域内居民消费，说明城镇居民生活水平相对较低。

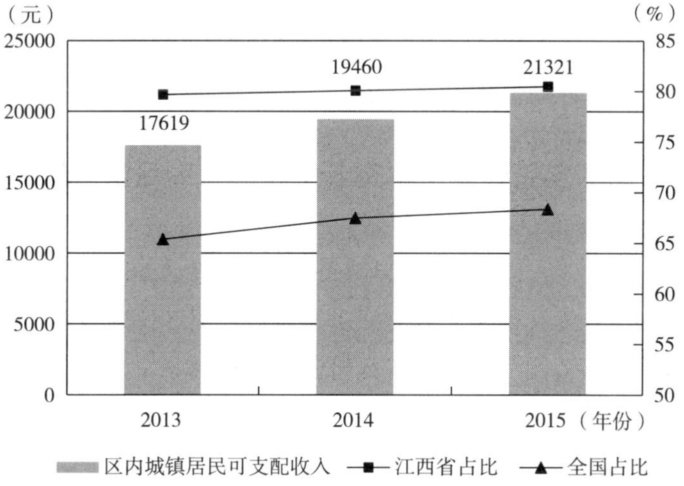

图 4－7　2013～2015 年赣南原中央苏区区内城镇居民可支配收入及占比

八、赣南原中央苏区农民人均纯收入状况

农民人均纯收入是农村居民当年通过各种渠道得到的总收入扣除获得收入所发生费用后的收入总和，反映一个地区农村居民收入平均水平及农村居民生活水平。如表 4－11 所示，2015 年赣南原中央苏区各县农民人均纯收入最高为黎川县，突破万元，达到 10887 元，占江西省农民人均纯收入的 97.74%，并超过全国农民人均纯收入水平，为 103.80%，这也是本书所分析的几个经济指标中第一

个超过全国平均水平的指标；其次为信丰县（9700 元），占全省农民人均纯收入的 87.08% 及全国的 92.48%，都低于平均水平；最低为安远县（7537 元），仅占全省的 2/3 及全国的 71.86%。从以上数据来看，赣南原中央苏区各县农民人均纯收入还处于一个相对较低水平，除黎川县以外，其他县均低于全省及全国平均水平，这也反映出区域内农民经济收入及消费水平处于一个相对较低状态。

表 4-11　2015 年各县农民人均纯收入及占比　　单位：元、%

区域	农村人均纯收入	在江西省占比	在全国占比
信丰县	9700	87.08	92.48
上犹县	7634	68.53	72.78
崇义县	7600	68.23	72.46
安远县	7537	67.66	71.86
宁都县	7695	69.08	73.36
于都县	7862	70.58	74.96
兴国县	7849	70.46	74.83
会昌县	7763	69.69	74.01
寻乌县	7597	68.20	72.43
石城县	6662	59.81	63.51
瑞金市	8251	74.07	78.66
广昌县	7668	68.84	73.11
黎川县	10887	97.74	103.80

如图 4-8 所示，2010~2015 年赣南原中央苏区农民人均纯收入由 3655 元增长到 8054 元，共增长了 120.36%，年增长率为 14.07%，呈现持续增长态势；与其他县域相比，可以看出处于一个较低水平，其占江西省农民人均纯收入的比例由 2010 年的 63.14% 增加到 2015 年的 72.31%，占全国农民人均纯收入的比例由 61.75% 增长到 76.79%，均低于两者平均水平，但值得欣慰的是，这两者比例正在逐渐增加，说明区域内农民人均纯收入与全省及全国相比，这种差距正在逐渐缩小。

以上数据分析表明，赣南原中央苏区各县经济发展水平均处于一个较低水平，与全省平均水平及全国平均水平相比，存在较大差距，此外，在人均 GDP、人均财政总收入、人均地方财政收入和社会消费品零售总额等经济指标上，这种差距呈现进一步拉大的趋势。

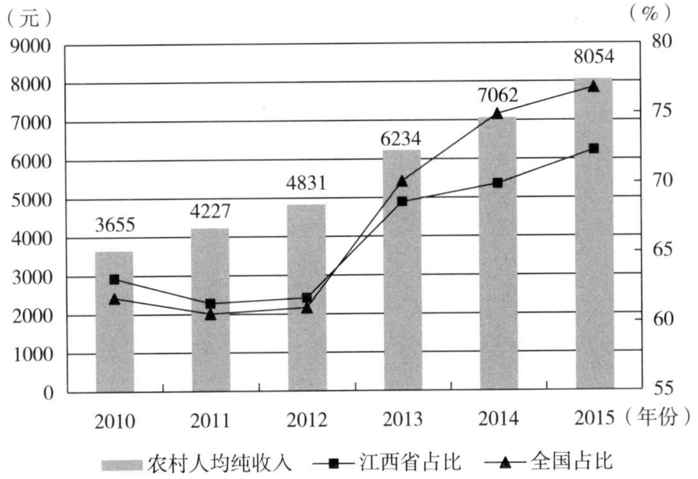

图 4-8　2010～2015 年赣南原中央苏区区内农民人均纯收入及占比

第三节　赣南原中央苏区易地扶贫搬迁政策实施情况

易地扶贫搬迁政策实施目标是让移民群众真正实现“整体搬得出、长期稳得住、逐步富得起”。

一、易地扶贫搬迁原则

（1）政府主导、群众自愿。加大宣传引导力度，通过政策引导和利益趋向，激发深山区、库区和地质灾害频发区群众移民搬迁的积极性和主动性；认真分析本地深山区、库区和地质灾害频发区群众的生产生活情况，在调查摸底的基础上确定整体搬迁的自然村或居住点，确定整体搬迁目标、搬迁范围和安置地点，制定好搬迁规划；在充分尊重搬迁群众意愿的前提下，让群众自觉自愿接受移民搬迁集中安置，引导移民向县城和园区集聚，并实施乡村逐级审核、县审批，“三榜”公示。

（2）整体搬迁、集中安置。坚持以自然村或居住点为单位，实行整体搬迁，对贫困程度深、生产生活条件差的居住点，优先安排，以县城为龙头，带动县、乡、村“三级联动”，一是进县城进园区安置，二是乡镇安置，三是中心村安置（包括敬老院、养老院安置）。根据搬迁农户意愿，结合实际，采取以进县城进园区集中安置为主、乡镇和中心村集中安置为辅的安置方式，对有劳动能力，尤其已有家庭成员在县城或工业园区务工的农户，引导他们进县城进园区集中安置。其他打算长期自愿在农村发展，或不具备在县城或工业园区安置的贫困群众，在乡镇或中心村集中安置，坚决杜绝搬“富”不搬“穷”的现象，做到整体搬迁。

（3）差异扶持、综合推进。整合相关政策，移民搬迁户可享受易地扶贫搬迁补助和农村危旧土坯房改造补助，对特别困难的搬迁户，进一步提高建房补助标准；动员和引导社会力量“一对一”帮扶，帮助扶贫对象解决搬迁安置困难和后续发展问题。

二、赣南原中央苏区易地扶贫搬迁政策的主要内容

（一）财税政策

2014 年 6 月，江西省出台文件《关于实施贫困群众搬迁移民扶贫工程的意见》提出，移民建房补助由人均 3500 元，提高到人均 4000 元。县城或工业园区移民集中安置点基础设施建设补助由 500 元提高到 2000 元；乡镇移民集中安置点基础设施建设补助由 500 元提高到 1500 元；中心村移民集中安置点基础设施建设补助由 500 元提高到 1000 元。对移民搬迁中的建档立卡贫困户及其中的特困户实行差别化扶持，建档立卡贫困户的建房补助在人均 4000 元的基础上，每人增加补助 1000 元；建档立卡贫困户中的特困户，建房补助在人均 4000 元的基础上，每人增加补助 2000 元。

2015 年 6 月，赣州市政府出台文件《赣州市易地扶贫搬迁工作实施方案》中规定，市、县财政统筹解决移民搬迁资金，移民农户建房资金按每人 4000 元

的标准进行补助；对移民搬迁中的建档立卡贫困户及其中的特困户实行差别化扶持，建档立卡贫困户建房资金按每人5000元的标准进行补助；建档立卡中的特困户建房资金按每人6000元的标准进行补助；移民搬迁进城进园、乡镇、中心村集中安置点基础设施建设费分别按每人2000元、1500元、1000元的标准给予补助。

《赣州市上犹江库区“水上漂”农户上岸搬迁安置工作实施方案》明确规定符合农村危旧房改造条件的“水上漂”和“双渡”农户自主建房的，在全部拆除原有水上住棚和岸上危旧土坯房后，每户补助建房资金4万元。

崇义县在移民搬迁安置过程中兴建“水上家园”安置点，由政府统一组织施工，无偿供用土地，县财政下拨“水上家园”基础设施建设资金100万元；为降低建房成本，免费对工匠进行培训，对现有砖厂扩能改造和新上砌砖企业贷款给予财政贴息扶持，对从事砌砖生产、煤矸石开采、建材运输的企业和个体户统一办理“农机双优卡”，县内砌砖控制成本在0.3元/块，“水上家园”成本价到了900元/平方米，只按照建房成本价提供给“水上漂”，房价远低于房产市场价格1800元/平方米。

于都县实行拆旧补偿政策，对于整体搬迁区域的移民对象，旧房整体拆除后，可享受旧房拆除补偿政策，土木结构房补100元/平方米、砖木结构房补130元/平方米、砖混结构房补280元/平方米、土木结构附属房补30元/平方米、砖木结构附属房补50元/平方米、砖混结构附属房补80元/平方米。另外给予信贷扶持政策，移民农户可以办理10万元以内的购房按揭贷款，并可为自主创业的移民农户可办理2万~5万元小额贴息贷款。

（二）异地集中安置（无土安置）政策

在移民搬迁过程中，对地处边远、条件恶劣、就地扶贫难以奏效的深山区、库区和地质灾害频发区贫困群众，尊重群众意愿，按照公正公开、规模适度、差别扶持的原则，实施易地扶贫搬迁工程，以居住点为单位，实施无土安置、整体搬迁。

移民搬迁安置用地纳入保障性住房建设用地计划，在新增建设用地计划中专项安排用地指标用于移民搬迁集中安置点建设，并把安置点建设纳入统筹城乡发展示范区建设，注重土地集约、城乡产业发展、资源利用、基础设施建设、社会保障、社会管理等公共服务完善，有序推进产业集聚、商贸集聚、就业集聚、公共服务集聚、人口集聚，达到逐步缩小城乡差距，促进城乡一体化目标。

2015 年赣州市确定了 22 个“水上漂”（含“双渡”）农户集中建房安置点。上犹县政府在龙门村规划 64.5 亩建设中储粮移民新村，完成 80 户“水上漂”农户搬迁上岸；在太乙移民新村建设平均建筑面积 50 多平方米公租房 126 套，用于安置部分经济困难、无力购房和建房的“水上漂”农户，每月每平方米租金仅为 1.8 元；寺下乡实行“限价（房价）拍卖”兴建移民安置点，深山区和地质灾害避灾移民可到安置点进行统一低价（低于市价 500 元/平方米）选购经济适用房。

崇义县则全力打造渔民上岸搬迁集中安置社区“水上家园”新型农村社区，总占地面积 2.78 万平方米，总规划建设住宅楼 20 栋，可安置移民 666 户。使过埠镇圩镇一下子增加了 500 多人，面积拓展了 5 公里，有效地扩大了圩镇面积，做旺了圩镇经济，促进了农村人口向城镇转移，示范带动作用明显。

会昌县兴建“幸福家园”移民新村，新村内所有建房按照统一户型、整体规划的原则，选择由规划部门提供的新户型图纸分户施工建房，统一规划、统一标高、统一立面、统一层高，全力打造移民新村建设样板。

于都县对居住在偏远深山区、库区、地质灾害频发区的移民农户或移民村组，实施易地整体搬迁，通过在乡镇、中心村或工业园附近等地建设安置点，实行集中安置，建设移民安置新社区；对仍然居住危房的移民农户，结合农村危旧土坯房改造，在尊重移民意愿基础上，对移民危房进行就地改造或实行相对集中搬迁建设，或实施整村组改造，按新农村建设要求打造移民新村。

2015 年兴国县出台了《关于推进整体搬迁移民进城进园加快统筹城乡发展工作的意见》文件，确定将距离行政村中心 3 公里以上和县乡交通主干道线 3 公里以上生产生活条件极度困难深山区农户、符合库区移民条件的库区贫困农户、居住在滑坡、泥石流、崩塌、地面塌陷等地质灾害严重地区农户、退耕还林生态治理农户及农村危旧土坯房改造农户实施移民搬迁“进城进园”，进行统一安置；安置区设置多种户型，安置对象每户限购一套，5 人以下（含 5 人）的家庭，可申请三室二厅住房，6 人以上（含 6 人）的家庭，可申请四室二厅或三室二厅住房，原则上人均住房面积不超过 35 平方米。暂时无力购房的，可按保障性住房政策，以先租后买的形式申请两室一厅住房。

（三）移民安置区基础设施建设

江西省交通厅在开展交通扶贫过程中规定，整体移民搬迁集中安置点外接水泥路和点内道路建设，资金筹措实行以县级人民政府为主、省市扶持、群众“一事一议”投工投劳相结合，一般地区给予省级补助 8 万元/公里，原中央苏区和特困片区县给予省级补助 10 万元/公里，设区市、县（市、区）各给予补助 2 万元/公里，村内道路按照人均 200 元给予省级补助。搬迁移民扶贫集中安置点公路建设一般不低于四级公路技术标准，采用水泥混凝土路面，路面厚度不得低于 18 厘米。路基宽度一般应不低于 4. 5 米，路面宽度不得低于 3. 5 米。采用 4. 5 米路基宽度（或 3. 5 米路面宽度）时，每 300 米左右设置一个错车道。

依托农村自来水工程建设，积极推进集中供水工程建设，提高农村自来水普及率。移民搬迁安置点列入《江西农村饮水安全工程“十二五”规划》，按照国家有关政策，国家扶贫开发重点居民中央补助资金执行 404 元/人，其他县居民中央补助资金执行 303 元/人；国家扶贫开发重点县农村学校师生中央补助资金执行 242. 4 元/人，其他县居民中央补助资金执行 181. 8 元/人。

推进农村电网改造工程，加大农网改造资金投入，解决好赣南等原中央苏区农村电网电压低问题。提升农村电网装备技术水平，优化农村电网结构，开展太阳能、风电等清洁能源的接入工作，支持小水电项目建设，对老旧农村水电站开展增效扩容改造。到 2020 年全省贫困农村电压低问题得到根本解决。

崇义县“水上漂”集中安置点规划布局坚持与统筹城乡发展相结合，优先靠近圩镇、中心村和大型社区，建设完善的基础设施，形成了一个个现代新型社区；出台通水、通电、通路、通闭路电视“四通”配套设施建设优惠政策，统一做好绿化、道路和排水等基础设施，调动渔民入住“水上家园”的积极性。

于都县按照新农村建设标准，对移民村组实行村庄整治，通过改路、改水、改厕、完善公共服务设施等，建设移民示范村——对居住在库区和移民安置区，移民人数较多且难以搬迁的移民村组，加大安排交通、水利灌溉、饮水安全、文教卫等方面的投入，改善移民发展条件。

会昌县按照为移民营造幸福家园的思路，高标准规划兴建移民新村，大力完善移民新村内的水、电、路等基础设施。

黎川县积极打造移民搬迁示范点——德胜镇新城，聘请浙江大学城乡建设规划设计院进行规划设计所有工程严格按照“统一规划、统一设计、统一标准、统一高度”要求进行建设，已建安置房 55 幢，安置茅店、德胜、新店、东山、黎明等村搬迁移民 668 户 2552 人，公共服务基础设施建设基本完成，城区基本实现绿化、亮化、净化。安置房按照当地农民的生活习惯设计为三层的别墅型建筑，两户共一单元（一户二楼一户三楼，底层为店面），每户有设有独立庭院。

（四）劳动技能培训、移民培训

全面开展智力扶贫，高度重视困难家庭文化水平和能力素质的提高，阻断贫困代际传递，加强农村劳动力转移就业技能培训，进一步加大技能培训资源的整合力度，统筹职业学历教育、职业培训补贴、雨露计划、金蓝领工程等政策，确保有转移培训愿望的贫困群众得到政策扶持。加强对移民搬迁的技能培训和劳动力转移培训，把移民搬迁的技能培训和劳动力培训纳入“新型农民职业培训”“雨露计划”“金蓝领工程”、家政服务培训等农村劳动力转移培训规划中，通过培训提升其就业创业能力。

崇义县积极做好水库移民培训工作，始终坚持在转移就业培训和效益上下功夫，让移民通过培训提高技能水平后能真正受益；通过广播电视、报纸等媒体广泛宣传大中型水库移民培训政策，做到水库移民培训补助政策家喻户晓、人人皆知，解决移民农户了解信息不够灵敏的问题，确保真正的移民对象受益；杰坝乡组织茶种植培训 6 场，培训“水上漂”“双渡”人员 300 人次，养殖人员培训 4 场。

上犹县采取社会化培训模式，让移民自主选择所需要的劳动技能和学习方式，对完成培训取得合格证书的移民每人每证发放 1500 元补助。

于都县加强创业就业引导，提高就业竞争能力，县工业园区已落户企业 252 家，提供就业岗位 4 万个，实际只有 2.3 万人在就业，通过就业技能培训和就业指导服务，实现家门口就业，稳定收入来源，已开展技能培训 5 期 206 人次，移民创业培训 3 期 160 人次。

（五）移民安置区产业结构调整（产业扶持政策）

产业扶贫是将“输血式”扶贫转变为“造血式”扶贫，促进贫困农户和库区移民脱贫致富的重要途径。江西省委省政府对赣南等原中央苏区和特困片区扶贫攻坚重点县每年每县安排 1000 万元专项资金，以及对水库移民安置区移民后期扶持安排产业资金，用于发展扶贫产业。

因地制宜，选择一个适合本地发展的产业，促进移民安置区扶贫产业比较好地融入全县产业化进程中，成为全县产业化的一个组成部分；改变过去一个村发展多个产业的传统生产模式，走“一村一品”的专业化发展道路，更好地提高产业发展水平。

组建强有力的农民产业发展合作组织，着力提高组织化程度和社会化服务水平，从专业合作向综合性发展，从简单的契约合作向复杂的内部出资型或会员制型合作发展，以一个移民安置点为单位建立一个合作组织，鼓励农民合作组织尽可能多地吸收移民农户加入合作组织。

有效引导金融资本对扶贫和移民产业的投入，在财政产业扶贫资金中安排产业贷款风险补偿金，按1∶8的比例放大贷款，贷款期限由合作组织贷款对象自行选择1～5年期贷款，贷款利率按银行同期贷款基准利率执行；以产业贷款、贷款贴息和产业直补等方式对库区移民进行差别化扶持，切实解决移民农户产业发展资金不足的困难。

崇义县结合现代农业产业发展，专门制定了针对“水上漂”的产业扶持政策，实行单位定点扶贫、“三送”干部结对帮扶，采取以奖代补方式，扶持移民发展蔬菜、油茶、花卉苗木和特色养殖等特色农业；专门制定了横水镇走乡村旅游开发农家乐之路、过埠镇走进园入企就业、杰坝乡发展特色产业和农产品经济等区域发展道路。

于都县对基础设施条件已得到改善、依靠当地优势产业能够发展生产的移民村组，通过加大农业产业化、扶贫开发等资金和项目扶持，促进移民群众增收致富；2014年全县在移民库区规范化种植脐橙520亩、油茶480亩，投入项目资金52万元，受益移民304人。

黎川县充分整合产业和劳力资源，采取“合作社＋移民农户”“公司＋合作社＋移民农户”的发展模式，并提供3000元/户的资金补助，不仅为移民农户提供了就业岗位，并推动了产业发展。

（六）权益保护及社会保障政策

切实维护移民合法权益，在坚持和完善最严格的耕地保护制度前提下，赋予移民搬迁对承包地占有、使用、收益、流转及经营权贷款抵押、担保；引导鼓励搬迁户入股或流转承包土地经营权和山林经营权，发展产业，增加收入；保障移民对原居住地的集体资产股份占有、收益、有偿退出及抵押、担保继承权；移民搬迁户原宅基地可通过增减挂等，依法、自愿、有偿退出。结合农村产权制度改革，对于选择办理城镇居住证或进入圩镇中心村安置的移民农户，其原居住地山林土地（含复垦的宅基地）实行统一有偿流转，其原有的集体资产收益权将予以保护，移民农户既可以出租土地山林获得租赁收入，也可以入股企业和基地建设实现分红收入。

统筹移民对象的城乡社保、医保、低保政策，在符合政策的前提下，城镇、工业园区集中安置的移民参加城乡居民社会养老保险，符合条件的困难移民农户在取得城镇户籍后可申请城镇低保；移民可以自愿选择参加新型农村合作医疗或城镇居民基本医疗保险，在省市统筹时予以认可并接续。在县城和工业园区安置的移民农户可登记为城镇居民户口，享受与当地居民同等的子女教育、公共卫生、文化服务等基本权益，在过渡期内享受原户口政策待遇，按规定享受农村计划生育政策和国家惠农政策。

第四节　数据来源

一、调查问卷的设计

本研究是从农户角度出发，基于生计发展分析框架，探讨易地扶贫搬迁政策对移民农户生计资本的影响情况，数据必须基于对农户个体现状的实际调查，为此数据收集主要通过问卷调查方式完成。

（一）问卷内容

根据研究思路及研究框架，农户家庭生计资本是本研究的主要内容，移民农户是本研究的试验组，非移民农户是本研究所选取的参照对象。针对不同调查对象，设计调查问卷分为两类：一类是针对移民农户，数据应用于五部分的内容，另一类是针对非移民农户，数据应用于三部分的内容。

两类问卷前三部分基本相同，前言部分为调查样本户外部环境状况，由调查员填写；第一部分为个人及家庭基本情况，包含户主及答卷人基本信息、家庭社会资源、家庭人口相关信息；第二部分为农户的生产生活现状和生计资本的变化，含 14 个问题，其中包括移民前后生产生活状态，非移民农户则主要是针对 2010 年及 2015 年两个时间点生产生活状态。

移民农户问卷则增加了移民意愿及移民政策满意度等内容的调查，分别为：第三部分移民搬迁农户的搬迁意愿，包含四个问题；第四部分为农户对移民搬迁政策的满意度和需求调查，包含满意度调查和需求调查两个方面内容。

（二）问卷的设计过程

调查问卷的质量直接关系到能否收集真实和有效的研究数据，从而影响研究结论的科学性和可靠性，问卷的设计在实证研究中显得尤为重要。为尽可能设计好本研究所需的调查问卷，主要通过以下几个方面对调查问卷的设计过程进行管控。

一是通过梳理文献与实地调研访谈相结合提高调查问卷量表的内容有效度。在调查问卷设计中最关键内容是如何对研究的潜变量进行测量，包括自然资本、物质资本、金融资本、社会资本和人力资本。一方面充分研讨和借鉴现有关于生计资本实证研究中对以上变量的测量，将本研究所需量表在调查问卷不同部分体现出来；另一方面通过请教专家、与农户面对面访谈交流，加深对相关变量及测量题选项的理解，对问卷中各量表进行初步界定，做到既结合理论又贴合实际，通俗易懂。

二是征求相关研究学者及从事移民工作人员意见。将初步设计的调查问卷，呈送相关研究学者就生计资本测量指标的合理性进行探讨，并就问卷中所涉及的易地扶贫搬迁政策相关内容咨询移民扶贫办工作人员，分别征求他们的建议，进一步对调查问卷进行修改和完善。

三是调查问卷预调研。为考察农户是否能很好地理解调查问卷内容，以及在问卷填写过程中是否能清楚表达对相关问题的回答，在调查问卷形成之后，笔者于 2016 年 2 月在江西省靖安县宝峰镇、璪都镇开展了预调研，通过对移民农户的实地问卷调查及与县移民办工作人员座谈，听取他们对问卷中所设内容的意见和建议，并对问卷进行修改和调整，最终形成以移民农户及非移民农户为调研对象的两类调查问卷，具体如附录一所示。

二、调查样本的选取

以赣南原中央苏区共 13 个县 222 个乡镇为研究对象，为了保证抽样样本的有效性，农户抽样采用三阶段抽样方法。

第一阶段将赣南原中央苏区按县分成13个研究单元，对每个研究单元采用分层抽样，分别在每个研究单元中抽取2个乡（镇），共抽取26个乡（镇）；第二阶段对被抽中的26个乡（镇）采用整群抽样方法，分别在被抽中的乡（镇）中各抽出1个村；第三阶段采用随机抽样方法，对被抽中的村采用简单随机抽样的方法各抽取10户移民农户及10户非移民农户。

表4-12　抽样方案

阶段	抽样单位	抽样数量	抽样方法
一	乡（镇）	26	分层抽样
二	村	1	整群抽样
三	农户	10	随机抽样

在统计学上，常用的简单随机抽样的最大样本数计算公式为 $n=\frac{p(1-p)z^2}{e^2}$，n为样本数量。式中，p为样本离散程度，取值0.5时p（1-p）取值最大，n为最大样本；在95%的置信区间下，误差e不能大于0.05，通过预调研估算出z值约为1.5。通过计算得出最低抽取样本数量为225。

根据研究思路，本研究需要运用双重差分法对移民农户及非移民农户进行比较来反映易地扶贫搬迁政策的对农户家庭生计资本产生的净影响效应，双重差分法除有试验组及对照组区分之外，还涉及搬迁移民实施前后的两期观测值。在两期观测值时间的选取上，主要依据以下两点：一是政府对移民工作的调整，依据《中共江西省委江西省人民政府关于印发〈江西省人民政府机构改革实施方案〉的通知》（赣发〔2009〕5号），江西省人民政府于2010年组建江西省扶贫和移民办公室，加强移民工作的具体指导作用；二是在“十二五”初期制定《江西省农村扶贫开发纲要（2011—2020）》中提出要全面推进农村安居工程，以及“十二五”期间江西扶贫工作的显著成效，即“十二五”期间是搬迁移民农户生活改善期，因此本书选取2010年及2015年作为两期观测年。移民农户调查数据为移民前一年及2015年数据，非移民农户调查数据为2010年及2015年数据。

三、调查数据的获得

以移民农户为研究对象，其数据来源于2016年3月对研究区农户的实地抽样调查。在实际调研过程中，在每个样本乡镇中选取2010年左右搬迁的10户移民农户，为保证试验的有效性及可比性，在搬迁移民农户安置区附近另行抽取10户非移民农户作为对照组样本，移民农户和非移民农户各发放问卷260户，共发放问卷520户，实际有效问卷480份，其中移民农户有效问卷246份，问卷有效率为94.6%，非移民农户问卷有效问卷234份，问卷有效率为90%，两类问卷均超过最低抽取样本数（见表4-13）。

表4-13　调查对象样本的选取及问卷发放　　单位：份

样本县	样本乡镇	发放问卷	有效问卷	样本乡镇	发放问卷	有效问卷
瑞金	象湖镇	20	18	黄柏乡	20	17
兴国	方太乡	20	20	兴江乡	20	18
寻乌	三标乡	20	18	南桥镇	20	20
宁都	青塘镇	20	20	肖田乡	20	17
信丰	铁石口	20	19	西牛镇	20	20
于都	罗坳镇	20	16	岭背镇	20	18
安远	鹤子镇	20	18	天心镇	20	16
石城	高田镇	20	20	木兰乡	20	17
会昌	高排乡	20	19	麻州镇	20	17
崇义	过埠镇	20	19	龙勾乡	20	20
上犹	水岩乡	20	18	梅水乡	20	17
广昌	尖锋乡	20	20	塘坊乡	20	19
黎川	德胜镇	20	19	厚村乡	20	20

第五节　样本户基本情况描述性统计分析

一、受访者基本情况

（一）受访者年龄构成

在480份有效问卷中，受访者为户主的有258份，非户主的为222份。如

图4－9所示，从受访者年龄结构来看，年龄区间比例最大为40～50岁，共136人，占比为28.33%；60岁以上有49人，占比为10.21%；年龄在20岁以下有96人，占比为20%。

（二）性别构成

如图4－10所示，从受访者的性别结构来看，男性为303人，占比为63%，而女性为177人，占比为37%。

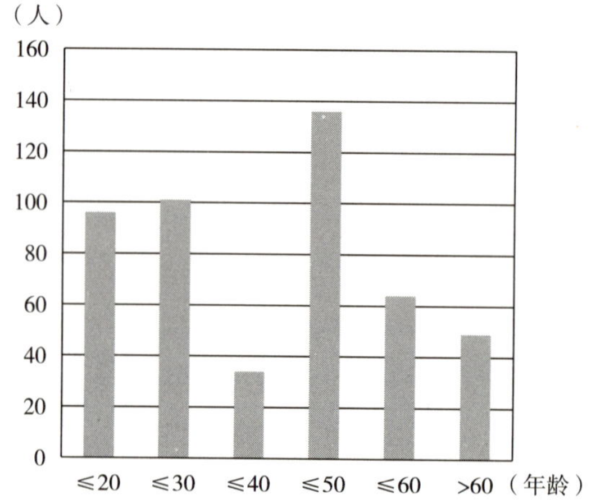

图4－9　受访者年龄构成

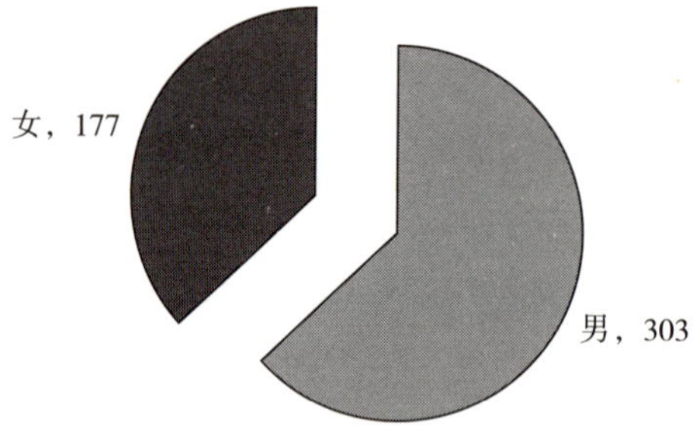

图4－10　受访者性别构成

（三）受访者受教育程度

如图4－11所示，受访者普遍都接受了一定的教育，未接受过任何教育的仅为19人，占比为3.96%，基本上都为60岁以上的老年人；接受过小学教育为109人，占比为22.71%；受过初中教育为127人，占比为26.46%；受过高中教育为73人，占比为15.21%；受教育程度在大专及以上共有152人，占比为31.67%，占比最大。

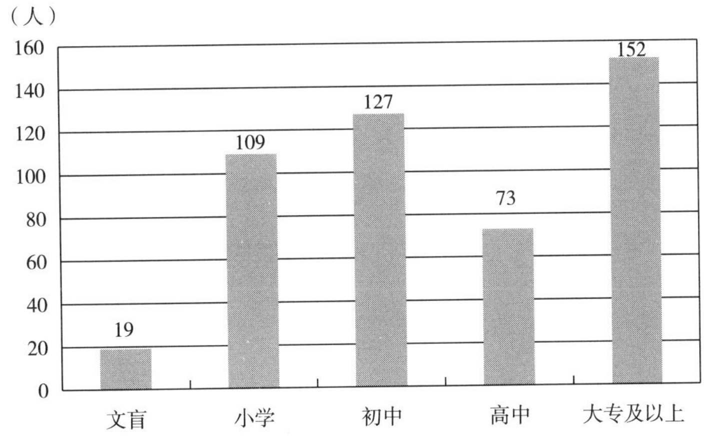

图4－11　受访者受教育程度构成

二、样本户基本情况

（一）家庭人口数情况

图4－12为样本户家庭人口数分布，从图中可以看出，移民农户与非移民农户在家庭人口数方面存在的差距不大，人口数为5人的家庭所占比例最大，非移民家庭比例略高于移民家庭比例，仅少数家庭人口数在10人以上。

（二）样本户家庭人均受教育情况

图4－13显示了样本户家庭人均受教育年限情况，从密度分布可以看出，非移民农户家庭人均受教育年限为7年以上的比例要明显高于移民农户家庭，在均值为10左右密度达到最大，因此可以看出，非移民农户家庭人均受教育年限要明显高于移民农户家庭。

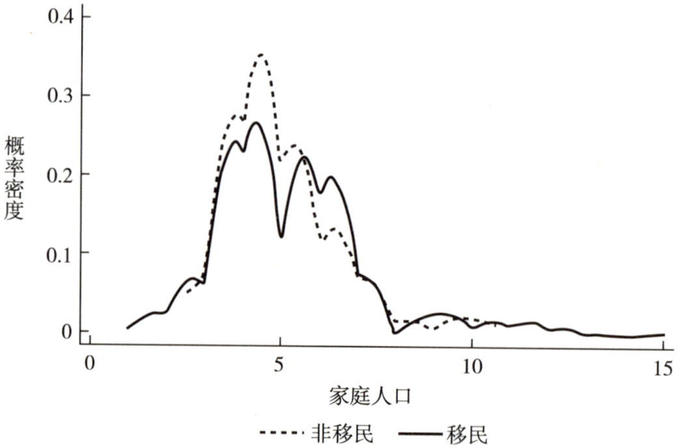

图 4-12　样本户家庭人口数概率分布

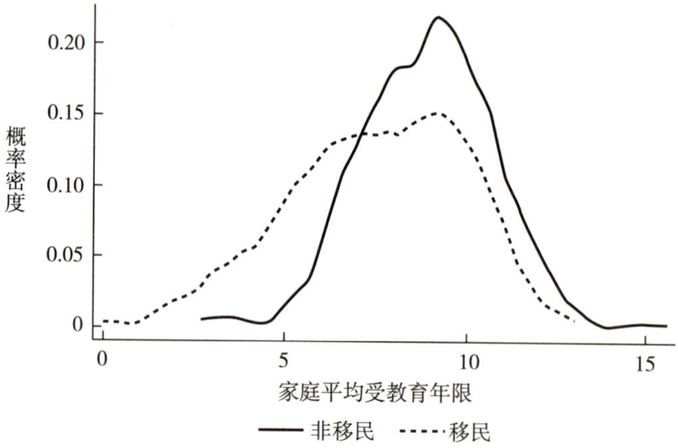

图 4-13　样本户家庭人均受教育年限概率分布

（三）样本户中建档贫困户情况

建档贫困户在移民农户与非移民农户中的比例存在较大的差距，从图 4-14 中可以看出，移民农户中建档贫困户有 53 户，占比为 21.54%，即在调查样本的移民中有近 1/5 的农户为建档贫困户；而非移民农户中建档贫困户仅有 32 户，占比为 13.68%，移民农户中建档贫困户约为非移民建档贫困户的 1.57 倍。这也说明，从调查样本来看，移民农户与非移民农户家庭平均经济水平存在一定的差距。

（四）样本户家庭社会资源

家庭社会资源反映的是一个家庭的社会关系及其在当地的社会地位。图4－15反映的是样本户家庭户籍中党员人数，从图中显示结果来看，农村党员数较少，在移民农户中只有22户家庭户籍中有一个党员，5户家庭中有2个及以上党员，219户家庭户籍中没有党员；而非移民农户家庭户籍中有1个党员的为54户，2个及以上党员的为13户，167户中没有党员。

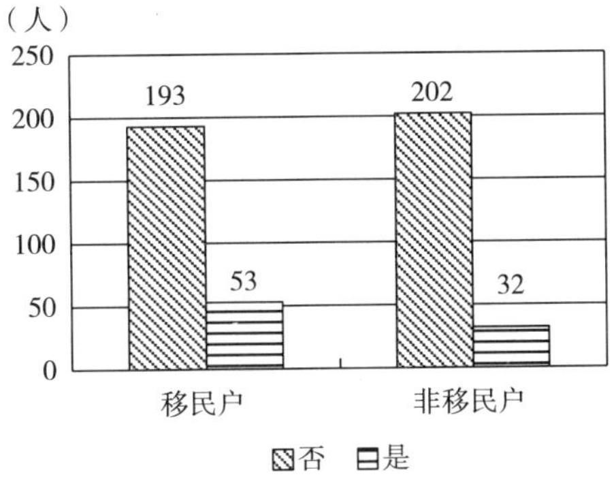

图4－14 样本户中建档贫困户统计

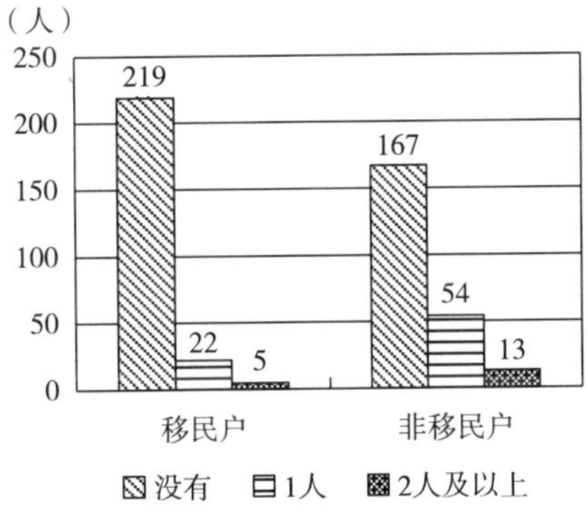

图4－15 样本户家庭党员人数统计

从户籍中是否有村干部的统计结果来看，如图4－16和图4－17所示，移民农户中只有13户家庭中有村内干部，2户家庭中有村外干部，而非移民农户中村干部数量稍占多数，其中在村内有干部的家庭为42户，村外有干部的家庭为

18户，无论从数量还是从比例上都要远高于非移民农户。这也说明移民农户一般属于外来人口，还处于融入当地的社会环境过程当中。

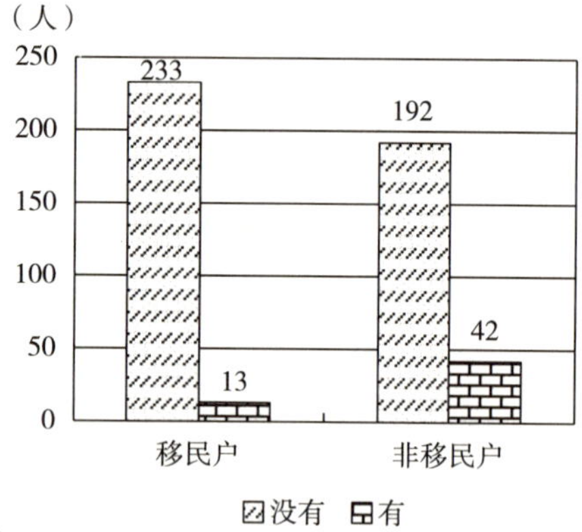

图4-16　样本户中村内有干部人数

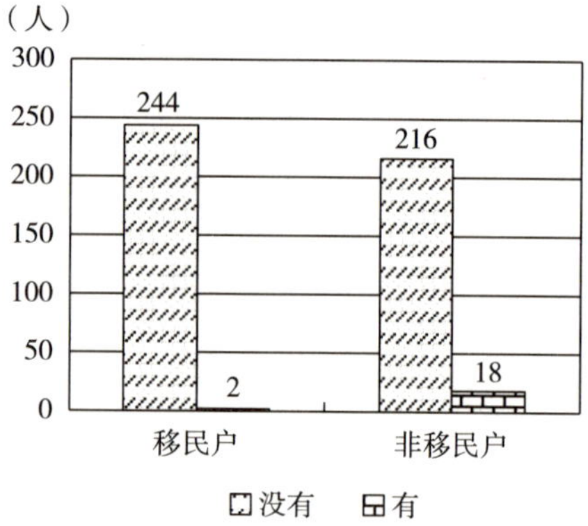

图4-17　样本户中村外有干部人数

（五）移民农户移民类型

图4-18反映移民农户移民类型，从图中可以看出，受访者中大部分属于水库区移民和深山区移民，两者分别为76人和98人，合计占总样本数的70.72%，而征地异域地移民搬迁则为35人，占总样本数的14.23%，退耕还林区移民为25人，占总样本数的10.16%，地质灾害区移民人数最少，仅为7人，占总样本数2.84%。从移民类型的结构可以看出，赣南原中央苏区易地扶贫搬迁主要对象

是居住在不适宜生存的深山区，以及为保护生态环境而进行的水库区移民。

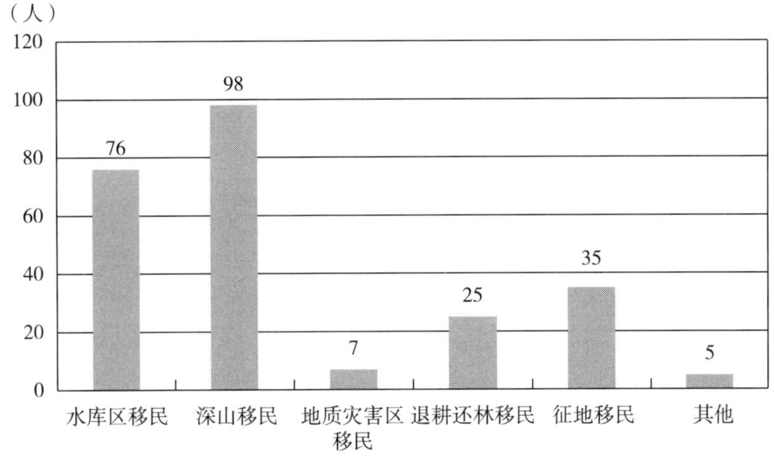

图 4－18　样本户中移民类型统计

第六节　本章小结

首先，对研究区域进行概述，包括赣南原中央苏区共所涵盖区域、面积及人口等，从人均 GDP、人均财政总收入、人均地方财政收入、人均固定资产投资、人均社会消费品零售总额、城镇居民可支配收入、农民人均纯收入等方面重点介绍了赣南原中央苏区的社会经济发展状况。以各县为单位分析 2015 年各县的经济发展状况，并与全省及全国的平均水平进行比较；以整个赣南原中央苏区为单位分析了 2010～2015 年期间的经济发展状况，并与江西省及全国的平均水平进行了比较。结果表明，赣南原中央苏区在各项经济指标方面与全省及全国平均水平均存在较大的差距，也说明赣南原中央苏区一直以来都处于一个经济发展水平较为落后的阶段。

其次，归纳并总结现阶段赣南原中央苏区所实施的易地扶贫搬迁政策的主要内容，列举各县具体实施情况。研究表明，赣南原中央苏区实施的易地扶贫搬迁政策主要包括财税政策、投资政策、安置模式政策、产业扶持政策、住房政策、土地政策和人口政策等内容，区内各县根据自身情况分别侧重于不同政策，多种政策相互补充，共同作用服务于移民农户。

再次，介绍了调查样本的选取方法、数据获取方式及调查问卷的主要内容。调查样本的选取采取了分层抽样、整群抽样及简单随机抽样的方法，并计算了本次研究所需要的最低样本量；数据获取主要是以问卷形式于 2016 年 3 月组织调查人员深入农户家里与农户进行面对面交谈，从而获取第一手数据；调查问卷则是根据试验组和对照组的要求分两类问卷进行设计，实际发放两类问卷各 260 份，最后回收试验组 246 份、对照组问卷 234 份，即移民农户有效问卷 246 份、非移民农户有效问卷 234 份。

最后，从受访者个人和样本户家庭两个方面对样本进行了描述性统计分析，结果表明，受访者普遍受到了一定的教育，未接受过任何教育的仅为 3.96%，而大专及以上的比例达到了 31.67%，这说明我国农村普及教育已经取得了明显的效果。从样本户描述分析来看，移民农户中贫困户比例明显高于非移民农户，为其 1.57 倍；在家庭社会资源方面，移民农户与非移民农户相比也存在较大的差距，主要反映在户籍中党员数量的差距以及在村内外担任村干部的比例上；另外，移民农户主要是深山移民及水库区移民。

第五章　基于可持续生计框架（SLA）的农户家庭生计资本评价

针对既有的相关研究未能够全面客观地反映易地扶贫搬迁政策的实际效果，即易地扶贫搬迁工程的减贫效果未能体现出来的现实，本章以农户家庭生计资本作为反贫困指数，分析农户在移民前后家庭生计资本的具体变化情况，以定量方式来衡量农户家庭生计资本的变化量，以此来考察易地扶贫搬迁政策实施对农户减贫的效率情况。

第一节　评价体系构建原则

（1）科学性原则。生计资本评价指标体系应具有科学性及客观性。农户家庭生计资本评价体系的构建既要准确体现生计资本的主要特征，又要科学地反映出指标体系所要揭示的内涵。在指标选取时要遵循可持续生计资本内涵，各指标个体能解释所要揭示的本质；要综合考虑移民搬迁农户的自然资本、物质资本、金融资本、社会资本和人力资本等各个方面，对其指标进行筛选和取舍；在数据采集及处理时不能简单地进行叠加，要根据各指标所反映出的内涵进行科学处理。

（2）可操作性原则。生计资本评价指标体系应具有可操作性及实用性。可持续生计分析框架理论被认为是能够精确、全面评价生计资本的指标体系，构建比较完善，使用方便，运用范围较为广泛，但是在对不同对象进行使用时往往存在一些具体差别。在测算移民农户家庭生计资本时，由于所能获得的数据有时候非常有限，有些指标的数据很难取得，也难以估算，这样导致实际操作中会存在较大的困难。因此，在指标选取时尽量选取被普遍认可、具有广泛实用性及有可靠数据来源的指标，在数量上要少而精，减少难以量化的指标数量，确保所使用的参数在指标量化过程中易于操作。

（3）代表性原则。生计资本评价指标体系应具有代表性及全面性。指标的选取要结合赣南原中央苏区移民农户实际情况，既要能反映出该区域移民农户各种生计资本的水平状况，又能从多维度的分析视角反映该区域经济发展过程中症结所在，同时该指标体系又能代表江西省整体移民搬迁的生计资本水平，有利于针对性地制定适合赣南原中央苏区乃至全省易地扶贫搬迁的对策。

（4）导向性原则。生计资本评价指标体系应具有导向性及前瞻性。评价结果能够体现出赣南原中央苏区当前移民农户家庭生计资本现状，正确引导政府决策者与民众的努力方向，有目标地实现移民农户家庭生计资本的提高、移民农户生产生活条件的积极改善。

第二节　评价体系的构建

一、农户家庭生计资本测量指标的选取

国内外对生计资本的研究通常运用英国海外发展部（DFID）提出的可持续生计分析框架（SLA），该框架被广泛用来设计新的发展活动及现有活动对生计可持续的影响，将生计资本划分为5种类型：自然资本、物质资本、金融资本、社会资本和人力资本（Roberts，2003），参考国内众多学者对生计资本的量化研究（杨云彦，2009；万婷等，2015），本研究将生计资本内容分为人力资本、自然资本、物质资本、金融资本和社会资本5类，并选取不同的可观测变量进行测算。

（一）自然资本测量指标的选取

自然资本（Natural Capital）是用来表示自然资源的术语，指自然界为农户的生存和生计提供的各种资源和服务，包括无形的公共资本（大气、生物多样性）

和有形资本（土地、森林等），以及生态环境提供的服务。农户对自然资本的依赖性普遍很强，即所谓“靠山吃山，靠水吃水”，耕地和林地是农户家庭所拥有的最基本自然资源。

自然资本通过人均耕地面积（N_1）、人均林地面积（N_2）和耕地质量（N_3）3个可测量指标进行反映。人均耕地面积和人均林地面积为家庭实际承包的耕地及林地与家庭户籍人口的比例，为实际数据；通常情况下，农户生存更多依赖于土地产出，耕地质量的好坏决定到农作物收成，影响农户生活质量的高低，因此耕地质量也是农户家庭自然资本的重要测算指标，根据耕地地理位置及土壤养分情况，将耕地划分为很好、较好、一般、较差及很差5类，分别赋值4、3、2、1和0。

（二）物质资本测量指标的选取

物质资本（Material Capital）是用来维持生计的基本生产和生活资料及基础设施，其作用是在保证农户的基本生计的基础上，改善农户的生产力水平，主要包括住房、家庭生产工具和耐用消费品等，以及人们对基础设施建设的评价。

在测算物质资本时选取家庭人均住房面积（M_1）、农户住房结构（M_2）、家庭生产工具资产总额（M_3）、家庭耐用品资产总额（M_4）4个可观测变量进行测算。家庭人均住房面积按家庭人均住房实际面积进行统计；农户住房结构根据农户家庭所居住的房屋构造分为砖混结构、砖瓦结构、砖木结构和土木结构，并分别赋值3、2、1和0，根据实际情况进行打分；家庭生产工具资产总额主要是指家庭中所拥有的拖拉机、收割机、播种机、插秧机、农用三轮车等用于农业生产的器具，将家庭所拥有的各种生产器具按其价值相加统计；耐用消费品主要是指农户在日常生活过程中使用的具有一定价值的生活服务用品，也可以算是所拥有的固定资产，包括货车、小汽车、摩托车、电动车、自行车、空调、洗衣机、电冰箱、电视、电脑、电视机、电话、手机等，家庭耐用品资产总额即将家庭中所拥有的所有的固定资产按其价值相加统计。

（三）金融资本测量指标的选取

金融资本（Finance Capital）是人们用来实现其生计目标的资金资源，是农户可筹措和能够自由支配的资金，主要包括两类：一类是农户本身拥有的现金收入；另一类是农户通过正规或者非正规渠道所能筹集的资金。现金收入主要来自农户家庭的正常收入，包括从事农业生产的收入以及家庭成员利用农闲时临时外出务工的收入，不包括家庭成员长期在外务工的工资性收入；正规渠道筹集资金主要指贷款，从农业银行、信用社等正规金融机构获得现金贷款的机会；非正规渠道是从亲戚、朋友、邻居获得现金的机会，另外还包括社会组织慈善机构和政府给予的现金无偿帮助机会。

农户金融资本的测量从农户家庭人均现金收入、农户获得信贷的机会（民间借款与机构信贷）和农户获得无偿援助的机会等方面进行测量，可观测变量指标包括：农户收入变化（F_1）、三年内是否从亲朋好友处借过钱（F_2）、三年内是否得到过政府的扶贫贴息贷款（F_3）、三年内是否从银行借过钱（F_4）4 个指标。农户收入变化是农户家庭年收入与家庭年支出的净值（不包括在外务工成员的收入以及在外支出）与在家人口数的比值，是金融资本的重要测量指标；三年内是否从亲朋好友处借过钱、三年内是否得到过政府的扶贫贴息贷款、三年内是否从银行借过钱 3 个指标反映的是家庭获取外来资金援助机会的能力，用否与是来表示，分别赋值为 0 和 1。

（四）社会资本测量指标的选取

社会资本（Social Capital）是从社会网络视角来衡量的一种通过社会关系获得的资本，在可持续生计背景之下，社会资本意味着人们在追求生计目标的过程中所利用的社会资源，针对的是农户在改善和创造生计的过程中，可以利用的人际关系和社会资源，包括个人构建的人际关系网络和所参加的社会组织（正式组织及非正式组织）等。其作用是增强人们相互信任和相互之间的合作能力，并使其他机构对他们的需求给予更及时的反应。社会资本与其他资本不同的是，它无法占有，只存在于相互关系中，并能增强人们之间的相互信任、提高人们的相互协作能力；另外，社会资本既不像人力资本增值很慢，也不像金融资本越用越少，它可以快速增值且会越用越多。

社会资本选取家庭日常交往中的通信费用（S_1）、参加红白喜事的次数（S_2）、亲戚好友中村干部或公务员的数量（S_3）、急需大笔开支时愿意借钱资助的户数（S_4）、居住地周围人的信任度（S_5）5 个观测指标测量。通信费用主要包括家庭固定电话费用、网络费用及家庭成员手机费用总和与家庭人口数的比值，数据整理时以月为计算时间，即人均月通信费用；参加红白喜事的次数按家庭成员一年内出席的实际次数进行计算，多人出席一场的按一场统计；亲戚中村干部或公务员数量按家庭实际情况进行统计，亲戚一般指两代之内有较亲血缘关系的近房亲戚；急需大笔开支指突发性的支出超过家庭所拥有的现金（包括银行活期存款），此时愿意借钱资助的户数，根据家庭的实际情况进行测算与统计；居住地周围人的信任度则分为全部信任、大多数可信、一半可信任、少数可信任和几乎不可信五类，并分别赋值为4、3、2、1和0，农户根据自身的感受进行评价打分。

（五）人力资本测量指标的选取

人力资本（Human Capital）是指人们为了追求不同的生计策略和实现生计目标而拥有的技能、知识、劳动能力和健康等，是家庭生计发展过程中生计模式创新的主要动力来源；对于农户家庭，则指农户家庭劳动者的健康状况、受教育程度、掌握知识和技能及劳动能力等，主要包括实际劳动力数量和质量。实际劳动力数量是具有劳动能力的家庭成员，一般指年龄在 18 周岁到 60 周岁的家庭成员；劳动力质量则反映家庭成员受教育程度，包括普及教育程度、成年人教育程度、所受专业培训程度和获得教育的机会等。

表 5－1　农户家庭生计资本测量指标内容

生计资本类型	具体指标内容
自然资本	人均耕地面积、人均林地面积、耕地质量
物质资本	家庭人均住房面积、农户住房结构、家庭生产工具资产总额、家庭耐用品资产总额
金融资本	农户收入变化、三年内是否从亲朋好友处借过钱、三年内是否得到过政府的扶贫贴息贷款、三年内是否从银行借过钱
社会资本	家庭日常交往中的通信费用、参加红白喜事的次数、亲戚好友中村干部或公务员的数量、急需大笔开支时愿意借钱资助的户数、居住地周围人的信任度
人力资本	家庭中劳动力个数与总人数的比例、家庭整体受教育程度、参加过非农培训的人数

家庭人力资本选取的可观测指标包括家庭中劳动力个数与总人数的比例（H_1）、家庭整体受教育程度（H_2）、参加过非农培训的人数（H_3）。家庭劳动力是指家庭中年龄在 18 周岁到 60 周岁、身体健康拥有完全劳动能力的成员，不包括年龄在 18 周岁以上在外读书的成员，这些人员总数与家庭成员构成的比例；家庭整体受教育程度是通过家庭人均受教育年限进行测量，在总年限的计算过程中，将小学文化水平年限定义为 5 年、初中文化水平年限定义为 8 年、高中文化水平年限定义为 11 年、大专及以上文化水平所限定义为 15 年，按家

庭成员受教育水平分别进行计算加总构成家庭成员受教育总年限，然后与家庭总人员的比例；参加过技能培训的人次指家庭成员实际参加培训的人次，培训包括农业生产技术培训、职业技能培训等，不包括已经在外务工家庭成员的岗位培训。

二、农户家庭生计资本综合指标的设定与测量方法

（一）测量指标的标准化

农户家庭生计资本的计算需要充分考虑用于反映5种资本的测量指标量纲不一的现实，计算过程不能简单进行指标加和，需要对指标属性值进行标准化处理，本研究运用“归一法”先将研究数据进行无量纲处理，利用标准化后的数据进行分析。本书采用 Min - max 标准化方法，是对原始进行线性转化。

设有 Max（X）和 Min（X）分别为样本 X 的最大值和最小值，然后将 X 的原始数据通过 Min - max 标准化反映到（0 ~ 1）中的值，具体公式为：

$$Y = \frac{X_{(k)} - Min(X)}{Max(X) - Min(X)},\ k = 1,\ 2,\ 3,\ \cdots,\ N \qquad (5-1)$$

式中，Y 表示标准化后样本指标值；$X_{(k)}$ 为样本指标原始数据；Min（X）为样本指标中最小值，Max（X）为样本指标中最大值。

经过无量纲标准化之后，不同性质、不同类型的数据均处于 0 ~ 1，具有可比性，数值越大说明该指标所反映的生计资本越多。

（二）测量指标的权重赋值

各生计资本通过测量指标经标准化后数值可以进行测算，在测算过程中不同测量指标所反映的各生计资本重要程度存在差别，需要给每项测量指标赋予不同的权重，为了提高数据权重的客观性，本研究通过专家打分法确定各测量指标权重。

首先，选取五位专家、学者作为评价定权值组的成员，并向他们详细说明本研究的目的及所选取测量指标的意义以及权重的赋值方法，列出每个测量指标权值范围并共划分为五个等级，第一轮专家赋值中权值范围设定在［0，0.5］，将赋值表格发给每位评定专家。

其次，根据第一轮专家反馈的赋值评定表，对各测量指标所赋予的权重进行

计算平均值得出第一次权重赋值表，为进一步确保权重的客观性，以各测量指标第一次权重赋值为中心重新设定权值范围，然后将赋值表格发放给各位专家。

最后，根据第二轮专家反馈赋值评定表，计算各测量指标权重平均值，结果表明与各专家给定权值相差不大，即以此确定为各测量指标的权重，具体数值见表5－2。

（三）农户家庭生计资本综合值测度

根据前文界定，农户家庭生计资本综合值由以上5种生计资本水平值相加而成，即根据标准化后各指标的值和权重，分别计算出各生计资本水平值，然后求出生计资本综合值，计算公式如下：

$$Z_{ij} = \sum_{i=1}^{5} \sum_{j=1}^{n} Y_{ij} W_{ij} \tag{5-2}$$

式中，Z_{ij}表示生计资本综合值；Y_{ij}表示第i类生计资本的第j个指标的标准化值；W_{ij}表示第i类生计资本的第j个指标的权重。5种生计资本及生计资本总值的测试如表5－2所示。

表5－2　农户家庭生计资本构成

生计资本类型	测量指标	指标值	权重	计算公式	测量值
自然资本	人均耕地面积	N_1	0.32	$N_1 \times 0.32 + N_2 \times 0.45 + N_3 \times 0.23$	N
	人均林地面积	N_2	0.45		
	耕地质量	N_3	0.23		
物质资本	家庭人均住房面积	M_1	0.22	$M_1 \times 0.22 + M_2 \times 0.33 + M_3 \times 0.20 + M_4 \times 0.25$	M
	农户住房结构	M_2	0.33		
	家庭生产工具资产总额	M_3	0.20		
	家庭耐用品资产总额	M_4	0.25		
金融资本	农户收入变化	F_1	0.55	$F_1 \times 0.55 + F_2 \times 0.15 + F_3 \times 0.15 + F_4 \times 0.15$	F
	三年内是否从亲朋好友处借过钱	F_2	0.15		
	三年内是否得到过政府的扶贫贴息贷款	F_3	0.15		
	三年内是否从银行借过钱	F_4	0.15		

续表

生计资本类型	测量指标	指标值	权重	计算公式	测量值
社会资本	家庭日常交往中的通信费用	S_1	0.32	$S_1\times0.32+S_2\times0.15+S_3\times0.22+S_4\times0.13+S_4\times0.18$	S
	参加红白喜事的次数	S_2	0.15		
	亲戚中村干部或公务员的数量	S_3	0.22		
	急需大笔开支时愿意借钱资助的户数	S_4	0.13		
	居住地周围人的信任度	S_5	0.18		
人力资本	家庭中劳动力个数与总人数的比例	H_1	0.32	$H_1\times0.32+H_2\times0.43+H_3\times0.25$	H
	家庭整体受教育程度	H_2	0.43		
	参加过技能培训的人次	H_3	0.25		
生计资本	$Z=M+N+F+S+H$				Z

第三节　评价结果分析

经过对调查问卷进行整理，根据问卷数据，采取上述各生计资本测量方法，计算出所有样本户各生计资本水平值。

一、移民家庭生计资本的描述性统计分析

（一）移民家庭各生计资本描述性分析

移民家庭移民前各生计资本数据统计见表5-3，246份样本中构成生计资本的自然资本、物质资本、金融资本、社会资本和人力资本的平均值分别为0.21、0.22、0.29、0.32和0.41，都处于较低的水平，极小值为0，表示某个样本农户在该资本计算过程中进行测算的可观测指标值均为最低水平；生计资本总值平均值为1.47，极小值为0.72，极大值为2.43。

表 5 -3 移民前家庭各生计资本统计

	样本数	均值	标准差	方差	极小值	极大值	百分位数		
							25	50	75
自然资本	246	0.21	0.12	0.01	0.00	0.63	0.13	0.18	0.28
物质资本	246	0.22	0.14	0.02	0.02	0.64	0.10	0.20	0.31
金融资本	246	0.29	0.18	0.03	0.00	0.73	0.15	0.30	0.44
社会资本	246	0.32	0.11	0.01	0.08	0.63	0.25	0.32	0.38
人力资本	246	0.42	0.12	0.01	0.13	0.75	0.34	0.41	0.50
生计资本	246	1.47	0.35	0.12	0.72	2.43	1.19	1.50	1.70

表 5 -4 显示了移民家庭在移民后家庭各生计资本的情况，从表 5 -4 中可以看出，自然资本、物质资本、金融资本、社会资本和人力资本的平均值分别为 0.16、0.53、0.40、0.40 和 0.41；生计资本总值平均值为 1.90，极小值为 1.23，极大值为 3.32，三项数值均比移民前的数值有较大的增加，增加比例分别达到 29.25%、70.80% 和 36.63%。从表 5 -3 和表 5 -4 的对比中可以发现，移民农户家庭各生计资本均有较大变化。

表 5 -4 移民后家庭各生计资本统计

	样本数	均值	标准差	方差	极小值	极大值	百分位数		
							25	50	75
自然资本	246	0.16	0.12	0.02	0.00	0.64	0.08	0.14	0.21
物质资本	246	0.53	0.11	0.01	0.40	0.88	0.44	0.52	0.58
金融资本	246	0.40	0.18	0.03	0.04	0.80	0.23	0.41	0.55
社会资本	246	0.40	0.12	0.01	0.21	0.76	0.31	0.38	0.46
人力资本	246	0.41	0.13	0.02	0.09	0.68	0.34	0.41	0.50
生计资本	246	1.90	0.36	0.13	1.23	3.32	1.64	1.87	2.14

（二）移民家庭各生计资本频率分布

频率分布反映的是一项指标在某个区间的样本数个数，由于自然资本、物质资本、金融资本、社会资本及人力资本的取值为 [0，1]，因此将这 5 种资本划分为 5 个区间，即 [0，0.2)、[0.2，0.4)、[0.4，0.6)、[0.6，0.8) 和

[0.8, 1]；而生计资本总值的取值为［0, 5]，因此将其划分为［0, 1)、[1, 2)、[2, 3)、[3, 4) 和［4, 5]，根据样本家庭各项生计资本的数值，分别计算各区间的样本量个数。

图 5 -1 显示移民农户家庭自然资本样本区间频率分布，从图 5 -1 中可以看出，自然资本小于 0.2 的样本所占比例较大，移民前后样本分别为 134 个和 172 个，占总样本数的 54.45% 和 69.92%，在［0.2, 0.4) 区间的比例则为 37.81% 和 24.79%，而大于 0.6 的样本分别只有 19 个和 13 个，仅占总样本数的 7.72% 和 5.28%，这表明移民农户自然资本一直以来都处于一个较低水平。图 5 -2 是移民农户家庭物质资本样本区间频率分布，从图 5 -2 中可以看出，移民前农户家庭物质资本以小于 0.4 为主，其中［0, 0.2) 区间样本数为 121 个，占总样本数的 49.19%，［0.2, 0.4) 区间样本数为 93 个，总占比为 37.81%；移民后家庭物质资本则发生了较大变化，主要集中在［0.4, 0.6) 区间，达到 192 个，占总比达 78.05%，大于 0.6 的样本数为 46 个，占总比为 18.70%，这表明家庭物质资本在移民后有了一个较为明显的增加。

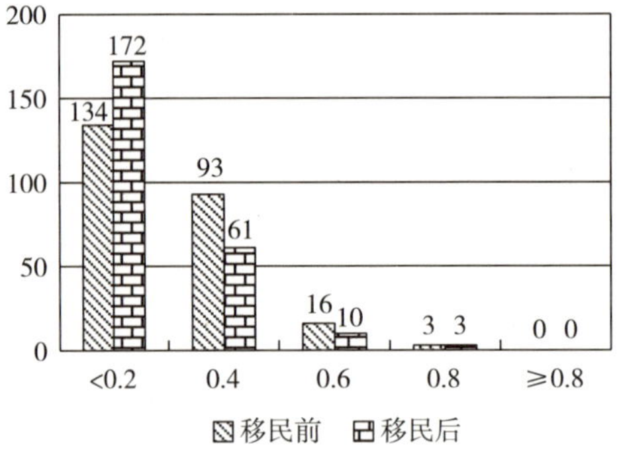

图 5 -1　移民农户家庭自然资本频率分布

图 5 -3 显示移民农户家庭金融资本样本区间频率分布，从图 5 -3 中可以看出，移民前家庭金融资本几乎都小于 0.6，总样本数达 234 个，占总样本数的 95.12%，其中在［0, 0.2) 区间为 98 个，占比为 39.84%，在［0.2, 0.4) 区间为 73 个，占比为 29.67%，在［0.4, 0.6) 区间为 65 个，占比为 26.42%；移民后的家庭金融资本样本区间发生了一些变化，明显向数值大的区间集中，其中

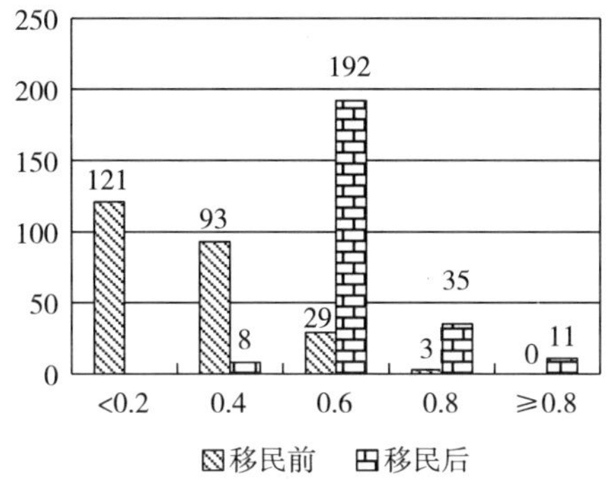

图 5－2　移民农户家庭物质资本频率分布

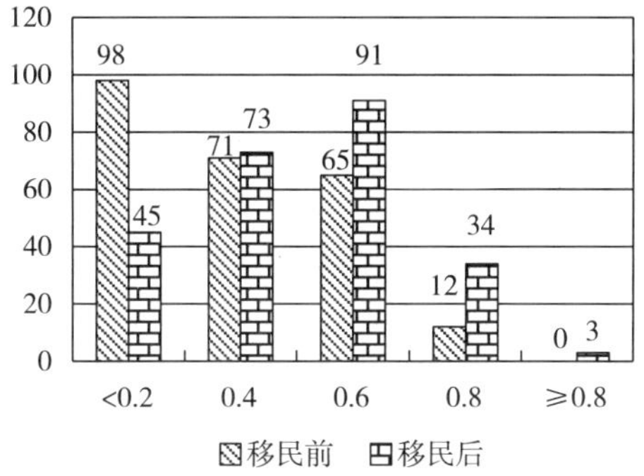

图 5－3　移民农户家庭金融资本频率分布

［0.4，0.6）区间数量最多为 91 个，占比为 36.99%，而在 0.6 以上的样本量为 37 个，占比为 15.04%。图 5－4 显示移民农户家庭社会资本样本区间频率分布，从图 5－4 中可以得出，农户家庭社会资本主要集中在［0.2，0.6）区间内，移民前后分别为 221 个和 232 个，占比分别为 89.84% 和 95.26%，但两者在细分的两个区间上还是存在较大的差别。总体表明，移民农户家庭社会资本也处于一个较低水平。

图 5－5 显示移民农户家庭人力资本样本区间频率分布，从图 5－5 中可以得出，农户家庭人力资本主要集中在［0.2，0.6）区间内，移民前后分别为 219 个和 214 个，占比分别为 94.40% 和 92.24%，在 0.6 以上均较少，分别只有 20 个和 16 个，这也表明移民农户家庭人力资本还是处于一个较低水平，并且移民前

后增加并不明显。图5－6则显示移民农户家庭生计资本综合值的频率分布，从图5－6中可以看出，在频率分布上移民前后农户家庭生计资本有较为明显的增加趋势，移民前主要分布在［1，2）区间，共有209个，占比为90.08%，其中［1，1.5）区间有104个，占比为44.82%，［1.5，2）区间有105个，占比为45.26%，而家庭生计资本大于2.5的仅有20个，占比为8.62%；而移民后家庭生计资本综合值则主要分布在［2，3）区间，共有215个，占比为92.67%，在［2.5，3）区间的有88个，远多于移民前的20个，另外，生计资本值在［3，4］区间的有9个，占比为3.88%。这也表明农户家庭生计资本有一个较为明显的增长。

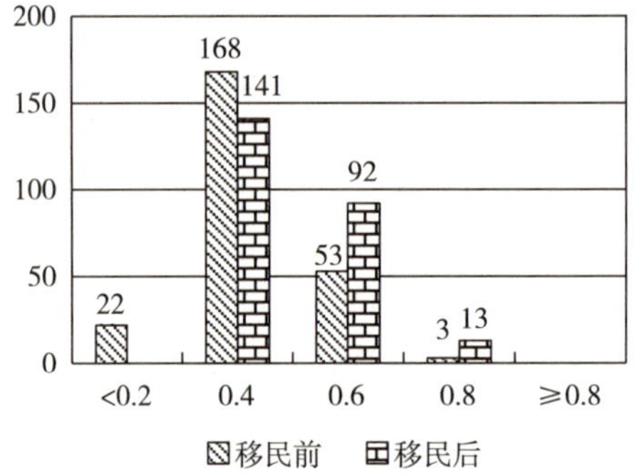

图5－4　移民农户家庭社会资本频率分布

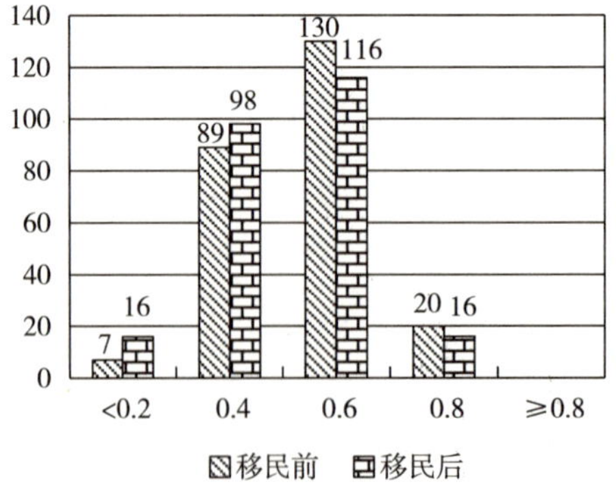

图5－5　移民农户家庭人力资本频率分布

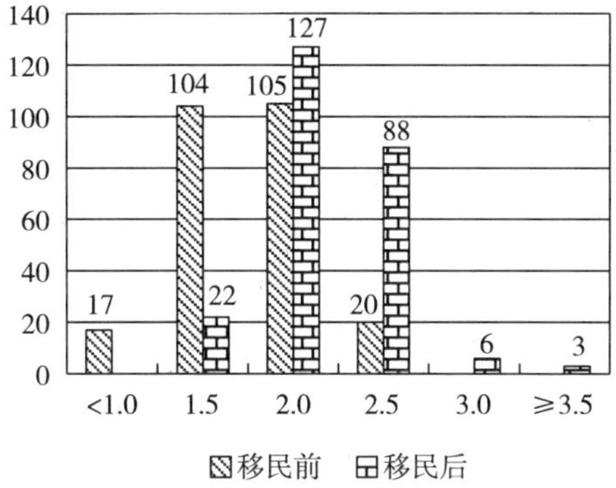

图5-6　移民农户家庭生计资本频率分布

二、移民搬迁前后农户家庭生计资本比较分析与评价

（一）移民农户各家庭生计资本均值比较

移民搬迁后移民农户各项生计资本均发了较大变化，表5-5显示移民前后各项生计资本及生计资本综合值的平均值及变化情况，图5-7则以图的形式较为直观地显示出了自然资本、物质资本、金融资本、社会资本和人力资本的均值及移民前后两者存在的差距。

表5-5　移民前后农户家庭各生计资本均值及变化

	自然资本	物质资本	金融资本	社会资本	人力资本	生计资本
移民前	0.21	0.22	0.29	0.32	0.42	1.47
移民后	0.16	0.52	0.40	0.40	0.41	1.90
变化值	-0.05	0.30	0.11	0.08	-0.01	0.43

比较结果显示，移民搬迁以后农户家庭自然资本均值减少了，由0.21减少到0.16，净减0.05，减幅为23.81%。自然资本的减少主要是因为移民农户搬离以前的生活居住地，相应会减少耕地、林地的拥有，比如深山移民搬迁、库区搬迁、退耕还林搬迁等在新安置区实施无土安置都会引起移民农户家庭自然资本的

减少。

移民农户家庭物质资本均值增长较大，在图5－7中能较为明显地看出，物质资本所代表的那个点向外延伸，由移民前的0.22增长到移民后的0.52，增加了0.30，增幅达136.36%，是所有生计资本中增幅最大的一项资本，家庭物质资本的增加主要是因为移民农户在搬迁之后住房条件普遍得到提高，家中常用的生活耐用品数量也明显地增加了，移民农户的生产生活条件都得到较大改善。

家庭金融资本均值则由移民搬迁前的0.29增加到0.40，增长了0.11，增幅为37.93%。这部分增长主要在于移民农户所拥有的家庭收入的增加，而所能拥有贷款机会实际上在移民前后区别并不大。

家庭社会资本均值由移民搬迁前的0.32增加到0.40，增长了0.08，增幅为25.00%。家庭社会资本增加可能的主要原因在于随着收入增加，通信费用支出也会相应地增加，随着生活条件的改善在急需大笔开支时愿意借钱资助的家庭户数也会相应有所增加。另外，由于搬迁到一个新的生活区域，居住地周围人的信任度会出现减少情况，信任度的提升需要一个长时间的培养过程。

家庭人力资本均值在移民搬迁后出现小幅减少现象，由0.42减少到0.41，减少了0.01，减幅为2.38%。从家庭人力资本测算的三个可观测指标来看，尚且还不能完全解释家庭人力资本均值减少的原因，有待于后续的进一步分析。

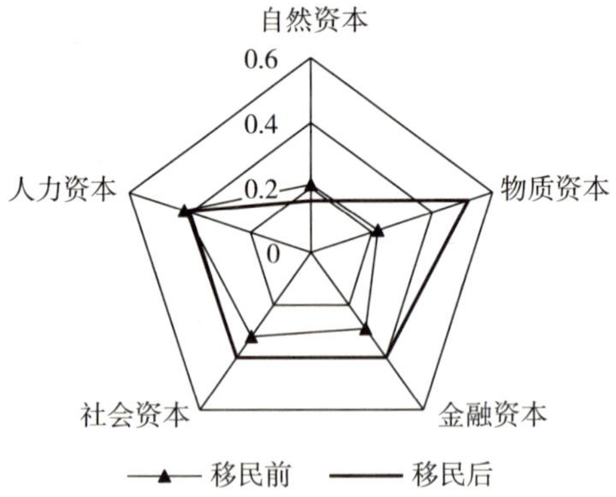

图5－7　移民农户各家庭生计资本均值比较

移民农户家庭生计资本综合值由移民搬迁前的1.47增长到1.90，增长净值为0.43，增幅为29.25%。从各项生计资本均值变化来看，家庭生计资本综合值的增加主要来源于物质资本增加，其贡献率达 67.77%，其次分别是金融资本和社会资本的增加，贡献率分别为 25.58% 和 18.60%。

（二）移民农户家庭各生计资本独立样本检验

独立样本检验是用 t 分布理论来推论差异发生的概率，用来比较两个平均数的差异是否显著。图 5－7 和表 5－5 是从直观图和表格数字方面对移民搬迁前后农户各家庭生计资本均值进行简单比较，但是这种差异性是否真实性地存在以及是否显著还需要通过独立样本检验进一步的检验分析。

运用 SPSS 18.0 分析软件，将自然资本、物质资本、金融资本、社会资本、人力资本和生计资本作为检验变量，移民前后作为分组变量进行分析，移民搬迁前后各生计资本独立样本检验结果如表 5－6 所示，从表 5－6 中可以得出，自然资本均值减少 0.048，通过独立样本检验，假设方差不相等情况下，有 $t = -4.317$，且 $Sig. = 0.000 < 0.01$，说明在 1% 显著性水平上，农户自然资本的减少较为显著；物质资本均值增加了 0.308，通过检验有 $t = 26.504$，且 $Sig. = 0.000 < 0.01$，在 1% 的显著性水平上两者之间存在显著性差异，说明物质资本均值有明显的增加；金融资本均值增加了 0.114，通过检验中 $t = 6.863$，且 $Sig. = 0.000 < 0.01$，在 1% 的显著性水平上两者之间存在显著性差异，说明金融资本均值提高较为显著；社会资本均值增加了 0.078，通过检验有 $t = 7.767$，且 $Sig. = 0.000 < 0.01$，在 1% 的显著性水平下两者存在显著性差异，说明社会资本均值有明显增加；在人力资本均值上则出现小幅减少现象，共减少 0.012，通过检验有 $t = -1.103$，且 $Sig. = 0.271 > 0.1$，说明人力资本在两者之间差异不显著，即移民前后两个时期农户家庭人力资本均值变化不显著，这种减少是样本本身所引起的。

表 5－6　移民农户各生计资本独立样本检验

		方差方程的 Levene 检验		均值方程的 t 检验				
		F	Sig.	t	df	Sig.	均值差值	标准误
自然资本	假设 1	0.634	0.426	−4.317	490.00	0.000	−0.048	0.011
	假设 2			−4.317***	489.81	0.000	−0.048	0.011
物质资本	假设 1	27.99	0.000	26.504	490.00	0.000	0.308	0.012
	假设 2			26.504***	461.42	0.000	0.308	0.012

续表

		方差方程的 Levene 检验		均值方程的 t 检验				
		F	Sig.	t	df	Sig.	均值差值	标准误
金融资本	假设 1	0.027	0.869	6.863	490.00	0.000	0.114	0.017
	假设 2			6.863 ***	490.00	0.000	0.114	0.017
社会资本	假设 1	0.776	0.379	7.767	490.00	0.000	0.078	0.010
	假设 2			7.767 ***	487.13	0.000	0.078	0.010
人力资本	假设 1	2.031	0.155	-1.103	490.00	0.271	-0.012	0.011
	假设 2			-1.103	488.60	0.271	-0.012	0.011
生计资本	假设 1	0.003	0.954	13.641	490.00	0.000	0.437	0.032
	假设 2			13.641 ***	489.94	0.000	0.437	0.032

注：假设 1 为方差相等，假设 2 为方差不相等；***、**、* 分别表示显著性水平为 1%、5%、10%。

移民农户家庭生计资本综合值增加了 0.437，通过独立样本检验，假设方差不相等的情况下，有 $t = 13.641$，且 Sig. $= 0.000 < 0.01$，两者存在着显著性的差异，说明移民农户家庭生计资本均值有显著提高，即移民搬迁前后农户家庭生计资本有较为明显的增长。

第四节　本章小结

生计资本是可持续生计分析框架重要内容。本章重点就是对移民农户家庭生计资本进行测算，为后续的研究做好前期准备。

一是建立生计资本评价指标体系，明确了在建立评价指标体系时需要遵循科学性、可操作性、代表性及导向性原则。

二是借鉴国内外对生计资本的研究成果，将移民农户家庭生计资本划分为自然资本、物质资本、金融资本、社会资本和人力资本五个部分，遵循评价指标体系的构建原则，自然资本的测算选取 3 个可观测指标，物质资本、金融资本、社会资本和人力资本的测算则分别选取4个、4个、5个和3个可观测指标，并对每个指标进行无量纲化处理，得到可以进行运算的标准化数值，通过问卷咨询及专家打分法分别赋予不同的权重，根据问卷调查所得数据得出246个样本户移民前后的各项生计资本值。

三是对样本户移民前后各项生计资本均值进行对比分析。结果发现，家庭自然资本有较为显著的减少，物质资本、金融资本和社会资本则显著增加，而人力资本有所减少但通过检验发现这种减少并不显著，即移民前后人力资本差异性不大；家庭人力资本综合值则呈现较为显著的增加，其中物质资本增加的贡献最大，达到67.77%，依次是金融资本和社会资本。

从本章的分析结果来看，只是表明移民农户生计资本综合值有较为显著的增加，这种增长无论是来自社会经济发展带来的自然增加，还是来自搬迁移民政策所带来的实际效应，本章还未给出确切的回答。

第六章　基于生计资本变化的易地扶贫搬迁政策绩效研究

对于农户减贫的研究，有学者采用农村贫困指数进行测度，通过利用分组数据测算贫困指数，根据贫困指数的变化来反映减贫效益（田飞丽等，2014），也有学者从农户家庭生计资本着手研究农户生存状况，通过生计资本的变化反映农户减贫情况（黎洁等，2009；张大维，2011）。借鉴已有的研究经验，本章以生计资本的变化来反映易地扶贫搬迁政策的实际效果。

第一节　研究设计

一、研究方法

本章研究的目的是分析易地扶贫搬迁政策对移民农户减贫的绩效。在第五章已经分析了移民农户在移民后其各项生计资本都发生一系列变化，其中除自然资本显著减少、人力资本变化不显著以外，其余三项生计资本均有较为显著的增加，但是这种增加是社会经济发展所带来的自然增长还是由于易地扶贫搬迁政策的实施而带来的真实效应呢？这是本章所要分析解决的关键问题。

对于政策实施绩效的评估和分析，学术界往往采用较多的是双重差分法，如周晶（2015）基于2004～2011年省级面板数据，利用双重差分法估计了2007年以来实施“一揽子”补贴政策对中国生猪养殖规模化进程的影响；陈耿宣（2015）对2010年和2013年参与和未参与农地流转的农户进行实证分析，指出农地流转政策对农户收入具有明显的提升效应；王雪峰（2015）在考察住房限购政策对南昌市住房价格变化的时空影响及土地市场的溢出效应时，也采用双重差分模型，得出结果表明，住房限购政策会导致土地成交率和土地溢价率明显回落；高蒙蒙（2015）分析省管县改革对财政分权和民生的影响；等等。另外，也有学者利用此方法分析一些政策对企业的影响，如 WTO 政策对中国创新能力的分析（赖永剑等，2015）、补贴政策与企业员工就业的关系（张伯伟等，2015）、沪港通对股票的影响（陈晨，2015）等。

双重差分（Difference - in - Difference）亦称倍差法，基本原理是在抽样调查过程中，将被调查对象按照是否受某种政策影响分为对照组和处理组，是否受政策影响用虚拟变量 D 来定义，D = 1 为处理组，表示个体受政策影响；D = 0 为对照组，表示个体未受政策影响。

为了估计政策实施绩效，可以直接比较政策实施对象（处理组）在政策实施前后的平均变化，但是在现实中很难控制所有的其他外部条件保持不变，也就是说，即使没有政策的实施，处理组在不同时期（政策执行前后）也可能具有变化。因此，真正的政策效应估计是“处理组在政策实施前后的平均变化”减去“处理组在没有实施政策时自身的平均变化”，即政策实际效应为：

$$\beta = E(y_{iA}^1 - y_{iB}^1 \mid D_i = 1) - E(y_{iA}^0 - y_{iB}^0 \mid D_i = 1) \tag{6-1}$$

式中，$D_i = 1$ 表示实验组、$D_i = 0$ 表示对照组，B 表示“政策实施前”、A 表示“政策实施后”，1 表示实际上实施了政策，0 表示没有实施政策。事实上，对于政策实施前有 $y_{iB}^0 = y_{iB}^1$，而对于政策实施后 y_{iA}^1 可以观测到，y_{iA}^0 则是不可观测的。

表 6-1　基于处理组（$D_i = 1$）的政策实施效应

	处理组实际被处理	处理组没有被处理
政策实施前	$E(y_{iB}^1 \mid D_i = 1)$	$E(y_{iB}^0 \mid D_i = 1)$
政策实施后	$E(y_{iA}^1 \mid D_i = 1)$	$E(y_{iA}^0 \mid D_i = 1)$

为克服 y_{iA}^0 的不可观测问题，就需要引入对照组（控制组），基于处理组和对照组政策实施效果则可以表示为：

$$\beta = E(y_{iA}^1 - y_{iB}^1 \mid D_i = 1) - E(y_{iA}^0 - y_{iB}^0 \mid D_i = 0) \tag{6-2}$$

这种转换的关键假定是，对于没有政策实施时，处理组和对照组在政策实施前后具有相同的平均变化，即：

$$E(y_{iA}^0 - y_{iB}^0 \mid D_i = 1) = E(y_{iA}^0 - y_{iB}^0 \mid D_i = 0) \tag{6-3}$$

表 6-2 基于处理组（$D_i=1$）的政策实施效应

	处理组实际被处理	处理组没有被处理
政策实施前	$E(y_{iB}^1 \mid D_i=1)$	$E(y_{iB}^0 \mid D_i=1)$
政策实施后	$E(y_{iA}^1 \mid D_i=1)$	$E(y_{iA}^0 \mid D_i=1)$

这些分析研究中都是将被研究对象按照是否受到某种政策影响分为对照组和实验组，即受政策影响的试验组和未受政策影响的对照组，分别计算政策实施前后实验组和对照组变量的变化值。

在分析过程中，分析政策实施所带来的实际效应，至少需要两期观测值。第一期为政策实施前某个观测值 Y_0、第二期为政策实施后某个观测值 Y_1，模型的一般形式应包括自变量和随机扰动项，可表示为：

$$Y_0 = g_0(X) + U_0,\ Y_1 = g_1(X) + U_1 \tag{6-4}$$

式中，对于个体 k，X 表示评估指标 Y_k 的解释变量，U_k 表示随机扰动项。

政策对个体的影响效果可以表示为 $\Delta = Y_1 - Y_0$，则有：

$$\begin{cases} ATT = E(Y_1 - Y_0 \mid X,\ D=1) = E(\Delta \mid X,\ D=1) \\ ATU = E(Y_1 - Y_0 \mid X,\ D=0) = E(\Delta \mid X,\ D=0) \\ DID = E(Y_1 - Y_0 \mid X) = E(\Delta \mid X) \end{cases} \tag{6-5}$$

式中，ATT 表示处理组在政策实施前后对应指标值的差值，ATU 表示对照组在政策实施前后对应指标值的差值。

这两个是第一次差分，实际计算出处理组和对照组个体在政策实施（时间）前后各项指标的差值。为计算政策实施所带来的实际效应，需要进行第二次差分：

$$DID = ATT - ATU = E(\Delta Y_i \mid D_i = 1) - E(\Delta Y_i \mid D = 0) \tag{6-6}$$

即将处理组与对照组在政策实施前后各项指标差异的差值计算出来，也就是政策实施所带来的净效应。

二、模型的建立

本研究将移民农户设置为处理组，将非移民农户设置为对照组，建立双重差分模型：

$$Y_{it} = \beta_0 + \beta_1 D_{it} + \beta_2 T_{it} + \beta_3 D_{it} T_{it} + \varepsilon_{it} \tag{6-7}$$

式中，Y_{it}表示被调查农户 i 在 t 时期生计资本；D_{it}表示组别虚拟变量，$D_{it}=1$ 表示移民农户所在的处理组，$D_{it}=0$ 表示非移民农户所在的对照组；T_{it}表示时间虚拟变量，取 $T_{it}=0$ 表示搬迁移民政策实施前，$T_{it}=1$ 表示政策实施后，即调查当前；$D_{it}T_{it}$表示交互作用；ε_{it}表示随机扰动项。

在对照组（非移民农户）中，由于$D_{it}=0$，因而在两个调查时间点农户各项生计资本分别为：

$$Y_{it} = \begin{cases} \beta_0 + \varepsilon\text{；} T=0\text{，即非移民农户第一期观测值} \\ \beta_0 + \beta_2 + \varepsilon\text{；} T=1\text{，即非移民农户第二期观测值} \end{cases}$$

相应地，对于处理组（移民农户），有$D_{it}=1$，在搬迁移民实施前后，农户各项生计资本分别为：

$$Y = \begin{cases} \beta_0 + \beta_1 + \varepsilon\text{；} T=0\text{，即移民农户第一期观测值} \\ \beta_0 + \beta_1 + \beta_2 + \beta_3 + \varepsilon\text{；} T=1\text{，即移民农户第二期观测值} \end{cases}$$

可以看出，在实施搬迁移民行为前后（第一期观测到第二期观测），对照组的农户各项生计资本变化为β_2，而试验组农户各项生计资本变动为$\beta_2+\beta_3$。因此，β_3 是搬迁移民行为对农户家庭生计资本变化的净效应，是本书分析的主要系数，β_3 为正数就说明搬迁移民行为能有效提高农户各项生计资本。

本书所要研究的核心内容就是双重差分统计量（$D_{it}T_{it}$）所表达出来的信息。如果该统计量显著，则说明搬迁移民实施是各资本变化的主要因素；如果统计量不显著，则说明搬迁移民行为对各资本的变化作用不明显。

三、研究变量的选取

本章主要研究易地扶贫搬迁政策实施对农户减贫效应（绩效）的影响，农户减贫效应可以通过生计资本的变化进行反映（李斌、李小云，2004），因此将生计资本综合值（Z）作为被解释变量（因变量），同时为了解构成生计资本的其他5个资本受政策影响的净效应，将自然资本、物质资本、金融资本、社会资本和人力资本也分别作为因变量进行辅助分析。

解释变量中引入组别虚拟变量D_{it}、时间虚拟变量T_{it}，交互项$D_{it}T_{it}$为双重差分项，分析的是易地扶贫搬迁政策实施对处理组与对照组在不同时间的影响，得到的是易地扶贫搬迁政策对各资本的净影响，为本书研究的关键变量。

考虑到农户所处环境对易地扶贫搬迁政策绩效可能会产生一定影响，本书将农户所在村的交通条件和农户所在村在本镇的经济发展水平2个变量作为控制变量引入模型中进行分析。根据整理数据，各变量定义及描述如表6－3所示。

表6－3　变量定义及统计特征描述

变量名称	变量取值与描述	均值	方差	最大值	最小值
因变量					
自然资本（N）	数值变量，介于0与1之间	0.180	0.010	0.640	0.000
物质资本（M）	数值变量，介于0与1之间	0.425	0.032	0.880	0.020
金融资本（F）	数值变量，介于0与1之间	0.375	0.037	1.000	0.000
社会资本（S）	数值变量，介于0与1之间	0.357	0.012	0.760	0.080
人力资本（H）	数值变量，介于0与1之间	0.446	0.015	0.800	0.090
生计资本（Z）	Z＝M＋N＋F＋S＋H	1.783	0.161	3.320	0.720
解释变量					
时期（T_{it}）	移民前＝0；移民后＝1	0.500	0.250	1.000	0.000
是否移民（D_{it}）	非移民农户＝0；移民农户＝1	0.512	0.250	1.000	0.000
交互项（$D_{it}T_{it}$）	—	0.256	0.191	1.000	0.000
控制变量					
农户所在村的交通条件（C_1）	很差＝1；较差＝2；一般＝3；较好＝4；很好＝5	2.440	1.393	5	1
该村在本镇的经济发展水平（C_2）	很低＝1；较低＝2；中等＝3；较高＝4；很高＝5	2.500	1.318	5	1

第二节　生计资本变化描述性分析

在第五章已经分析了移民农户（处理组）在易地扶贫搬迁政策实施前后各项生计资本的变化，结果表明移民后农户家庭生计资本综合值有较大的增加，但在分析易地扶贫搬迁政策实施的净效益时，有必要将移民农户（处理组）与非移民农户（对照组）先进行横向比较，发现两者之间存在的差距，再进行下一步分析。

一、移民农户与非移民农户各项生计资本概率分布比较

通过对问卷调查的数据整理，本研究共确定移民农户有效样本 246 个，非移民农户有效样本 234 个，并对 480 个样本的各项生计资本进行测算，每个样本均有两个数值，即分别为 $T_{it}=0$，1 两个观测时期的各项生计资本数值，不同生计资本数值分布存在较大差距。

概率分布描述了各项生计资本数值在某个确定的取值点附近的可能性。根据前面介绍的各项生计资本测算方法，自然资本、物质资本、金融资本、社会资本和人力资本的取值范围为［0.1］，生计资本综合值取值范围为［0，5］，因此，根据所有样本各项生计资本测算数据，可以得出各项生计资本的概率分布图。

（一）自然资本概率分布

图 6 - 1 显示了在 $T_{it}=0$ 时移民农户与非移民农户自然资本的概率分布情况。从图 6 - 1 中的曲线形状可以看出，移民农户概率分布比非移民农户概率分布要更趋于平稳，移民农户自然资本主要分布在［0.1，0.3］，0.4 以上有少量分布，而在 0.7 左右分布消失，这说明移民农户在移民前自然资本最大值大概在 0.7 左右，数值较集中于 0.1 ~ 0.3。非移民农户概率分布则显得更为陡峭，主要分布在 0.2 左右，在 0.4 左右分布消失，说明非移民农户在第一观测时间时自然资本最大值在 0.4 左右，较多的非移民农户自然资本数值集中于 0.2 左右。

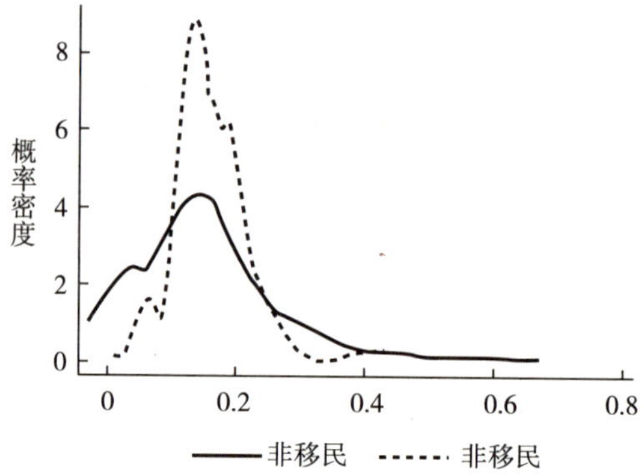

图 6－1　T_{it} =0 自然资本概率分布

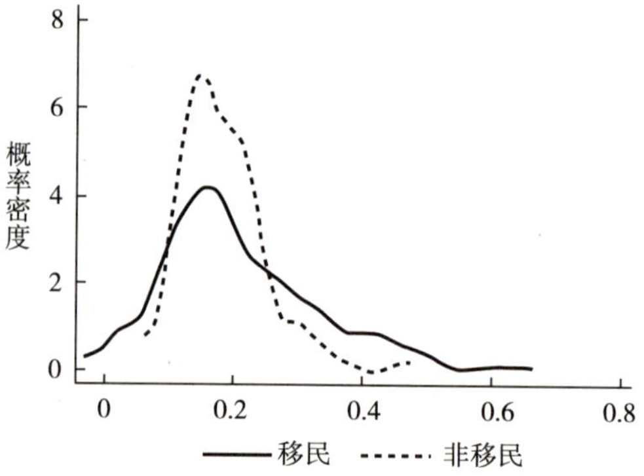

图 6－2　T_{it} =1 自然资本概率分布

图 6－2 显示了在 T_{it} =1 时移民农户与非移民农户自然资本概率分布情况。与 T_{it} =0 时曲线相似，移民农户曲线比非移民农户曲线要更趋于平稳，移民农户的自然资本主要分布在［0.1，0.5］，0.5 以上有少量分布，而在 0.7 左右分布消失，这说明移民农户在移民后自然资本数值最大值与移民前相似，还是在 0.7 左右，数值较集中于 0.1 ~0.5。非移民农户的概率分布同样显得更为陡峭，主要分布在 0.2 左右，在 0.4 以上有少量分布，在 0.5 左右分布消失，说明非移民农户在第二观测时间自然资本数值最大值应该在 0.5 左右，数值分布最多区间为［0.1，0.3］。

（二）物质资本概率分布

图6－3显示了在 $T_{it}=0$ 时移民农户与非移民农户物质资本的概率分布情况。从图6－3中的曲线形状可以看出，移民农户与非移民农户分布相比存在较大差异，非移民农户概率分布图明显往右有较大偏移。移民农户的物质资本数值主要分布在［0.1，0.5］，0.6以上有少量分布，而在0.7左右分布消失，这说明移民农户在移民前物质资本最大值在0.7左右，数值较集中于0.1～0.5。非移民农户的物质资本概率分布往右偏了许多，主要分布在［0.4，0.6］，在0.7左右分布消失，说明非移民农户在第一观测时间时物质资本最大值应该在0.7左右，较多的非移民农户物质资本数值集中于［0.4，0.6］。另外，这个分布图也能直观显示出，在 $T_{it}=0$ 时，移民农户物质资本比与移民农户物质资本相比有较大的差距。

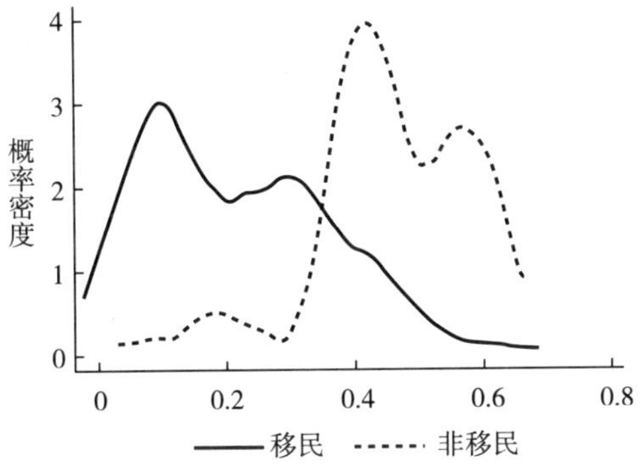

图6－3　$T_{it}=0$ 物质资本概率分布

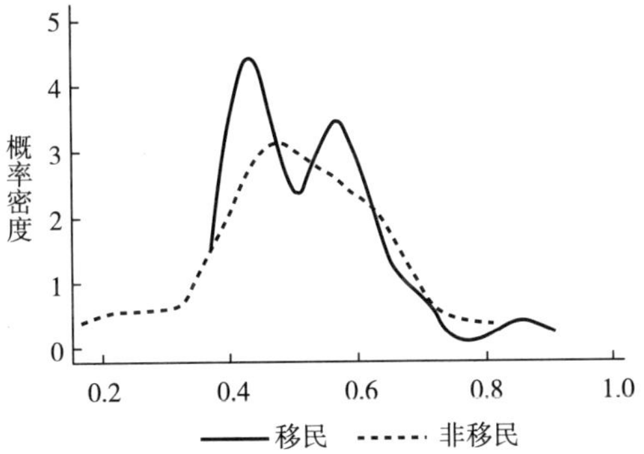

图6－4　$T_{it}=1$ 物质资本概率分布

图6－4显示了在 T_{it} ＝时移民农户与非移民农户物质资本的概率分布情况。从图6－4中的曲线形状可以看出，移民农户与非移民农户分布存在区间上更加趋于一致。移民农户的物质资本数值主要分布在［0.4，0.7］，其中在0.45和0.55左右有两个峰值，且0.8以上有少量分布，而在0.9左右分布消失，这说明移民农户在移民后物质资本最大值在0.9左右，数值较集中于0.4～0.7。非移民农户的物质资本概率分布更趋向于一种正态分布，其峰值在0.6左右，主要分布在［0.35，0.75］，在0.8左右分布消失，说明非移民农户在第二观测时间时物质资本数值最大值应该在0.8左右，最小值在0.2左右，比移民农户最小值要低，而较多的非移民农户物质资本数值集中于［0.35，0.75］。

（三）金融资本概率分布

图6－5显示了在 T_{it} ＝0时移民农户与非移民农户金融资本概率分布情况。从图6－5中的曲线形状可以看出，非移民农户概率分布图比移民农户概率分布图要略向右偏，移民农户的金融资本主要分布有两个峰值，分别为0.2和0.5，而从总体上来看，分布较为集中区间为［0.1，0.6］，在0.8左右分布消失，这说明移民农户金融资本数值最大值在0.8左右，数值集中于0.1～0.6。非移民农户的金融资本概率分布向右有少量偏移，总体上更趋向于正态分布，峰值在0.4左右，主要分布在［0.3，0.5］，在0.9左右分布消失，说明非移民农户在第一观测时间时金融资本最大值应该在0.9左右，较多的非移民农户金融资本数值集中于0.4～0.6。另外，从图6－5中也能直观显示出，在 T_{it} ＝0时，非移民农户金融资本概率分布图右偏，说明移民农户金融资本与非移民农户金融资本相比存在一定差距。

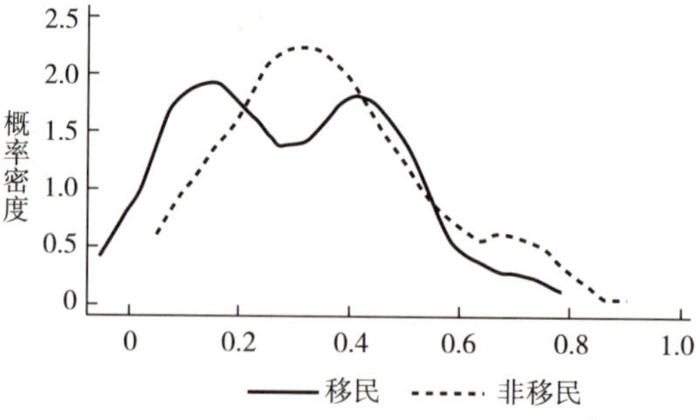

图6－5　T_{it} ＝0金融资本概率分布

图6－6显示了在 $T_{it}=1$ 时移民农户与非移民农户金融资本概率分布情况。从图6－6中的曲线形状可以看出，非移民农户概率分布图与移民农户概率分布图相差并不大。移民农户的金融资本主要分布区间为［0.2，0.7］，在0.85左右分布消失，这说明移民农户金融资本数值最大值在0.85左右，数值集中于0.2～0.7。非移民农户的金融资本分布总体上更趋向于正态分布，峰值在0.5左右，主要分布区间为［0.3，0.6］，且延伸到1左右分布消失，说明非移民农户在第二观测时间时金融资本最大值应该在1左右，较多的非移民农户金融资本数值集中于0.4～0.6。

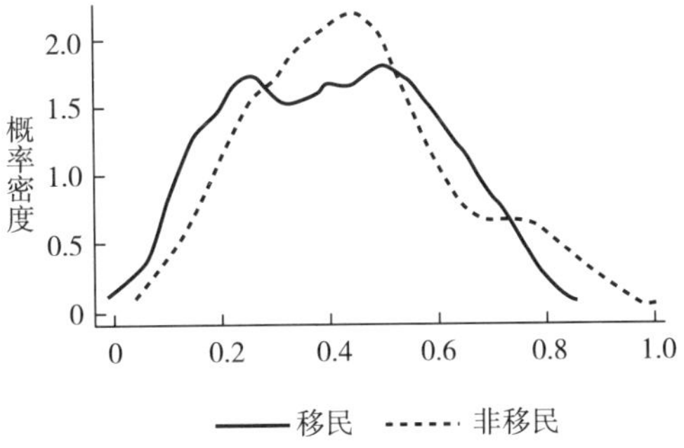

图6－6　$T_{it}=1$ 金融资本概率分布

（四）社会资本概率分布

图6－7显示了在 $T_{it}=0$ 时移民农户与非移民农户社会资本概率分布情况。从图6－7中的曲线形状可以看出，非移民农户概率分布图与移民农户概率分布图存在一定的差异。移民农户的社会资本主要在［0.2，0.5］，但在0.6左右还存在一定的分布，在0.7左右分布消失，这说明移民农户社会资本数值最大值在0.7左右，数值集中于0.2～0.5。非移民农户的社会资本概率分布则显得较为集中，主要分布在［0.2，0.4］，在0.4之后又出现一种分布的反弹，最后在0.5左右消失，说明非移民农户在第一观测时间时社会资本最大值应该在0.5左右，较多的非移民农户社会资本数值集中于0.2～0.4，另外，非移民农户的社会资本最大值要小于移民农户的社会资本最大值。

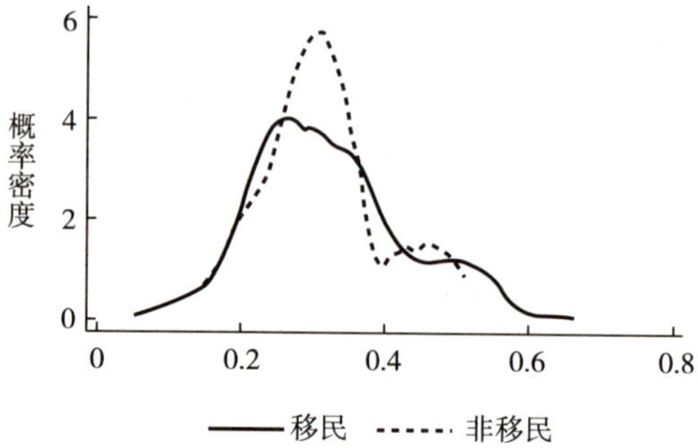

图 6-7　T_{it}=0 社会资本概率分布

图 6-8 显示了在 $T_{it}=1$ 时移民农户与非移民农户社会资本概率分布情况。从图 6-8 中的曲线形状可以看出，非移民农户概率分布图与移民农户概率分布图有一定的差异。移民农户的社会资本主要在［0.3，0.5］，但在 0.6 左右还存在一定的分布，在 0.8 左右分布消失，这说明移民农户社会资本数值最大值在 0.8 左右，数值集中于 0.4~0.5。非移民农户的社会资本概率分布则主要集中在［0.25，0.5］，在 0.6 之后又出现一种分布的反弹，最后在 0.65 左右消失，说明非移民农户在第二观测时间时社会资本最大值应该在 0.65 左右，较多的非移民农户社会资本数值集中于 0.26~0.5。

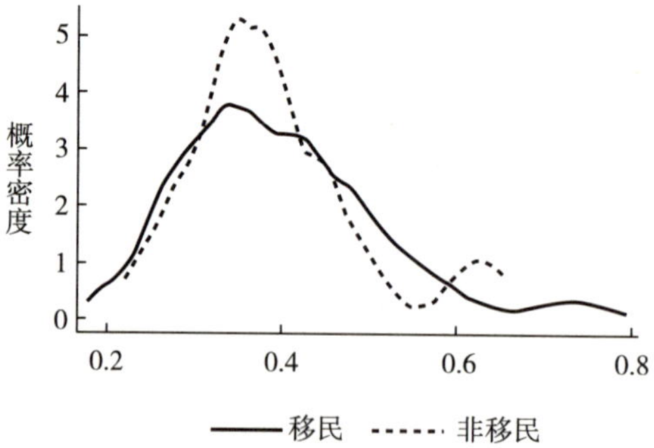

图 6-8　T_{it}=1 社会资本概率分布

（五）人力资本概念分布

图6-9显示了在 $T_{it}=0$ 时移民农户与非移民农户人力资本概率分布情况。从图6-9中的曲线形状可以看出，非移民农户人力资本概率分布图比移民农户概率分布图要略向右偏，移民农户的社会资本主要在［0.2，0.6］，但在0.6左右还存在一定的分布，在0.8左右分布消失，这说明移民农户人力资本数值最大值在0.8左右，数值集中于0.4～0.5。非移民农户的人力资本主要分布在［0.3，0.7］，最后在0.75左右消失，说明非移民农户在第一观测时间时人力资本最大值应该在0.75左右，较多的非移民农户人力资本数值集中于0.4～0.6。另外，从图6-9中也能直观显示出，在 $T_{it}=0$ 时非移民农户人力资本概率分布图右偏，说明移民农户人力资本与非移民农户人力资本相比存在一定差距。

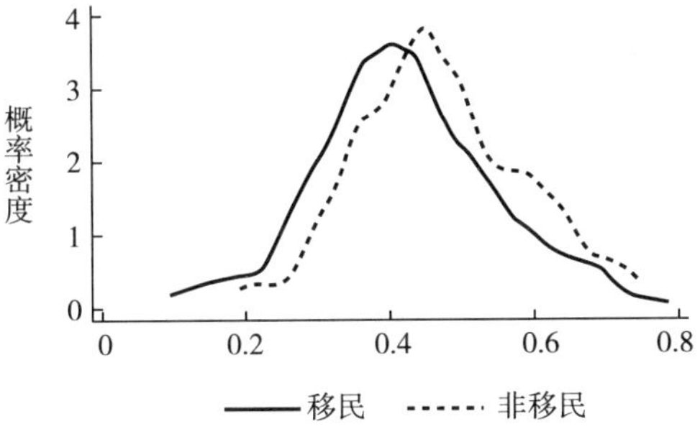

图6-9　$T_{it}=0$ 人力资本概率分布

图6-10显示了在 $T_{it}=0$ 时移民农户与非移民农户人力资本概率分布情况。从图6-10中的曲线形状可以看出，非移民农户人力资本概率分布图比移民农户概率分布图要略向右偏，移民农户的社会资本主要在［0.3，0.6］，最后在0.7左右分布消失，这说明移民农户人力资本数值最大值在0.7左右，数值集中于0.4～0.6。非移民农户的人力资本主要分布在［0.35，0.7］，最后在0.8左右消失，说明非移民农户在第二观测时间时人力资本最大值应该在0.8左右，较多的非移民农户人力资本数值集中于0.4～0.6。另外，从图6-10中也能直观显示出，在 $T_{it}=1$ 时，非移民农户人力资本概率分布图右偏，说明移民农户人力资本与非移民农户人力资本相比同样存在一定差距。

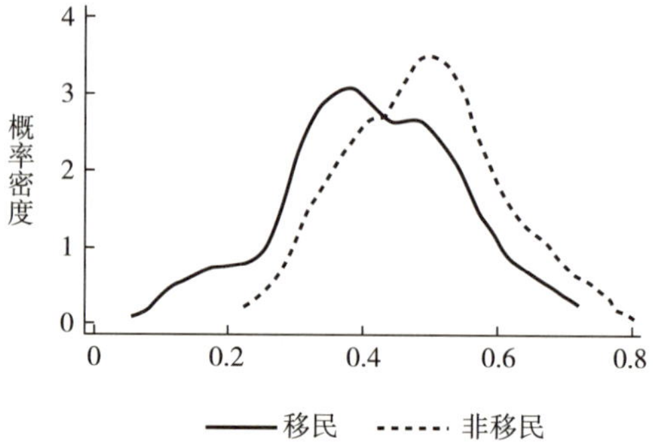

图 6－10　$T_{it}=1$ 人力资本概率分布

（六）生计资本综合值概率分布

图 6－11 显示了在 $T_{it}=0$ 时移民农户与非移民农户家庭生计资本综合值概率分布情况。从图 6－11 中的曲线形状可以看出，非移民农户家庭生计资本综合值概率分布图比移民农户概率分布图要略向右偏。移民农户的生计资本综合值主要在［1，2］，在 2 之后还存在一定的分布，在 2.5 左右分布消失，说明移民农户家庭生计资本综合值最大值在 2.5 左右，数值集中于 1～2。非移民农户的生计资本综合值主要分布在［1.25，2.25］，最后在 2.5 左右消失，说明非移民农户在第一观测时间时生计资本综合值最大值应该在 2.25 左右，较多的非移民农户家庭生计资本综合值集中于 1.6～2.0。另外，从图 6－11 中也能直观显示出，在 $T_{it}=0$ 时，移民农户家庭生计资本综合值与非移民农户家庭生计资本综合值相比存在一定差距。

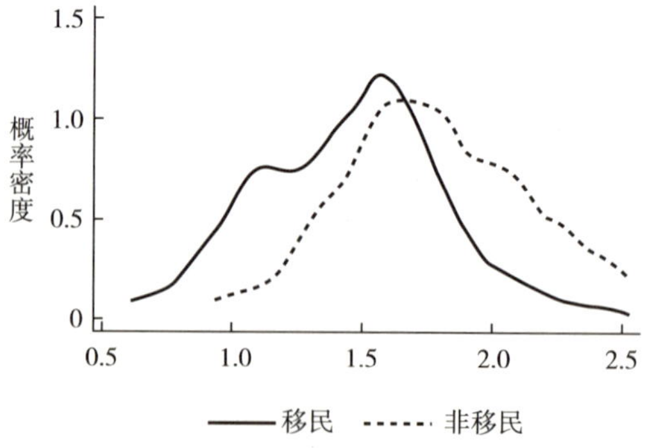

图 6－11　$T_{it}=0$ 生计资本概率分布

图 6-12 显示了在 $T_{it}=1$ 时移民农户与非移民农户家庭生计资本综合值的概率分布情况。从图 6-12 中的曲线形状可以看出，非移民农户家庭生计资本综合值概率分布图比移民农户概率分布图存在一定的右偏，移民农户的生计资本综合值主要在［1.5，2.5］，在 3 之后还存在一定的分布，在 3.5 左右分布消失，说明移民农户家庭生计资本综合值最大值在 3.5 左右，数值集中于1.6～2.5。非移民农户的生计资本综合值主要分布在［1.75，2.5］，最后在 3 左右消失，说明非移民农户在第二观测时间时生计资本综合值最大值应该在 3 左右，较多的非移民农户家庭生计资本综合值集中于 1.76～2.5。

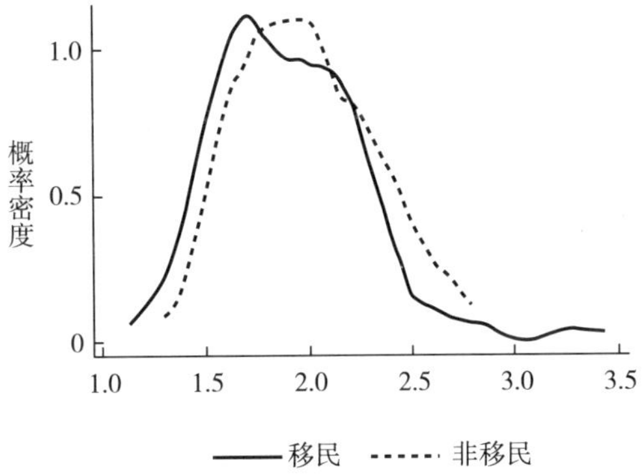

图 6-12 $T_{it}=1$ 生计资本概率分布

二、移民农户与非移民农户各项生计资本均值比较

移民农户与非移民农户各项生计资本概率分布所显示出的是调查样本户各项生计资本数值所在某个区间的分布情况，从直观上可以看出，两组样本在某个区域内数量的多少，而均值比较则是从数值上反映出两组样本户各项生计资本大小，能够发现两组样本之间存在的差异。

（一）不同观测时期农户家庭生计资本的比较

两个观测时期均值的比较，可以发现各项生计资本变化情况，从而揭示样本农户在两个观测时期上生产生活条件的改变状况。

如表 6-4 和表 6-5 所示，在 $T_{it}=0$、$T_{it}=1$ 两个观测时期，无论有无参与移民搬迁行为，农户各项生计资本在两个观测时期里都发生了较大变化。从表中可以看出，自然资本均值出现减少现象，由 0.198 减少到 0.161，减少了 0.037，通过独立样本检验，假设方差不相等的情况下，有 t = -5.708，且 Sig. =0.000 < 0.01，说明在 1% 显著性水平上，农户自然资本的减少较为显著；物质资本均值由 0.334 增加到 0.515，增加了 0.181，通过检验有 t =18.132，且 Sig. =0.000 < 0.01，在 1% 的显著性水平上两者之间存在显著性差异，说明物质资本均值有明显增加；金融资本均值由 0.325 变化到 0.424，增加了 0.099，通过检验有 t = 8.194，且 Sig. =0.000 <0.01，说明金融资本均值也有了较为显著的提高；社会资本均值则由 0.318 增长到 0.396，增长了 0.078，通过检验有 t =11.874，且 Sig. =0.000 <0.01，在 1% 的显著性水平下两者差异为显著；人力资本均值，由 0.445 增长到 0.447，增长了 0.002，增加幅度不大，通过检验有 t =0.249，且 Sig. =0.803 >0.1，说明人力资本在两者之间的差异不显著，即易地扶贫搬迁政策实施前后农户人力资本均值变化不大。

表 6-4　不同观测时期（T_{it}）各生计资本统计量

	T_{it}	N	均值	标准差	均值的标准误
自然资本	0	480	0.198	0.101	0.005
	1	480	0.161	0.098	0.004
物质资本	0	480	0.334	0.180	0.008
	1	480	0.515	0.124	0.006
金融资本	0	480	0.325	0.187	0.009
	1	480	0.424	0.187	0.009
社会资本	0	480	0.318	0.096	0.004
	1	480	0.396	0.107	0.005
人力资本	0	480	0.445	0.121	0.006
	1	480	0.447	0.128	0.006
生计资本	0	480	1.621	0.388	0.018
	1	480	1.944	0.346	0.016

表 6-5 不同观测时期(T_{it})农户各生计资本独立样本检验

		方差方程的 Levene 检验		均值方程的 t 检验			
		F	Sig.	t	df	Sig.	均值差值
金融资本	假设 1	2.743	0.098	-5.708	958.000	0.000	-0.037
	假设 2			-5.708***	957.125	0.000	-0.036
物质资本	假设 1	113.689	0.000	18.132	958.000	0.000	0.181
	假设 2			18.132***	849.543	0.000	0.181
金融资本	假设 1	0.002	0.965	8.194	958.000	0.000	0.099
	假设 2			8.194***	958.000	0.000	0.099
社会资本	假设 1	3.191	0.074	11.874	958.000	0.000	0.078
	假设 2			11.874***	947.458	0.000	0.078
人力资本	假设 1	2.022	0.155	0.249	958.000	0.803	0.002
	假设 2			0.249	955.209	0.803	0.002
生计资本	假设 1	3.818	0.051	13.644	958.000	0.000	0.323
	假设 2			13.644***	945.873	0.000	0.323

注：假设 1 为方差相等，假设 2 为方差不相等；***、**、* 分别表示显著性水平为 1%、5%、10%。

农户家庭生计资本综合值均值由 1.621 增长到 1.944，增长了 0.323，通过独立样本检验，有 t = 13.644，且 Sig. = 0.000 < 0.01，在这两个观测时期，农户家庭生计资本综合值存在着显著性的差异，说明农户家庭生计资本综合值均值有显著的提高，即在五年左右时间里，农户的生计状况均得到较大的改善。

（二）不同组间农户家庭生计资本的比较

不同组间农户家庭生计资本的比较则是反映移民农户与非移民农户在各项生计资本上的差距，从而揭示出移民农户与非移民农户相比在生产生活条件上存在的差距。

表 6-6、表 6-7 显示出$D_{it}=0$（非移民农户）、$D_{it}=1$（移民农户）两组样本农户各项生计资本均值统计及独立样本检验情况。从表 6-6 中可以看出非移民农户自然资本均值为 0.172，移民农户自然资本均值为 0.187，比非移民农户多 0.015，通过独立样本检验，有 t = -2.431，且 Sig. = 0.015 < 0.05，说明在 5% 显著性水平上，两组农户自然资本均值存在显著差异；非移民农户物质资本

均值为0.480，移民农户物质资本均值为0.373，比非移民农户少0.107，通过独立样本检验，有t=9.761，且Sig. =0.00<0.01，说明在1%显著性水平上，两组农户物质资本均值存在显著差异；非移民农户金融资本均值为0.403，移民农户金融资本均值为0.348，比非移民农户少0.055，通过独立样本检验，有t=4.455，且Sig. =0.00<0.01，说明在1%显著性水平上，两组农户金融资本均值存在显著差异；非移民农户社会资本均值为0.352，移民农户社会资本均值为0.362，比非移民农户多0.055，通过独立样本检验，有t=－1.307，且Sig. =0.192>0.1，说明两者差异不显著，即两组农户社会资本均值不存在明显差异；非移民农户人力资本均值为0.478，移民农户人力资本均值为0.416，比非移民农户少0.062，通过独立样本检验，有t=8.014，且Sig. =0.00<0.01，说明在1%显著性水平上，两组农户人力资本均值存在显著差异。

非移民农户家庭生计资本综合值均值为1.884，移民农户家庭生计资本综合值均值为1.685，比非移民农户少0.199，通过独立样本检验，有t=7.972，且Sig. =0.00<0.01，说明在1%显著性水平上，两组农户家庭生计资本综合值均值存在显著差异，即与非移民农户相比，移民农户生产生活条件存在较大的差距。

表6－6　不同组间（D_{it}）各生计资本统计量

	D_{it}	N	均值	标准差	均值的标准误
自然资本	0	234	0.172	0.064	0.003
	1	246	0.187	0.126	0.006
物质资本	0	234	0.480	0.134	0.006
	1	246	0.373	0.201	0.009
金融资本	0	234	0.403	0.191	0.009
	1	246	0.348	0.192	0.009
社会资本	0	234	0.352	0.099	0.005
	1	246	0.362	0.117	0.005
人力资本	0	234	0.478	0.115	0.005
	1	246	0.416	0.125	0.006
生计资本	0	234	1.884	0.357	0.017
	1	246	1.685	0.417	0.019

表 6-7　不同组间(D_{it})农户各生计资本独立样本检验

		方差方程的 Levene 检验		均值方程的 t 检验			
		F	Sig.	t	df	Sig.	均值差值
自然资本	假设 1	124.555	0.000	-2.396	958.000	0.017	-0.015
	假设 2			-2.431**	736.165	0.015	-0.015
物质资本	假设 1	99.264	0.000	9.668	958.000	0.000	0.107
	假设 2			9.761***	859.077	0.000	0.107
金融资本	假设 1	1.925	0.166	4.455	958.000	0.000	0.055
	假设 2			4.455***	956.044	0.000	0.055
社会资本	假设 1	13.538	0.000	-1.301	958.000	0.194	-0.009
	假设 2			-1.307	944.478	0.192	-0.009
人力资本	假设 1	1.591	0.208	7.998	958.000	0.000	0.062
	假设 2			8.014***	957.131	0.000	0.062
生计资本	假设 1	4.037	0.045	7.941	958.000	0.000	0.199
	假设 2			7.972***	947.901	0.000	0.199

注：假设 1 为方差相等，假设 2 为方差不相等；***、**、* 分别表示显著性水平为 1%、5%、10%。

三、易地扶贫搬迁政策实施前后农户各生计资本变化分析

从前面分析结果来看，两个观测时期农户各项生计资本均存在较大差异。为进一步反映易地扶贫搬迁政策对移民农户各项生计资本的影响，需要对移民农户各项生计资本在易地扶贫搬迁政策实施前后进行对比，结果如表 6-8 所示。

表 6-8　农户家庭生计资本在易地扶贫搬迁政策实施前后的组内和组间对比

		$T_{it}=0$	$T_{it}=1$	ΔY			$T_{it}=0$	$T_{it}=1$	ΔY
自然资本(N)	$D_{it}=0$	0.183	0.160	-0.023	社会资本(S)	$D_{it}=0$	0.314	0.392	0.078
	$D_{it}=1$	0.211	0.163	-0.049		$D_{it}=1$	0.323	0.400	0.077
	ΔY	0.029	0.003	-0.026		ΔY	0.009	0.008	-0.001

续表

		$T_{it}=0$	$T_{it}=1$	ΔY			$T_{it}=0$	$T_{it}=1$	ΔY
物质资本（M）	$D_{it}=0$	0.455	0.503	0.048	人力资本（H）	$D_{it}=0$	0.470	0.487	0.017
	$D_{it}=1$	0.218	0.526	0.308		$D_{it}=1$	0.423	0.410	-0.013
	ΔY	-0.237	0.023	0.260		ΔY	-0.047	-0.077	-0.030
金融资本（F）	$D_{it}=0$	0.361	0.445	0.084	生计资本（Z）	$D_{it}=0$	1.782	1.987	0.204
	$D_{it}=1$	0.291	0.404	0.113		$D_{it}=1$	1.466	1.904	0.438
	ΔY	-0.070	-0.041	0.029		ΔY	-0.316	-0.083	0.233

（一）移民农户自然资本变化

表6-8中显示在两个观测时间上，无论是非移民农户还是移民农户，自然资本均值都呈现减少趋势，其中非移民农户自然资本均值由0.183减少到0.160，增加额度ΔY=-0.023，移民农户自然资本均值由0.211减少到0.163，ΔY=-0.049，对比可以看出移民农户自然资本均值减少量比非移民农户自然资本均值减少量要多0.026，即 $N_{DID}=E(\Delta Y_i \mid D_i=1)-E(\Delta Y_i \mid D=0)=-0.239$。

从横向上对比可以发现，在 $T_{it}=0$ 时期，移民农户自然资本要优于非移民农户自然资本，两者相差0.029，在 $T_{it}=1$ 时这种优势只有0.003，这说明移民农户在易地扶贫搬迁政策实施前拥有较好的自然资本条件，易地搬迁安置过程中放弃原来所拥有的耕地林地。

自然资本数值由家庭人均所拥有的耕地林地进行测算。自然资本的减少，一方面反映移民搬迁后移民农户对原有耕地林地相应权利的放弃，另一方面也反映在经济发展过程中，对耕地林地的征用会使农户原相应权利减少。

（二）移民农户物质资本变化

表6-8显示在两个观测时间上，物质资本均值在两组农户内都呈现增加趋势，且两者增加净值差异较大，非移民农户物质资本均值由0.455增加到0.503，增加额度ΔY=0.048；而移民农户物质资本均值由0.218增加到0.526，ΔY=0.308，增幅达到了141%，对比可以看出移民农户物质资本均值增加量比非移民农户物质资本增加量要多0.260，即 $M_{DID}=E(\Delta Y_i \mid D_i=1)-E(\Delta Y_i \mid D=0)=0.260$。

从横向角度进行对比还可以发现，在 $T_{it}=0$ 时期，移民农户物质资本均值为0.218，仅为非移民农户物质资本均值0.455的47.91%，在 $T_{it}=1$ 时反超后者4.57%，说明在易地扶贫搬迁政策实施之前移民农户生产生活条件非常艰苦，有些地方甚至基本生活条件都未能满足，移民搬迁极大地改善了移民农户的物质生活状况，这也是易地扶贫搬迁政策实施效应得到的有效体现。

移民农户物质资本的增加来源于家庭住房条件的改善及家庭耐用品数量的增加，移民农户异地搬迁安置后，新建住房及购买必需生活用品是物质资本增加的主要原因。

（三）移民农户金融资本变化

在两个观测时间上，金融资本在两组农户中都有较大改善，非移民农户金融资本均值由 0.361 增加到 0.455，净增值 $\Delta Y=0.084$，增幅为 23.27%；移民农户金融资本均值由 0.291 增加到 0.404，净增值 $\Delta Y=0.113$，增幅为 38.83%，比非移民农户净值多 0.029，即 $F_{DID}=E(\Delta Y_i \mid D_i=1)-E(\Delta Y_i \mid D=0)=0.029$。

再通过不同观测时间上的比较，在 $T_{it}=0$ 时期，移民农户金融资本均值为 0.291，非移民农户金融资本均值为 0.361，即移民农户在移民搬迁前金融资本均值普遍比非移民农户金融资本均值少 0.070，仅为后者的 80.61%；在 $T_{it}=1$ 时期，两者之间的差距缩小为 0.041，移民农户金融资本均值与非移民农户的比值增加为 90.79%。

根据金融资本测算方法可以得出移民农户金融资本的增加主要来自于农户收入变化，通过移民搬迁改善移民生产生活条件，能提供更多的就业机会，移民农户家庭收入得到较大的改善，直接增加移民农户的金融资本，金融资本的改善是移民农户家庭生计资本得到改善的重要方面，也是易地扶贫搬迁政策实施效应的重要体现。

（四）移民农户社会资本变化

社会资本主要反映的是农户所能利用的社会资源。从表 6-8 统计结果来看，非移民农户社会资本均值由 0.314 增加到 0.392，净增值 $\Delta Y=0.078$，增幅为 24.84%；移民农户金融资本均值由 0.323 增加到 0.400，净增值 $\Delta Y=0.077$，增幅为 23.84%，两者净增值相差仅为 0.001，即 $S_{DID}=E(\Delta Y_i \mid D_i=1)-E(\Delta Y_i \mid D=0)=-0.001$。

从横向比较看，在 $T_{it}=0$ 时期，移民农户社会资本均值为 0.314，非移民农户社会资本均值为 0.323，非移民农户社会资本均值要高 0.009；在 $T_{it}=1$ 时期，移民与非移民社会资本均值分别为 0.392 和 0.400，非移民农户社会资本均值要高 0.008。从这两种数据来看，在社会资本上，移民农户与非移民农户之间存在的差距并不大，这也说明易地扶贫搬迁政策对移民农户社会资本的影响净效应并不明显。

（五）移民农户人力资本变化

从表6－8统计结果来看，在两组农户中人力资本均值变化呈现两种不同的趋势。非移民农户人力资本均值由0.470增加到0.487，净增值$\Delta Y=0.017$，增幅为3.62%；移民农户人力资本均值由0.423下降到0.410，净增值$\Delta Y=-0.013$，增幅为－3.07%。前面检验结果表明移民农户与非移民农户在两个观测时间上人力资本均值的变化并不显著。但两者净增值差距依然存在，相差为0.030，即$H_{DID}=E(\Delta Y_i|D_i=1)-E(\Delta Y_i|D=0)=-0.030$。

从横向比较看，在$T_{it}=0$时期，移民农户人力资本均值为0.470，非移民农户人力资本均值为0.423，是移民农户人力资本均值的1.11倍；在$T_{it}=1$时期，移民与非移民人力资本均值分别为0.410和0.487，移民农户人力资本均值占非移民的81.49%。从这两期数据来看，在人力资本上，移民农户与非移民农户之间还是存在一定的差距。

（六）移民农户家庭生计资本综合值变化

从表6－8中可以看出，农户家庭生计资本综合值增加较为明显，非移民农户家庭生计资本综合值由1.782增加到1.987，净增值$\Delta Y=0.204$，增幅为11.45%；移民农户家庭生计资本均值由1.466增加到1.904，净增值$\Delta Y=0.438$，增幅达29.88%，净增值比移民农户净增值多0.233，即$Z_{DID}=E(\Delta Y_i|D_i=1)-E(\Delta Y_i|D=0)=0.233$，可视为移民搬迁实施对移民农户家庭生计资本净效应，即农户减贫的效应。

从横向上比较可以发现，移民农户家庭生计资本综合值与非移民农户家庭生计资本综合值相比存在较大差距：在$T_{it}=0$时期，移民农户家庭生计资本综合值为1.466，非移民农户家庭生计资本综合值为1.782，移民农户家庭生计资本值仅为非移民农户的82.67%；在$T_{it}=1$时期，移民与非移民农户家庭生计资本综合值分别为1.904和1.987，两者的差距缩小到0.083，差距不是很明显。

生计资本综合值反映的是农户生产生活的综合水平，通过上述比较可以发现，移民农户在搬迁实施前的生计处于一个比较低的水平，在易地扶贫搬迁政策实施之后，移民农户生计状况得到较大的改善，其中主要来自物质资本水平的提高，其次是金融资本的提高。

第三节　基于双重差分（DID）的易地扶贫搬迁政策实施绩效分析

前面分析建立了双重差分模型为：

$$Y_{it} = \beta_0 + \beta_1 D_{it} + \beta_2 T_{it} + \beta_3 D_{it} T_{it} + \varepsilon_{it} \quad (6-8)$$

但在实际分析过程中，对各项生计资本产生影响的除了时间及农户类型外，还包括其他因素，表6－3中将是农户所在村的交通条件（C_1）及该村在本镇的经济发展水平（C_2）两个变量作为控制变量引入到模型中，因此双重差分模型调整为：

$$Y_{it} = \beta_0 + \beta_1 D_{it} + \beta_2 T_{it} + \beta_3 D_{it} T_{it} + \alpha_1 C_1 + \alpha_2 C_2 + \varepsilon_{it} \quad (6-9)$$

本书运用 SPSS 20.0 软件对480户农户各项生计资本双重差分模型进行计量计算，分析易地扶贫搬迁政策对移民农户各项生计资本影响的净效应（绩效）。

一、易地扶贫搬迁政策移民农户自然资本影响净效应

表6－9是将农户自然资本作为因变量进行双重差分估计结果，根据模型结果建立农户自然资本回归模型：

$$Y_{it} = 0.162 + 0.038 D_{it} - 0.024 T_{it} - 0.026 D_{it} T_{it} + 0.006 C_1 + 0.001 C_2 \quad (6-10)$$

从估计结果来看，系数$\beta_1 = 0.038$，有 $t = 3.361$，且 $Sig. = 0.001 < 0.01$，通过1%显著性水平检验，说明在实施搬迁前移民农户自然资本均值要高于非移民农户0.038，进一步验证前面分析结果。因为引入了两个控制变量（C_1、C_2）的缘故，在数值上有细微差距；$\beta_2 = -0.024$，有 $t = -2.667$，且 $Sig. = 0.008 < 0.01$，通过1%显著性水平检验，说明非移民农户在两个观测时期上自然资本均值呈现减少现象较为显著；交互项（$D_{it}T_{it}$）系数$\beta_3 = -0.026$，有 $t = -2.028$，且 $Sig. = 0.043 < 0.05$，通过5%显著性水平检验，即移民搬迁实施对移民农户自然资本减少要大于非移民农户自然资本的减少，净减少值为0.224，说明搬迁移民政策会影响移民农户自然资本的拥有量，从而对农户家庭生计资本的增加产生

负向影响。

对于控制变量 C_1（所在村交通条件）系数 $\alpha_1=0.006$，有 $t=1.704$，且 Sig. $=0.089<0.1$，通过10%显著性水平检验，说明所在村交通条件的优劣也是影响移民农户自然资本变化的一个原因，交通条件越好的区域会促进移民农户的自然资本小规模的增加；C_2 系数 $\alpha_2=0.001$ 未能通过显著性检验，可以认为移民农户所在村的经济发展水平对农户自然资本的变化没有显著影响。

表6-9　农户自然资本双重差分模型估计结果

	系数	非标准化系数		t	Sig.
		B	标准误差		
（常量）	β_0	0.162	0.016	10.435	0.000
是否移民（D_{it}）	β_1	0.038***	0.011	3.361	0.001
时间虚拟变量（T_{it}）	β_2	-0.024***	0.009	-2.667	0.008
交互项（$D_{it}T_{it}$）	β_3	-0.026**	0.013	-2.028	0.043
所在村交通条件（C_1）	α_1	0.006*	0.003	1.704	0.089
该村在本镇的发展水平（C_2）	α_2	0.001	0.004	0.203	0.839
R^2	0.046				
F值	9.110				
Sig.	0.000				

注：***、**、*分别表示显著性水平为1%、5%、10%。

二、易地扶贫搬迁政策移民农户物质资本影响净效应

表6-10是将农户物质资本作为因变量进行双重差分估计结果，根据结果建立农户物质资本回归模型：

$$Y_{it}=0.404-0.211D_{it}+0.048T_{it}+0.255D_{it}T_{it}+0.009C_1+0.007C_2 \quad (6-11)$$

从估计结果来看，系数 $\beta_1=-0.211$，有 $t=-14.194$，且 Sig. $=0.000<0.01$，通过1%显著性水平检验，说明在实施搬迁前移民农户物质资本均值要低于非移民农户物质资本均值0.211，这也是生计资本均值较低的主要原因，进一步验证前面的分析结果；$\beta_2=0.048$，有 $t=4.022$，且 Sig. $=0.000<0.01$，通过

1%显著性水平检验，说明非移民农户在两个观测时期上物质资本均值增加现象较为显著；交互项（$D_{it}T_{it}$）系数$\beta_3=0.255$，有 t = 15.142，且 Sig. = 0.000 < 0.01，通过1%显著性水平检验，即移民搬迁实施对移民农户物质资本增加要大于非移民农户物质资本的增加，净增值为0.255，这也是搬迁移民政策对移民农户物质资本增加产生的净效应，也是移民农户家庭生计资本净增的主要来源。进一步说明移民搬迁实施能明显增加移民农户物质资本，这主要是由于移民搬迁将移民农户易地安置，能够改善移民农户居住条件、住房结构及住房面积，同时也促使农户自己添加必要生活用品，从而增加家庭固定资产。

对于控制变量 C_1（所在村交通条件）系数 $\alpha_1=0.009$，有 t = 1.913，且 Sig. = 0.056 < 0.1，通过10%显著性水平检验，说明所在村交通条件的优劣也是影响移民农户物质资本变化的一个原因。所在村交通条件会小规模地促进移民农户物质资本的增加；C_2 系数 $\alpha_2=0.007$，有 t = 1.788，且 Sig. = 0.093 < 0.1，通过10%显著性水平检验，说明所在村经济发展水平对移民农户物质资本的变化存在一定的正向影响。

表6-10　农户物质资本双重差分模型估计结果

	系数	非标准化系数		t	Sig.
		B	标准误差		
（常量）	β_0	0.404	0.020	19.704	0.000
是否移民（D_{it}）	β_1	-0.211***	0.015	-14.194	0.000
时间虚拟变量（T_{it}）	β_2	0.048***	0.012	4.022	0.000
交互项（$D_{it}T_{it}$）	β_3	0.255***	0.017	15.142	0.000
所在村交通条件（C_1）	α_1	0.009*	0.005	1.913	0.056
该村在本镇的发展水平（C_2）	α_2	0.007*	0.005	1.788	0.093
R^2	0.480				
F值	175.793				
Sig.	0.000				

注：***、**、*分别表示显著性水平为1%、5%、10%。

三、易地扶贫搬迁政策移民农户金融资本影响净效应

表6-11是将农户金融资本作为因变量进行双重差分估计结果，根据结果建立农户金融资本回归模型：

$$Y_{it}=0.357-0.069D_{it}+0.084T_{it}+0.031D_{it}T_{it}-0.008C_1+0.009C_2 \quad (6-12)$$

从估计结果来看，系数$\beta_1=-0.069$，有$t=-3.266$，且Sig. =0.001<0.01，通过1%显著性水平检验，说明在实施搬迁前移民农户金融资本均值要显著低于非移民农户金融资本均值，净差值为0.069；$\beta_2=0.084$，有$t=4.885$，且Sig. =0.000<0.01，通过1%显著性水平检验，说明非移民农户在两个观测时期上金融资本均值增加现象较为显著；交互项（$D_{it}T_{it}$）系数$\beta_3=0.031$，有$t=1.286$，且Sig. =0.199>0.1，未能通过显著性水平检验，说明易地扶贫搬迁政策对移民农户金融资本变化不存在显著影响，即易地扶贫搬迁政策对移民农户金融资本的变化没有影响。

表6-11　农户金融资本双重差分模型估计结果

	系数	非标准化系数		t	Sig.
		B	标准误差		
（常量）	β_0	0.357	0.029	12.230	0.000
是否移民(D_{it})	β_1	-0.069***	0.021	-3.266	0.001
时间虚拟变量（T_{it}）	β_2	0.084***	0.017	4.885	0.000
交互项（$D_{it}T_{it}$）	β_3	0.031	0.024	1.286	0.199
所在村交通条件（C_1）	α_1	-0.008**	0.007	-2.218	0.024
该村在本镇的发展水平（C_2）	α_2	0.009*	0.007	1.757	0.075
R^2	0.090				
F值	18.852				
Sig.	0.000				

注：***、**、*分别表示显著性水平为1%、5%、10%。

对于控制变量C_1（所在村交通条件）系数$\alpha_1=-0.008$，有$t=-2.218$，且Sig. =0.024<0.05，通过5%显著性水平检验，说明所在村交通条件的优劣也是

影响移民农户金融资本变化的一个较为显著的原因，且这种影响是一种负向小规模影响；C_2 系数 $\alpha_2=0.009$，有 $t=1.757$，且 $Sig.=0.075<0.1$，通过10%显著性水平检验，说明所在村经济发展水平的提高对移民农户金融资本的变化存在一定的正向影响。

四、易地扶贫搬迁政策移民农户社会资本影响净效应

表6－12是将农户社会资本作为因变量进行双重差分估计结果，根据结果建立农户社会资本回归模型：

$$Y_{it}=0.306+0.013D_{it}+0.078T_{it}-0.001D_{it}T_{it}+0.001C_1+0.001C_2 \quad (6-13)$$

从估计结果来看，除常数项系数 β_0 和 β_2 通过了显著性水平1%的检验外，其他系数均未能通过显著性水平检验，说明易地扶贫搬迁政策对移民农户社会资本的变化没有直接的影响，这可能是因为即使移民农户有搬迁，其以前所拥有的社会关系并不会因居住地的变化而减少，尤其是长期以来所固有的亲缘关系；所在村的交通条件及该村的经济水平对移民农户社会资本的变化也并不存在显著的影响。

表6－12 农户社会资本双重差分模型估计结果

	系数	非标准化系数		t	Sig.
		B	标准误差		
（常量）	β_0	0.306	0.016	19.020	0.000
是否移民（D_{it}）	β_1	0.013	0.012	1.122	0.262
时间虚拟变量（T_{it}）	β_2	0.078***	0.009	8.314	0.000
交互项（$D_{it}T_{it}$）	β_3	−0.001	0.013	−0.095	0.924
所在村交通条件（C_1）	α_1	0.001	0.004	0.406	0.685
该村在本镇的发展水平（C_2）	α_2	0.001	0.004	0.242	0.809
R^2	0.130				
F值	28.591				
Sig.	0.000				

注：***、**、*分别表示显著性水平为1%、5%、10%。

五、易地扶贫搬迁政策移民农户人力资本影响净效应

表6-13是将农户人力资本作为因变量进行双重差分估计结果，根据结果建立农户人力资本回归模型：

$$Y_{it}=0.449-0.037D_{it}+0.017T_{it}-0.032D_{it}T_{it}+0.005C_1+0.001C_2 \quad (6-14)$$

从估计结果来看，系数$\beta_1=-0.037$，有$t=-2.685$，且Sig. $=0.007<0.01$，通过1%显著性水平检验，说明在实施搬迁前移民农户人力资本均值要显著低于非移民农户人力资本均值，净差值为0.037；$\beta_2=0.017$，有$t=1.543$，且Sig. $=0.123>0.1$，未通过显著性水平检验，说明非移民农户在两个观测时期上人力资本均值变化并不显著；交互项（$D_{it}T_{it}$）系数$\beta_3=-0.032$，有$t=-2.028$，且Sig. $=0.043<0.5$，通过5%显著性水平检验，即移民搬迁实施对移民农户人力资本增加要小于非移民农户人力资本的增加，净差值为0.032，说明易地扶贫搬迁政策对移民农户人力资本的净增效应为负，即易地扶贫搬迁政策并不能促进移民农户人力资本的增加。

表6-13 农户人力资本双重差分模型估计结果

	系数	非标准化系数		t	Sig.
		B	标准误差		
（常量）	β_0	0.449	0.019	23.627	0.000
是否移民（D_{it}）	β_1	-0.037***	0.014	-2.685	0.007
时间虚拟变量（T_{it}）	β_2	0.017	0.011	1.543	0.123
交互项（$D_{it}T_{it}$）	β_3	-0.032**	0.016	-2.028	0.043
所在村交通条件（C_1）	α_1	0.005*	0.004	1.969	0.052
该村在本镇的发展水平（C_2）	α_2	0.001	0.004	0.248	0.804
R^2	0.068				
F值	13.930				
Sig.	0.000				

注：***、**、*分别表示显著性水平为1%、5%、10%。

对于控制变量C_1（所在村交通条件）系数$\alpha_1=0.005$，有$t=1.969$，且

Sig. =0.052<0.1，通过10%显著性水平检验，说明所在村交通条件是影响移民农户人力资本变化的一个原因，且这种影响是一种小规模影响；C_2 则未能通过显著性水平检验，说明所在村经济发展水平对移民农户人力资本的变化没有影响。

六、易地扶贫搬迁政策移民农户家庭生计资本综合值影响净效应

表6-13是将农户家庭生计资本作为因变量进行双重差分估计结果，根据结果建立农户生计资本回归模型：

$$Y_{it}=1.676-0.264D_{it}+0.204T_{it}+0.224D_{it}T_{it}+0.014C_1+0.062C_2 \quad (6-15)$$

从估计结果来看，系数 $\beta_1=-0.264$，有 $t=-6.604$，且 Sig. =0.000<0.01，通过1%显著性水平检验，说明在实施搬迁前移民农户家庭生计资本均值要显著低于非移民农户家庭生计资本均值，净差值为0.264，这也验证了前文分析结果即移民农户在移民搬迁之前生计资本处于一个较低的水平；$\beta_2=0.204$，有 $t=6.344$，且 Sig. =0.000<0.01，通过1%显著性水平检验，说明非移民农户在两个观测时期上生计资本均值变化较显著；交互项（$D_{it}T_{it}$）系数 $\beta_3=0.224$，有 $t=4.941$，且 Sig. =0.000<0.01，通过1%显著性水平检验，即移民搬迁实施对移民农户家庭生计资本有着较为显著的影响，说明易地扶贫搬迁政策对移民农户家庭生计资本增加净效益为0.224，其主要来源为物质资本和金融资本。

对于控制变量 C_1（所在村交通条件）系数 $\alpha_1=0.005$，有 $t=1.914$，且 Sig. =0.055<0.1，通过10%显著性水平检验，说明所在村交通条件的提升对移民农户家庭生计资本的变化存在一定正向原因；C_2 系数 $\alpha_2=0.020$，有 $t=1.746$，且Sig. =0.062<0.1，通过10%显著性水平检验，说明所在村经济发展水平对移民农户家庭生计资本的变化也存在一定的正向影响。

表6-14　农户家庭生计资本双重差分结果

	系数	非标准化系数		t	Sig.
		B	标准误差		
（常量）	β_0	1.676	0.055	3.464	0.000
是否移民（D_{it}）	β_1	-0.264***	0.040	-6.604	0.000
时间虚拟变量（T_{it}）	β_2	0.204***	0.032	6.344	0.000

续表

	系数	非标准化系数		t	Sig.
		B	标准误差		
交互项（$D_{it}T_{it}$）	β_3	0.224 ***	0.045	4.941	0.000
所在村交通条件（C_1）	α_1	0.014 *	0.012	1.914	0.055
该村在本镇的发展水平（C_2）	α_2	0.020 *	0.013	1.746	0.062
R^2	0.249				
F值	63.269				
Sig.	0.000				

注：***、**、*分别表示显著性水平为1%、5%、10%。

七、研究结论

利用双重差分方法，以非移民农户为对照组分析了在两个观测时期上实施易地扶贫搬迁政策对移民农户家庭生计资本的净影响，结果认为：

（1）易地扶贫搬迁政策对移民农户各项生计资本存在不同程度的影响。对移民农户自然资本存在负向影响，随着易地扶贫搬迁政策的实施，移民农户自然资本净效应为－0.026；对移民农户物质资本有显著正向影响，净增效应为0.255；对移民农户金融资本的影响不显著，即移民农户金融资本的变化与易地扶贫搬迁政策实施关系并不大；对移民农户社会资本存在负向影响，但影响效果并不明显，净效应为－0.001；对移民农户人力资本存在较为显著的负向影响，影响净效应为－0.032。易地扶贫搬迁政策对移民农户家庭生计资本综合值存在显著的正向影响，净效应为0.224，即易地扶贫搬迁政策能够显著地提高移民农户的生计资本综合值，这可以视为易地扶贫搬迁政策对移民农户的减贫效应，也是移民政策实施效果最直接的体现。

（2）控制变量“移民农户所在村的交通条件”对移民农户各项生计资本存在一定的影响。对移民农户自然资本、物质资本和人力资本都存在较小的正向影响，影响效应分别为0.006、0.009和0.005；对移民农户金融资本存在较为显著的负向影响，影响效应为－0.008；对移民农户社会资本则不存在显著的影响。对移民农户家庭生计资本综合值存在正向影响，影响效应为0.014，说明移民农户在搬迁安置过程中一个交通便利的安置点，可以显著促进其农户家庭生计资本的增加。

(3) 控制变量“该村在本镇的发展水平”对移民农户的物质资本、金融资本存在一定的正向影响，影响效应分别为0.007和0.009，而对自然资本、社会资本和人力资本则不存在影响。对移民农户家庭生计资本综合值则存在正向的影响，影响效应为0.020，这说明移民农户的安置点的选取除了考虑其地理位置、交通便利性以外，还需要考虑安置村的经济条件，选择一个经济条件比较好的村安置少量移民能够促进移民农户家庭生计资本综合值的增加，也更有利于加快移民农户的减贫步伐。

第四节　本章小结

为了评估易地扶贫搬迁政策的实施绩效，本章以移民农户家庭生计资本作为分析对象，以非移民农户作为参照对象，运用双重差分法分析易地扶贫搬迁政策对移民农户家庭生计资本的影响效应（绩效）。

首先，介绍了双重差分法的原理及建立了双重差分模型并对模型中的自变量、因变量及控制变量进行了定义及描述。

其次，运用描述性统计分析方法将移民农户与非移民农户各项生计资本进行比较。一是概率分布比较，通过问卷数据测算出所有样本农户各项生计资本数值，绘制概率分布图，以图的形式直观地表现出移民农户与非移民农户各项生计资本样本分布，直观找出各项生计资本在两者之间的差距。二是均值比较，通过 $T_{it}=0$、$T_{it}=1$ 两个观测时期均值比较，明显看出随着时间的进展、经济的发展，农户的生计资本均得到了显著的增加；通过移民农户与非移民农户均值的比较，可以发现移民农户家庭生计资本均值比非移民农户家庭生计资本均值要小很多，且这两者之间差距比较显著；通过易地扶贫搬迁政策实施前后农户各项生计资本变化的分析发现，在政策实施前移民农户物质资本、金融资本、人力资本及生计资本综合值与非移民农户相比存在很大差距，说明政策实施前移民农户的生计条件处于较低的水平，政策实施后，移民农户各项生计资本均得到较大幅度的提高，生计资本综合值的增加幅度比非移民农户家庭生计资本综合值增加幅度要多0.233，移民农户生计条件得到较好的改善。

最后，运用双重差分模型对易地扶贫搬迁政策实施效果进行了分析，结果发现，易地扶贫搬迁政策对物质资本和金融资本存在显著的正向影响，对自然资本和人力资本则存在较为显著的负向影响，而对社会资本的影响则不显著；最主要的是易地扶贫搬迁政策对移民农户家庭生计资本综合值存在显著的正向影响，影响效果为0.224，这既是易地扶贫搬迁政策对移民生计资本的净效应，也是移民农户的减贫效应。另外，在分析中还发现变量“移民农户所在村的交通条件”和“该村在本镇的发展水平”对农户家庭生计资本综合值存在一定的影响。

第七章　基于农户家庭生计资本变化的易地扶贫搬迁政策满意度研究

满意度的研究在 20 世纪 80 年代 Fomell 的费耐尔模型中提出，起初主要应用于企业，用来测量顾客对企业提供产品或服务质量的满意度，随后 Churchil 将顾客满意度用于政府开展公共服务质量的评价，将广大民众作为公共政策和公共管理的服务对象，通过公众满意指数来衡量公共政策实施情况。本章归纳总结和借鉴满意度评价的相关理论和方法，基于赣南原中央苏区区域农户调查数据，对移民农户对易地扶贫搬迁政策的满意度进行分析，了解易地扶贫搬迁政策的农户满意度情况，厘清基于农户满意度的易地扶贫搬迁政策实施绩效的主要影响因素及其影响程度和作用方向，为后续政策研究提供微观证据。

第一节　易地扶贫搬迁政策满意度分析框架

一、国内关于政策满意度的研究

国内针对顾客满意度的研究始于 20 世纪 90 年代，近几年越来越多的学者将其应用于我国公共政策评价方面，应用于涉农政策实施绩效测评上，采用顾客满意度去分析涉农政策执行效果。比如，农业税的取消、免除农村义务教育学费等单项政策有较高满意度，农业技能培训、农村小额信用贷款在农民中其满意度却显得较低（王良健，2010）。农业税取消之后，为进一步提高农民收入，政府又出台种粮补贴政策，能够调动农户种粮积极性，提高农业生产效率，带动农民消费（郑风田，2014），农户对此政策较满意，但种粮大户对粮食扶持政策的满意度却不理想（翁贞林，2010），认为加强农业基础设施建设、加强政策服务、改善市场环境，补贴金按种粮面积进行发放能更有效地发挥政策效用（杨宜婷等，2012）。在农民对新农村建设满意情况方面，农村基础设施建设、义务教育、乡村管理是亟待解决的问题（刘成奎，2012）。“新农保”的实施涉及广大农民的切身利益，该政策满意度受健康状况、政策信任程度、了解程度及缴费给付水平的影响（卞琦娟等，2013；柳清瑞等，2012；陈艺，2010），因此要重视农村文化建设、加大对“新农保”的宣传力度，提高农民收入水平。耕地林地等征用是目前农村经常发生的事情，其征用补偿情况直接影响到社会的安定，征地补偿标准、被征地后得到的社会保障、征地是否征求过村民意见等因素是影响农民对征地满意度的主要影响原因（邓大松，2014；余亮亮，2016），政策满意度越高，农民的实际收入会越高，但生态效果可能并不是最好的（胡振通等，2016）。另外一个关注较多的是对林改实施效果的满意情况，从总体情况来看，对林改政策比较满意的林农所占比例较大，影响的主要因素是农户个体特征、对林改政策的了解程度、林业收入比重、是否有林权证及山林管护方式等（叶敏星，2014；余华等，2015），这也就要求在今后的政策实施过程中需要更加重视这些方面。其他关于农户对政策满意度的分析还包括对水库后期扶持政策的满意度（黄洪坤等，2015；殷秋霞等，2012）、合作社农户对扶持政策的满意度（李道和，2013）、农户对家电下乡政策的满意度等（郭锦墉，2013）。

通过对现有文献的梳理可以发现，众多学者在分析政策满意度时，主要集中于“三农”问题相关政策的研究上，更多集中于农户对政策满意度影响因素方面，通过对政策影响因素进行分析来提高“三农”政策实施效果，而对于目前正广泛实施的各项扶贫政策实施效果满意度情况却鲜见分析。因此，本章拟借鉴其他学者政策满意度分析方法对赣南原中央苏区易地扶贫搬迁政策实施效果满意度进行分析。

二、政策满意度分析方法与借鉴

对于政策满意度的研究，韩红梅和王礼力（2013）利用多元 Logistic 模型对河南省农户粮食补贴政策满意度影响因素进行分析时，认为农户基本特征、农户经营特征、农户对政策的认知和对政府组织行为满意度的评价对政策满意度存在较为显著的影响。而农户基本特征、农户经营特征、农户对政策的认知和对政府组织行为的满意度等变量数值则是通过一些具体的可观测变量进行测算。肖云（2012）在分析我国农村贫困人口对扶贫政策满意度影响因素时，从人口基本情况、政策宣传、政策落实和扶贫效果四个维度进行回归分析，政策宣传、政策落实和扶贫效果作为一种认识不能直接通过一个问题反映出来，也是通过具体的可观测变量进行了测算，利用测算结果作为解释变量进行了回归分析。陈益芳（2015）在分析民族贫困地区农户对国家扶贫政策满意度时从政府效率、政府诚信和非政府组织参与扶贫三个维度进行分析，通过不同的可观测变量来反映三个维度的数值。也有学者提出，对于政策满意度的影响除了一些个体因素的直接影响外，还存在一些间接的影响，如缪来顺（2016）在分析农村社区服务满意度影响因素时，认为个体特征、服务设施、服务人员态度及服务的项目对服务满意度会产生影响，另外个体也会通过服务设施、服务人员和服务项目评价影响到服务总体满意度。李道和等（2016）在分析农民专业合作社扶持政策满意度时，也认为农户个体及家庭特征因素除了会直接影响政策满意度外，也会通过对一些中介变量的作用来影响政策的满意度。另外，黄小军（2014）、成志刚（2014）、乔蕻强等（2016）在其研究中认为，研究个体特征会通过一些中介变量影响最后的被解释变量，只是所通过的方式及影响的程度存在一定的差距。

因此，本研究借鉴前期学者的研究成果，认为移民农户对易地扶贫搬迁政策效果的满意度除了受农户个体特征及外部特征的直接影响外，农户对政策制定、政策宣传及政策执行的认可也会影响到政策效果满意度，即农户个体特征及外部特征还会通过政策制定、政策宣传及政策执行这些中介变量对政策效果产生间接影响。依据以上分析，本章提出两点关键假设：

H1：农户个体特征及外部特征对易地扶贫搬迁政策效果会产生直接影响；

H2：农户个体特征及外部特征会通过政策实施过程对政策效果产生中介效应。

三、易地扶贫搬迁政策满意度分析框架设计

本研究目标是了解移民农户对易地扶贫搬迁政策实施效果的满意情况，并进

一步发现影响农户对政策效果满意度的主要原因，因此将移民农户对政策效果的满意度作为因变量。根据前文假设，移民农户对易地扶贫搬迁政策效果的满意主要是通过政策制定、政策宣传及政策执行3个环节来实现，移民农户对这3个环节的满意度评价都会直接影响到其对政策效果满意度总体评价，同时移民农户的个体特征、行为特征等会通过影响3个环节从而最终影响政策效果满意度。因此将农户个体特征、行为特征作为初始变量，将移民农户对政策制定、政策宣传及政策执行3个环节满意度评价作为中介变量，通过路径分析，揭示初始变量和中介变量对政策效果满意度的影响机理（见图7－1）。

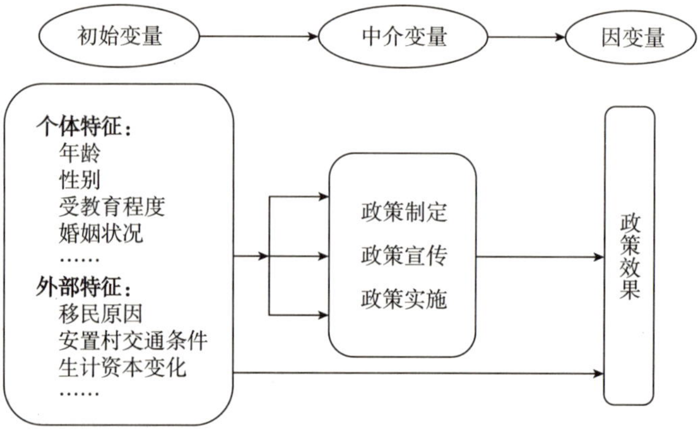

图7－1　易地扶贫搬迁政策效果满意度影响分析框架

第二节　易地扶贫搬迁政策满意度影响因素指标设定及量表检测

一、易地扶贫搬迁政策满意度影响因素指标设定

（一）易地扶贫搬迁政策满意度可观测变量设定

满意度是一种心理的满足程度，是移民农户对搬迁政策实施前期望与实施之

后实际感受的相对关系，是农户对易地扶贫搬迁政策实施效果的客观看法，这种看法受到农户个体需求、感知和能力的影响。通常一项政策的满意情况不能通过一个问题简单地反映出来，需要通过一系列问题进行综合反映。为了保证问卷的信度，需要采用适当的量表将问卷中主观或客观备选答案转化为数字形式，然后在此基础上进行问卷评分。满意度一般采用李克特5级量表（Likert 量表）法进行测算，采用问卷调查答题方式，量表填答选项5级为1、2、3、4、5，分别表示非常不满意、不满意、一般、满意和非常满意。

借鉴其他学者的研究成果并结合易地扶贫搬迁政策的实际，本研究共设定了13个测量问题，其中直接反映政策效果的问题为2个，反映政策制定、政策宣传及政策执行内容的问题11个，即农户对政策效果、政策制定、政策宣传及政策执行的满意情况是通过13个可观测变量反映出来的。

表7－1　易地扶贫搬迁政策满意度可观测变量

观测变量	符　号	取值
您认为政府实施的易地扶贫搬迁政策效果较好	Y_1	1～5
易地扶贫搬迁政策给农村困难群体带来实质性帮助	Y_2	1～5
您满意当前政府对待易地扶贫搬迁政策的重视程度	M_1	1～5
经济困难的农户应该享受更优惠的政策待遇	M_2	1～5
您认为移民搬迁补偿政策应该满足您的基本生活需求	M_3	1～5
易地扶贫搬迁政策的制定应考虑农户的实际需要	M_4	1～5
公众能够发挥监督作用	M_5	1～5
移民搬迁补偿政策宣传力度较好	M_6	1～5
您认为移民搬迁补偿政策的存在是有必要的	M_7	1～5
政策信息权威、公开、清楚、充分	M_8	1～5
政府管理部门服务态度积极让人满意	M_9	1～5
移民搬迁补偿资金管理公开、透明	M_{10}	1～5
移民搬迁补偿资金能准时获得	M_{11}	1～5

（二）影响易地扶贫搬迁政策满意度的因素

移民农户对搬迁扶贫政策的满意度评价通常受农户对政策的感知能力、理解能力及政策对农户实际带来的明显利益的影响，一般可以分为两方面因素的影响，即农户个体特征及外部环境的影响。因此，本研究将移民农户年龄、性别、受教育程度、婚姻状况、是否为建档贫困户、移民类型、移民搬迁时长及参与移民搬迁意愿归为农户个体特征；将移民搬迁的原因、安置村的交通条件、该村在本镇的经济发展水平及移民前后农户家庭生计资本的变化量归纳为外部特征变量。各变量符号及定义如表7－2和表7－3所示。

表7－2　影响易地扶贫搬迁政策满意度农户个体特征变量

变　量	符　号	定　义
年龄	X_1	被访者的实际年龄（岁）
性别	X_2	0＝女；1＝男
受教育程度	X_3	1＝不识字；2＝小学；3＝初中；4＝高中/中专/职高/技校；5＝大学/大专
婚姻状况	X_4	0＝未婚或丧偶；1＝已婚
是否为建档贫困户	X_5	0＝否；1＝是
移民类型	X_6	
异地搬迁扶贫移民	X_{61}	0＝否；1＝是
水库区移民	X_{62}	0＝否；1＝是
深山移民	X_{63}	0＝否；1＝是
地质灾害区移民	X_{64}	0＝否；1＝是
退耕还林移民	X_{65}	0＝否；1＝是
移民搬迁时长	X_7	调查年——被访者搬迁年（年）
参与移民搬迁意愿	X_8	1＝非常不愿意；2＝不愿意；3＝一般；4＝愿意；5＝非常愿意

表7－3　影响易地扶贫搬迁政策满意度农户外部特征变量

变　量	符　号	定　义
移民搬迁原因	W_1	
强制要求	W_{11}	0＝否；1＝是
获得更好生计环境	W_{12}	0＝否；1＝是
增加家庭收入	W_{13}	0＝否；1＝是
交通便利	W_{14}	0＝否；1＝是
安置村的交通条件	W_2	1＝很差；2＝较差；3＝一般；4＝较好；5＝很好
该村在本镇的经济发展水平	W_3	1＝很低；2＝相对低；3＝中游；4＝比较高；5＝很高
生计资本变化	W_4	移民前后移民生计资本变化量

二、数据与量表检验

（一）数据偏度与峰度检验

本书拟采用路径分析方法对易地扶贫搬迁政策满意度进行分析，运用路径分析方法首要条件是判断进行分析的数据是否符合正态分布，可以运用数据的偏度和峰度进行判断。偏度是用于衡量数据分布的不对称程度，其数值越接近于0则表明数据越呈正态分布；峰度是用于衡量分布的集中程度或分布曲线尖峭程度的指标，其数值为0时表明数据分布为正态分布。Mardia研究建议，路径分析方法的数据偏度和峰度值在±2之间最佳，如果数据偏度值大于3、峰度值大于10则需要对观测变量进行处理（吴明隆，2009）。

本研究采用SPSS分析软件对移民搬迁农户满意度13个观测变量进行偏度和峰度检验，结果如表7-4所示。

表7-4　移民搬迁农户满意度数据偏度和峰度

观测变量	N	偏度		峰度	
		统计量	标准误	统计量	标准误
Y_1	246	0.304	0.155	-0.485	0.309
Y_2	246	0.245	0.155	-0.411	0.309
M_1	246	-0.063	0.155	-0.584	0.309
M_2	246	0.045	0.155	-0.372	0.309
M_3	246	-0.379	0.155	-0.217	0.309
M_4	246	0.180	0.155	-0.382	0.309
M_5	246	-0.714	0.155	0.134	0.309
M_6	246	-0.335	0.155	-0.185	0.309
M_7	246	-0.049	0.155	-0.206	0.309
M_8	246	0.341	0.155	0.178	0.309
M_9	246	0.250	0.155	0.057	0.309
M_{10}	246	-0.101	0.155	-0.126	0.309
M_{11}	246	-0.291	0.155	-0.188	0.309

从表7-4中可知，农户对易地扶贫搬迁政策满意度数值的偏度和峰度均在±1之间，可以判定样本数据符合正态分布，适合运用路径分析。

（二）量表信度与效度检验

本研究问卷数据通过SPSS软件计算，得出量表的Cronbach's Alpha信度系数为0.917，大于0.8，表示量表信度较好，说明本次研究量表有良好的信度，该调查问卷具有很强的可靠性和稳定性。结果如表7-5所示。

表7-5　克朗巴哈信度值

Cronbach's Alpha	基于标准化项的 Cronbachs Alpha	项数
0.916	0.917	13

效度检验主要包括内容效度和结构效度。本研究内容效度在问卷设计时已采用德尔菲法进行评估，表明问卷设计已经较好地包含了本研究的主要内容；运用SPSS中因子分析法，对量表进行了结构效度分析，结果如表7-6所示。

表7-6　易地扶贫搬迁政策满意度问卷KMO和Bartlett的检验

取样足够度的 Kaiser-Meyer-Olkin 度量		0.860
Bartlett 的球形度检验	近似卡方	2097.312
	df	78
	Sig.	0.0000

KMO（Kaiser-Meyer-Olkin）值分析及Bartlett的球形度检验代表了取样的适当性，其值在0~1，越大表明变量间共同因素越多，通常认为KMO值等于或超过0.600即适合作因子分析。表7-6中显示KMO和Bartlett的检验结果值为0.860，显著性值为0.000（$p<0.001$），说明变量间存在相关关系，问卷量表具有较高的效度。

第三节 易地扶贫搬迁政策满意度影响因素描述性分析

一、影响因素描述

（一）移民农户个体特征基本描述

（1）年龄结构。本书第四章已整理移民农户有效问卷共246份，受访者年龄结构如图7-2所示，20岁以下为35人，占总样本数的14.23%；20~29岁为16人，占总样本数的6.50%；30~39岁为24人，占总样本数的9.76%；40~49岁为87人，占总样本数的35.37%；50~59岁为45人，占总样本数的18.29%；60岁以上为39人，占总样本数的15.85%。从分布图来看，40岁以上人员占总样本数的69.51%，这也反映出移民农户在家中的主要是以中老年为主。

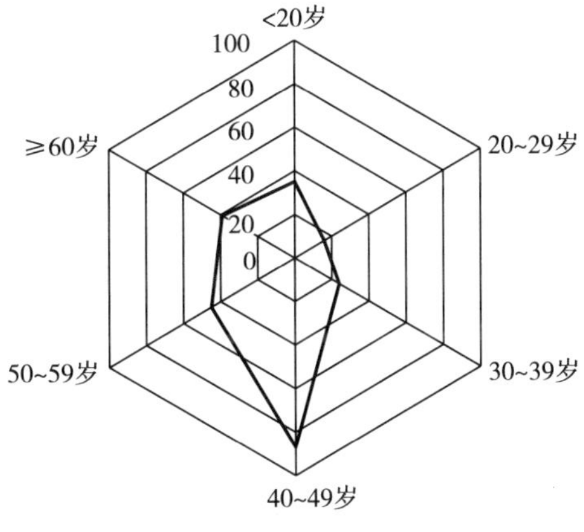

图7-2 受访者年龄分布

表 7-7 访者年龄统计

统计指标	数值
样本数	246
极小值	18
极大值	74
均值	44.72
标准差	15.09

（2）性别结构。从性别结构来看，如图 7-3 所示，受访者中男性为 170 人，占总样本数的 69.11%，女性为 76 人，占总样本数的 30.89%。

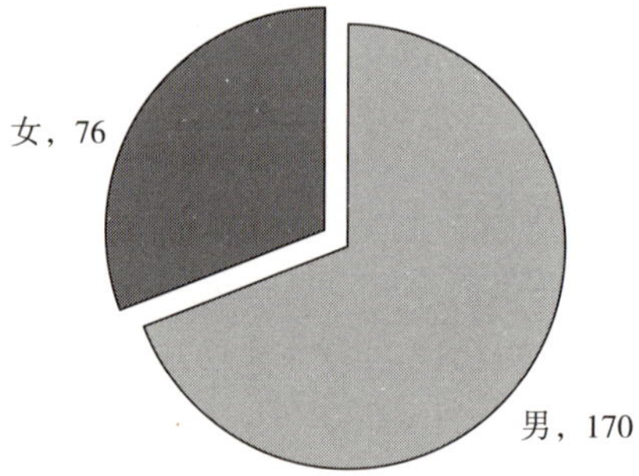

图 7-3 受访者性别比例

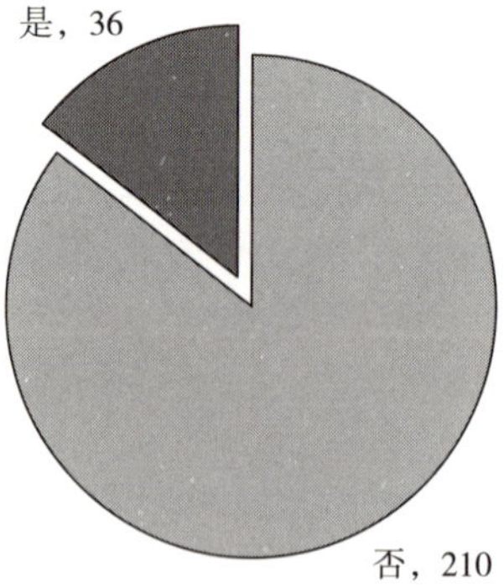

图 7-4 是否为建档贫困户

（3）是否为建档贫困户。是否为建档贫困户则反映的是被访者家庭贫困状况，从图 7－4 中可以看出，有 210 户为非建档贫困户，占总样本数的 85.37%。而建档贫困户仅为 36 户，占总样本数的 14.63%，这表明在移民搬迁之后农户建档贫困户比例发生了变化，说明从总体上来看移民的贫困状况发生了改变。

（4）受教育程度。从受访者受教育程度来看，如图 7－5、表 7－8 所示，受访者中不识字（文盲）为 17 人，占总样本数的 6.91%；小学文化程度为 74 人，占总样本数的 30.08%；中学文化程度为 89 人，占总样本数的 36.18%；高中文化程度为 27 人，占总样本数的 10.98%；大专及以上文化程度为 39 人，占总样本数的 15.85%；从受访者受教育程度的构成来看，受教育程度在初中及以下的占比达到 73.17%，而高中及以上文化程度的仅为 26.83%，表明受访者整体受教育程度处于一个较低水平。

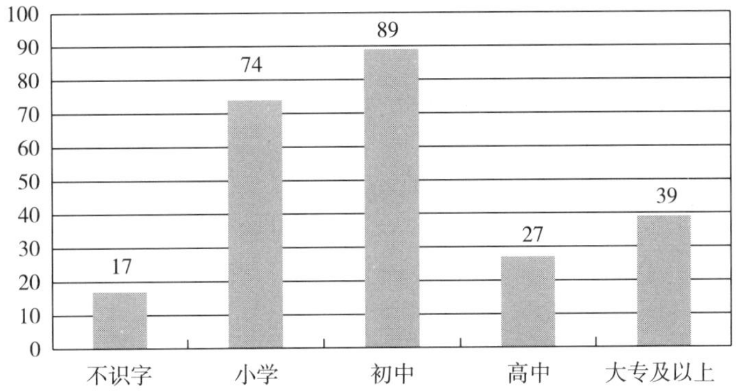

图 7－5　受访者受教育程度

表 7－8　受访者教育水平构成　　单位：人、%

受教育程度	频数	百分比	累计百分比
不识字	17	6.91	6.91
小学	74	30.08	36.99
初中	89	36.18	73.17
高中	27	10.98	84.15
大专及以上	39	15.85	100.00
样本总计	246	100.00	

（5）移民时长。本研究样本选取时已经界定移民农户搬迁时间在 2010 年左右，考虑到样本选取的实际情况，在实际问卷调查过程中会出现部分 2010 年之后移民搬迁的农户，因此移民时长一般在 5 年之内。图 7－6 显示，搬迁时间为 2010 年，时长 5 年的移民农户为 155 人，占总样本数的 63. 01%，达到近 2/3 的比例；时长为 4 年的移民农户为 39 人，占总样本数的 15. 85%；时长为 3 年的移民农户为 19 人，占总样本数的 7. 72%；而搬迁时间在 2014 年之后，时长为 2 年和 1 年的移民农户共有 33 人，占总样本数的 13. 41%。本研究中移民搬迁时间的时长结构存在较大的差距是因为在样本选择时人为控制，并不代表现实中易地扶贫搬迁工作的进程减慢。

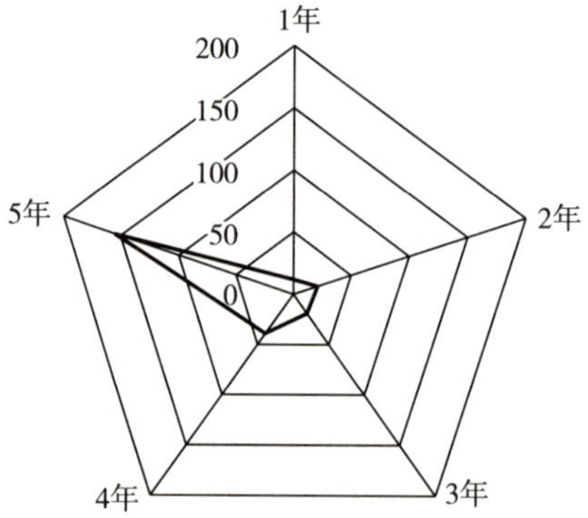

图 7－6　农户移民时长

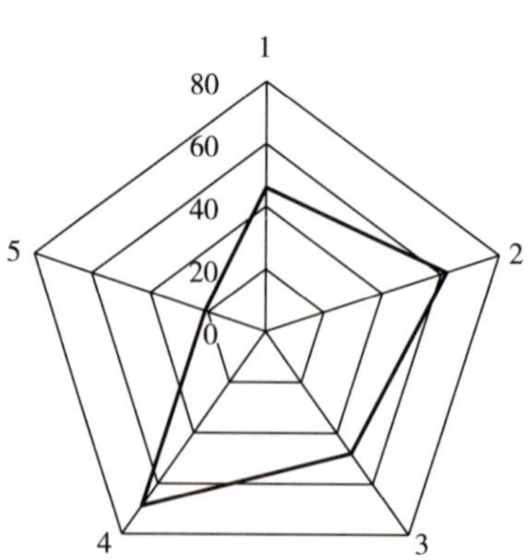

图 7－7　农户参与移民的意愿

(6) 参与移民工作意愿。图7－7反映的是农户对于移民搬迁工作的参与意愿，其中1、2、3、4、5分别代表很不愿意搬迁、不愿意搬迁、一般情况（无所谓）、比较愿意搬迁和很愿意搬迁。从统计结果来看，很不愿意搬迁农户为46人，占总样本数的18.70%；不愿意搬迁的农户为62人，占总样本数的25.20%，两者之和占总样本数的43.90%；无所谓的农户为48人，占总样本数的19.51%；比较愿意搬迁的农户为69人，占总样本数的28.05%，很愿意搬迁的农户为21人，占总样本数的8.54%；愿意搬迁的农户占总样本数的36.59%。从农户意愿情况来看，有2/5的农户其实并不是很愿意参与移民搬迁，这说明农户都有较深的恋乡情结。

（二）移民农户外部特征基本描述

(1) 移民搬迁原因。移民搬迁原因作为农户外部特征变量，在问卷设计时为多项选择，根据对预调研反馈结果的修改，将选项缩小到四项，分别为政策强制搬迁、为获得更好的生活环境、为增加家庭收入和为获得更便利的交通条件。从统计结果来看，如图7－8所示，强制搬迁的农户为47人，占总样本数的19.11%，为获得更好生活环境的农户为129人，占总样本数的52.44%，为增加家庭收入的农户为99人，占总样本数的40.24%，为获得更便利的交通条件的农户为57人，占总样本数的23.17%。

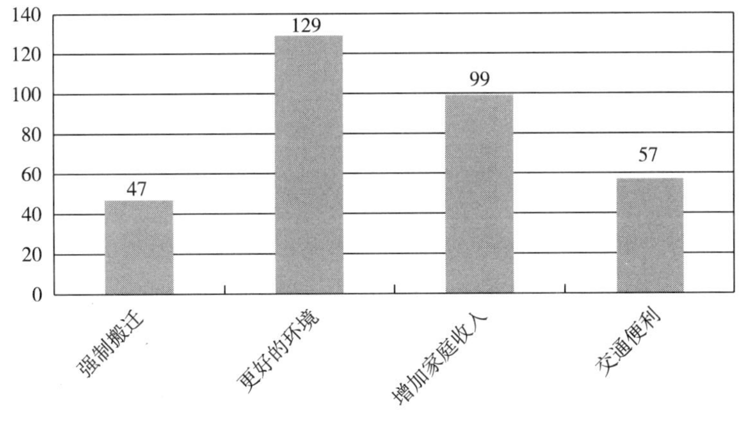

图7－8　农户移民搬迁的原因

移民搬迁原因与参与移民工作意愿之间存在较为紧密的关系，从表7－9中的数据统计来看，因为强制搬迁的农户在移民搬迁意愿上基本表现为不愿意，其中很不愿意的农户为26人，占55.32%，不愿意的农户为21人，占45.68%；为获得更好的环境、增加家庭收入及获得更为便利的交通条件的农户参与移民搬迁的意愿普遍要高一些，趋向于愿意参与移民搬迁的比例分别为44.96%、36.36%和64.91%。

表7-9 移民参与意愿及移民搬迁原因交叉比较

	强制搬迁	更好的环境	增加家庭收入	交通便利	合计
很不愿意	26	13	17	2	58
不愿意	21	26	21	8	76
无所谓	0	32	25	10	67
比较愿意	0	44	29	24	97
很愿意	0	14	7	13	34
合计	47	129	99	57	

（2）安置村的交通条件。易地扶贫搬迁主要目的就是让不适宜居住的农户搬迁安置到交通条件便利、有较好的经济基础的地方，能够获得更多的就业与增加收入的机会。图7-9显示农户移民搬迁安置村实际交通条件统计，安置村交通条件很好的农户为96人，占总样本数的39.02%，交通条件较好的农户为102人，占总样本数的41.46%，交通条件一般的农户为28人，占总样本数的11.38%，交通条件较差的农户为14人，占总样本数的5.69%，交通条件很差的农户为6人，占总样本数的2.44%。综合样本数据看，移民搬迁安置占交通条便利的农户共有198人，占总样本数的80.48%，基本上达到移民搬迁安置目的。

（3）安置村在本镇的经济发展水平。图7-10显示了安置村在本镇的经济发展水平，认为经济发展水平很高的农户有83人，占样本总数的33.74%；认为经济发展水平相对高的农户有111人，占样本总数的45.12%；认为经济发展水平处于中等的农户有42人，占样本总数的17.07%；认为经济发展水平相对较低及很低的有10人，共占样本总数的4.06%。从数据统计结果来看，移民搬迁安置点的选择基本上都处于经济发展水平较高的村，与交通条件的便利性共同达到安置点所需要的基本特征。

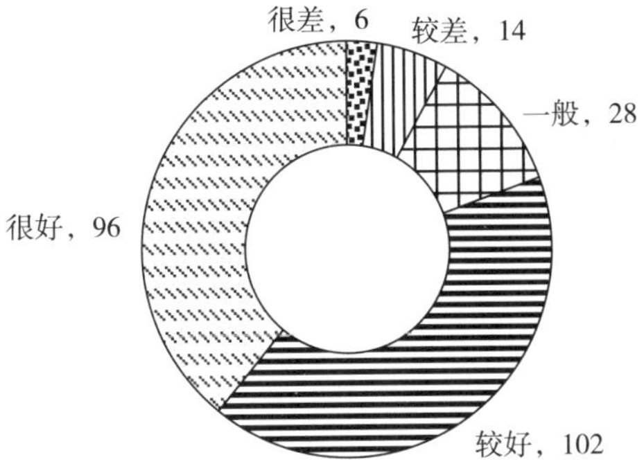

图 7－9　安置村的交通条件

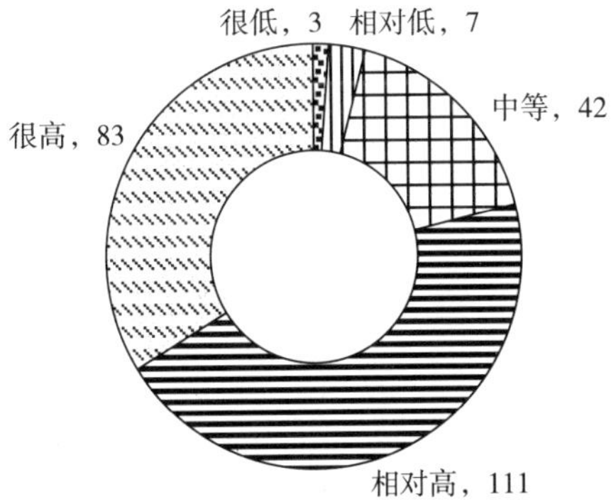

图 7－10　该村在本镇的经济发展水平

（4）移民农户家庭生计资本的变化。移民农户家庭生计资本变化是指农户在移民搬迁前后家庭生计资本的变化量。图 7－11 显示了 246 个移民农户家庭生计资本变化量的分布情况，从表 7－10 的统计结果来看，移民农户家庭生计资本变化量基本上都处于正向值，即移民搬迁农户的生计资本基本都得到改善，增量最大为 1.30，均值为 0.437，其中有一个移民农户家庭生计资本呈现为减少现象，减少值为 0.05。

表 7－10　生移民农户家庭生计资本变量描述统计量

	N	极小值	极大值	均值	标准差	方差
生计资本变化	246	－0.05	1.30	0.4374	0.26383	0.070

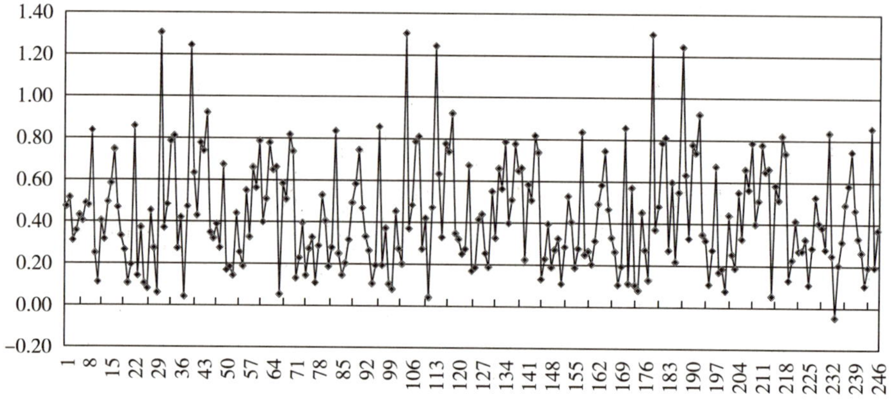

图7-11 移民农户移民搬迁前后生计资本变化

二、描述性统计分析

（一）移民农户对易地扶贫搬迁政策效果满意度描述

前文已经界定13个测量问题中直接反映政策效果的问题为2个，即观测变量 Y_1、Y_2。表7-11显示移民搬迁农户政策效果满意度频数分布情况。农户对 Y_1（您认为政府实施的易地扶贫搬迁政策效果较好）选项中"非常不满意"为30人，占总样本数的12.2%，"不满意"为82人，占总样本数的33.3%，两者之和达45.5%；"一般"为79人，占总样本的32.1%，接近1/3的比例；"满意"为40人，占总样本数的16.3%，"非常满意"为15人，占总样本数的6.1%，两者之和仅55人，仅占总样本数的22.4%。农户对 Y_2（易地扶贫搬迁政策给农村困难群体带来实质性帮助）选项中"非常不满意"为32人，占总样本数的13.0%，"不满意"为69人，占总样本数的28.0%，两者之和达41.0%；"一般"为92人，占总样本数37.4%，超过1/3的比例；"满意"为35人，占总样本数的14.2%，"非常满意"为18人，占总样本数的7.3%，两者之和仅53人，仅占总样本数的21.5%。从数据统计来看，两项观测变量"满意"以上比例均较低，说明移民农户对易地扶贫搬迁政策的满意人数所占比例均较低，仅在1/5左右。

表7-11　农户对易地扶贫搬迁政策效果满意度频数分布

观测变量	1（非常不满意）		2（不满意）		3（一般）		4（满意）		5（非常满意）	
	频率	百分比	频率	百分比	频率	百分比	频率	百分比	频率	百分比
Y_1	30	12.2	82	33.3	79	32.1	40	16.3	15	6.1
Y_2	32	13.0	69	28.0	92	37.4	35	14.2	18	7.3

表7-12则显示农户对易地扶贫搬迁政策效果满意度的均值情况，Y_1（您认为政府实施的易地扶贫搬迁政策效果较好）均值为2.71，Y_2（易地扶贫搬迁政策给农村困难群体带来实质性帮助）均值为2.75，两个变量所得均值都处于较低水平。如果采用均值法来测定移民农户对移民政策满意度，则满意度值为2.73，低于问卷设定的“一般”（数值为3），说明移民农户对当前易地扶贫搬迁政策处于一个较低的满意度，即现行易地扶贫搬迁政策对移民农户来讲还存在较多不足之处。

表7-12　农户对易地扶贫搬迁政策效果满意度统计量描述

观测变量	N	极小值	极大值	均值	标准差	方差
Y_1	246	1	5	2.71	1.071	1.147
Y_2	246	1	5	2.75	1.085	1.177

（二）移民农户对易地扶贫搬迁政策实施过程满意度描述

表7-13显示了农户对易地扶贫搬迁政策实施过程满意度的频数分布，从表中可以看出，11项观测变量中农户选择“一般”的人数最多，都在1/3左右。最高为观测变量M_8（政策信息权威、公开、清楚、充分），达51.6%；选项在“不满意”以下的观测变量为M_9（政府管理部门服务态度积极让人满意），两选项之和为37.8%，说明政府管理部门在为移民农户提供服务过程当中存在许多不足之处；移民农户感觉在“满意”以上的两个观测变量分别为M_7（您认为移民搬迁补偿政策的存在是有必要的）和M_6（移民搬迁补偿政策宣传力度较好），两选项之和分别为43.1%和44.7%，说明移民农户比较认可政府对易地扶贫搬迁政策的宣传。

表7-13　农户对易地扶贫搬迁政策实施过程满意度频数分布

观测变量	1（非常不满意）		2（不满意）		3（一般）		4（满意）		5（非常满意）	
	频率	百分比	频率	百分比	频率	百分比	频率	百分比	频率	百分比
M_1	17	6.9	56	22.8	86	35.0	66	26.8	21	8.5
M_2	16	6.5	56	22.8	100	40.7	54	22.0	20	8.1
M_3	12	4.9	29	11.8	85	34.6	85	34.6	35	14.2
M_4	4	1.6	60	24.4	106	43.1	62	25.2	14	5.7
M_5	24	9.8	11	4.5	81	32.9	95	38.6	35	14.2
M_6	2	0.8	24	9.8	77	31.3	110	44.7	33	13.4
M_7	1	0.4	9	3.7	93	37.8	106	43.1	37	15.0
M_8	7	2.8	53	21.5	127	51.6	39	15.9	20	8.1
M_9	24	9.8	69	28.0	111	45.1	28	11.4	14	5.7
M_{10}	20	8.1	47	19.1	113	45.9	52	21.1	14	5.7
M_{11}	23	9.3	37	15.0	108	43.9	64	26.0	14	5.7

表7-14则从易地扶贫搬迁政策实施过程的11项观测变量均值角度显示农户对易地扶贫搬迁政策的满意度情况，从表中可以看出，移民农户观测变量 M_3（您认为移民搬迁补偿政策应该满足您的基本生活需求）、M_5（公众能够发挥监督作用）、M_6（移民搬迁补偿政策宣传力度较好）、M_7（您认为移民搬迁补偿政策的存在是有必要的）较为认可，均值分别为3.41、3.43、3.60和3.69；而对于观测变量 M_9（政府管理部门服务态度积极让人满意）和 M_{10}（移民搬迁补偿资金管理公开、透明）的满意度则较低，均值分别为2.75和2.97，低于“一般”水平，这也说明移民农户对政府管理部门服务态度和补偿资金管理方面存在一定的意见。

表7-14　农户对易地扶贫搬迁政策实施过程满意度统计量描述

观测变量	N	极小值	极大值	均值	标准差	方差
M_1	246	1	5	3.07	1.055	1.113
M_2	246	1	5	3.02	1.018	1.036
M_3	246	1	5	3.41	1.030	1.060
M_4	246	1	5	3.09	0.885	0.784

续表

观测变量	N	极小值	极大值	均值	标准差	方差
M_5	246	1	5	3.43	1.100	1.209
M_6	246	1	5	3.60	0.869	0.755
M_7	246	1	5	3.69	0.785	0.616
M_8	246	1	5	3.05	0.902	0.814
M_9	246	1	5	2.75	0.977	0.955
M_{10}	246	1	5	2.97	0.979	0.958
M_{11}	246	1	5	3.04	1.007	1.015

第四节 易地扶贫搬迁政策满意度数据测定

一、均值法测定易地扶贫搬迁政策实施效果满意度

前文已经界定，易地扶贫搬迁政策效果作为农户对移民政策满意度最终衡量指标，是以一个潜变量形式存在，不能直接获得测量数据，必须通过观测变量间接测得，在本研究问卷设计中由观测变量 Y_1、Y_2 进行测定。

由于易地扶贫搬迁政策效果满意度的观测变量只有 Y_1、Y_2 两项，因此使用均值法进行测定，即农户对易地扶贫搬迁政策效果满意度的数据取 Y_1、Y_2 平均数，$Y=\frac{y_1+y_2}{2}$，通过对原始数据计算得出新变量 Y，用于后续计算分析。

二、因子分析法测定易地扶贫搬迁政策实施过程满意度

前文界定，易地扶贫搬迁政策实施过程中包含多项步骤，每一步骤都以潜变量的形式存在。在问卷设计中只是设定了 M_1 至 M_{11} 共 11 个观测变量，因此需要对该 11 个观测变量进行因子分析，采取降维方法提取共同因子来概括各观测变

量所需要表达的信息，归纳总结出政策实施的具体步骤。

本书因子分析采用主成分法（Principle Component），选择方差最大（Varimax）正交旋转处理，提取特征值（Eigenvalue）大于1的共同因子，经检验KMO值为0.823，超过0.6，且显著性为0.000（$p<0.001$）说明11个观测变量所得数据适合做因子分析。

表7-15 易地扶贫搬迁政策实施过程观测变量KMO和Bartlett的检验

取样足够度的Kaiser-Meyer-Olkin度量		0.823
Bartlett的球形度检验	近似卡方	1615.828
	df	55
	Sig.	0.000

通过对易地扶贫搬迁政策实施过程所得数据进行探索性因子分析，并采用方差最大化正交旋转，分析所得结果如表7-16所示。

表7-16 易地扶贫搬迁政策实施过程主成分分析1：解释的总方差

成分	初始特征值			提取平方和载入			旋转平方和载入		
	合计	方差的%	累积%	合计	方差的%	累积%	合计	方差的%	累积%
1	5.493	49.936	49.936	5.493	49.936	49.936	3.046	27.693	27.693
2	1.409	12.813	62.749	1.409	12.813	62.749	2.606	23.695	51.388
3	1.081	9.825	72.574	1.081	9.825	72.574	2.330	21.185	72.574
4	0.787	7.157	79.731	—	—	—	—	—	—
5	0.514	4.677	84.408	—	—	—	—	—	—
6	0.441	4.013	88.421	—	—	—	—	—	—
7	0.371	3.372	91.793	—	—	—	—	—	—
8	0.298	2.713	94.506	—	—	—	—	—	—
9	0.265	2.411	96.917	—	—	—	—	—	—
10	0.205	1.862	98.779	—	—	—	—	—	—
11	0.134	1.221	100.000	—	—	—	—	—	—

注：提取方法：主成分分析法。

从表7-16可以得出，易地扶贫搬迁政策实施过程原有的11个观测变量可以析出三个特征根大于1的因子，初始特征值分别为5.493、1.409和1.081，并且这三个因子对方差总解释贡献率为72.57%，包含了原观测变量大部分信息。表7－17为经过正交旋转后各因子载荷系数，根据指标项在被定义的某一维度中因子载荷系数要超过0.5，同时尽可能保证每个维度应保持不少于三个指标的原则。从表7－17中可以得出，第一个因子载荷了5个观测变量信息，第二个因子载荷了3个观测变量信息，第三个因子载荷了3个观测变量信息。

表7－17　易地扶贫搬迁政策实施过程主成分分析2：旋转成分矩阵a

	成分		
	1	2	3
M_1	0.850	0.203	0.216
M_2	0.827	0.263	0.154
M_3	0.611	0.543	0.099
M_4	0.655	0.056	0.495
M_8	0.497	0.249	0.278
M_5	0.124	0.857	0.244
M_6	0.150	0.810	0.262
M_7	0.445	0.759	0.003
M_9	0.061	0.343	0.810
M_{10}	0.513	－0.022	0.723
M_{11}	0.279	0.220	0.789

注：提取方法：主成分分析法。

旋转法：具有Kaiser标准化的正交旋转法。

a. 旋转在8次迭代后收敛。

从分析结果可以看出，易地扶贫搬迁政策的实施过程可以分为三个维度。第一主成分（F_1）主要包含了移民农户对政策制定过程满意情况的信息，本书称为政策制定满意维度；第二主成分（F_2）主要包含移民农户对政策宣传过程满意情况的信息，本书称为政策宣传满意维度；第三主成分（F_3）主要包含移民农户对政策执行过程满意情况的信息，本书称为政策执行满意维度。通过对相关问题总结，本书将三个因子分别命名为政策制定、政策宣传和政策执行。

各因子得分等于各观测变量的线性组合，因子得分的一般形式为：

$$\xi_j = \omega_{j1} X_1 + \omega_{j2} X_2 + \omega_{j3} X_3 + \cdots + \omega_{jq} X_q \tag{7-1}$$

根据表7-18所得成分得分矩阵，可以计算出三个主成分得分估计值，分别为：

$$F_1 = 0.390M_1 + 0.381M_2 + 0.209M_3 + 0.230M_4 - 0.186M_5 - 0.166M_6 + 0.094M_7 + 0.156M_8 - 0.272M_9 + 0.098M_{10} - 0.111M_{11} \tag{7-2}$$

经过回归生成第一主成分变量“政策制定”估计值；

$$F_2 = -0.100M_1 - 0.054M_2 + 0.158M_3 - 0.175M_4 + 0.426M_5 + 0.392M_6 + 0.326M_7 - 0.001M_8 + 0.087M_9 - 0.209M_{10} - 0.029M_{11} \tag{7-3}$$

经过回归生成第二主成分变量“政策宣传”估计值；

$$F_3 = -0.117M_1 - 0.160M_2 - 0.170M_3 + 0.144M_4 + 0.027M_5 + 0.037M_6 - 0.213M_7 + 0.016M_8 + 0.486M_9 + 0.342M_{10} + 0.424M_{11} \tag{7-4}$$

经过回归生成第三主成分变量“政策执行”估计值。以上采用因子分析方法生成三个变量估计值即为易地扶贫搬迁政策实施过程满意度的测定值。

表7-18 易地扶贫搬迁政策实施过程主成分分析3：成分得分系数矩阵

	成分		
	1	2	3
M_1	0.390	-0.100	-0.117
M_2	0.381	-0.054	-0.160
M_3	0.209	0.158	-0.170
M_4	0.230	-0.175	0.144
M_5	-0.186	0.426	0.027
M_6	-0.166	0.392	0.037
M_7	0.094	0.326	-0.213
M_8	0.156	-0.001	0.016
M_9	-0.272	0.087	0.486
M_{10}	0.098	-0.209	0.342
M_{11}	-0.111	-0.029	0.424

注：提取方法：主成分分析法。

旋转法：具有 Kaiser 标准化的正交旋转法。

第五节　易地扶贫搬迁政策满意度影响因素分析

一、变量选取及描述

通过对已有文献的借鉴，并依据研究数据的可得性，本研究选取可能影响易地扶贫搬迁政策满意度初始自变量为 12 项，包括搬迁移民农户个体特征变量（年龄、性别、受教育程度、婚姻状况、是否为贫困户、移民类型、已搬迁时长、参与移民工作意愿）、农户外部特征变量（移民原因、安置村交通条件、该村在镇的经济水平、移民前后生计资本变化量）及移民搬迁前后生计资本的变化情况。根据前文所构建的易地扶贫搬迁政策满意度分析框架，确定因变量为政策效果，中介变量 3 项，为政策制定、政策宣传和政策执行。各变量定义及描述如表 7－19 所示。

表 7－19　易地扶贫搬迁政策满意度影响因素分析变量及描述

变量	符号	极小值	极大值	均值	标准差
因变量					
政策效果	Y	1.00	5.00	2.73	0.96
中介变量					
政策制定	F_1	－2.61	1.87	0.00	1.00
政策宣传	F_2	－2.97	2.73	0.00	1.00
政策执行	F_3	－2.62	2.01	0.00	1.00
初始变量					
农户个体特征					
年龄	X_1	18	74	44.72	15.09
性别	X_2	0	1	0.31	0.46

续表

变量	符号	极小值	极大值	均值	标准差
初始变量					
农户个体特征					
受教育程度	X_3	1	5	2.99	1.15
婚姻状况	X_4	1	5	1.28	0.57
是否为建档贫困户	X_5	0	1	0.15	0.35
移民类型	X_6				
异地安置扶贫移民	X_{61}	0	1	0.14	0.35
水库区移民	X_{62}	0	1	0.31	0.46
深山移民	X_{63}	0	1	0.41	0.49
地质灾害区移民	X_{64}	0	1	0.03	0.17
退耕还林区移民	X_{65}	0	1	0.11	0.31
已搬迁时长	X_7	1	5	4.24	1.20
参与移民搬迁意愿	X_8	1	5	2.83	1.26
农户外部特征					
移民原因	W_1				
强制要求	W_{11}	0	1	0.25	0.43
获得更好生计环境	W_{12}	0	1	0.51	0.50
增加家庭收入	W_{13}	0	1	0.19	0.39
交通便利	W_{14}	0	1	0.19	0.39
安置村的交通条件	W_2	1	5	1.91	0.97
该村在本镇的经济发展水平	W_3	1	5	1.93	0.85
生计资本变化	W_4	-0.05	1.30	0.44	0.26

表7-19中因变量均是通过不同观测变量进行测定的结果，政策效果（Y）由观测变量 Y_1 和 Y_2 计算均值而获得，在数值上能体现出数据所代表的意义，Y的均值为2.73，说明农户对移民政策效果满意度处于一个中等偏下水平，即目前现行的易地扶贫搬迁政策还存在一些不足之处。政策制定（F_1）、政策宣传

（F_2）和政策执行（F_3）则是经过主成分分析所提取的三个公因子，可以包含各观测变量信息但不能做简单解释。

二、中介变量对政策效果满意度影响的回归分析关系

政策效果所反映的是农户对移民政策总体的认可，除了通过观测变量进行直接测定外，移民对政策实施过程中步骤的满意度也会影响到政策效果的总体满意度，可以说政策实施过程也是影响政策效果的重要因素。本小节拟以政策实施过程中三个变量作为自变量，政策效果作为因变量进行回归分析，了解易地扶贫搬迁政策在实施过程中政策效果的影响情况。

表7－20显示了易地扶贫搬迁政策实施过程对政策效果满意度的估计结果，其中 $R^2=0.589$，$F=115.659$，Sig. $=0.000$，说明模型具有较好的拟合度。

表7－20　中介变量对政策效果满意度影响估计结果

中介变量	系数	标准化系数	T值	P>t
政策制定	0.432***	0.447	10.855	0.000
政策宣传	0.356***	0.369	8.965	0.000
政策执行	0.485***	0.503	12.197	0.000
_cons	2.728***	—	68.798	0.000
Number of obs = 246			R－squared = 0.589	
F（3，242）＝115.659			Adj R－squared = 0.584	
Prob > F = 0.000				

模型结果表明，政策制定在模型估计结果中效果显著（Sig = 0.000 < 1%，且 t = 10.855，符号为正），说明政策制定对易地扶贫搬迁政策效果满意度产生积极的影响 Sig = 0.000 < 1%；政策宣传在模型估计结果中效果显著（Sig = 0.000 < 1%，且 t = 8.965，符号为正），说明政策宣传对易地扶贫搬迁政策效果满意度产

生积极影响，易地扶贫搬迁政策宣传能够加强移民农户对政策的了解；政策执行在模型估计结果中达到显著水平（Sig = 0.000 < 1%，且 t = 12.197，符号为正），说明政策执行认可越高移民农户对易地扶贫搬迁政策效果满意度也会越高，也说明了政策执行的结果是搬迁移民评判政策效果的重要依据。

从政策实施过程对易地扶贫搬迁政策效果满意度的标准化系数可以看出，政策执行对易地扶贫搬迁政策效果满意度的影响系数为0.503，大于政策制定的影响系数0.447，大于政策宣传的影响系数0.369，说明政策执行过程对易地扶贫搬迁政策效果满意度的影响最为重要，其次是政策制定，最后是政策宣传。

三、初始变量对易地扶贫搬迁政策满意度影响的回归分析

（一）自变量相关性检验

根据前文分析可能影响易地扶贫搬迁政策的农户特征包括个体特征和外部特征共12项，因此需建立多元回归模型：

$$y_i = \beta_1 x_{i1} + \beta_2 x_{i2} + \cdots + \beta_m x_{im} + \varepsilon_i,\ i = 1,\ 2,\ \cdots,\ n \tag{7-5}$$

式中，y_i，x_{i1}，x_{i2}，…，x_{im}为预测目标和影响因素的第 i 组观测值。取 x_1 的观测值恒等于1，即对任意 i 有 $x_{i1} = 1$，β_1 为常数项，则回归模型为：

$$y_i = \beta_1 + \beta_2 x_{i2} + \cdots + \beta_m x_{im} + \varepsilon_i,\ i = 1,\ 2,\ \cdots,\ n \tag{7-6}$$

其矩阵形式为：

$$Y = XB + \varepsilon \tag{7-7}$$

按照回归分析方法的规范性，多元回归模型需要考虑各变量是否可能存在比较严重的多重共线性（Multicollinearity），本书通过查看各变量间相关系数来检验多重共线性是否存在。

按照统计学标准，做相关分析时一般选择典型相关分析方法，分析比较每两个变量间的典型相关系数，经验法则认为相关系数绝对值小于0.75或0.5，则表明这两个自变量之间不存在多重共线性（李洁明，1999）。

表7-21显示移民农户特征 Pearson 相关性检验结果，从表7-21中可以看出除“年龄”与“受教育程度”之间存在较高的负相关之外，其他各自变量之间相关系数绝对值均小于0.5，因此上述各变量满足进一步回归分析条件。

表 7-21　移民农户特征 *Pearson* 相关性检验

	年龄	性别	受教育程度	婚姻状况	是否为建档贫困户	征地异地移民	库区移民	深山移民	地质灾害移民	退耕还林区移民	搬迁时长	移民意愿	强制搬迁	更好的环境	增加家庭收入	交通便利	所在村的交通条件	该村在镇的经济水平	生计资本变化
年龄	1.000	-0.255	-0.723	-0.476	-0.017	-0.183	0.219	-0.019	0.011	-0.092	-0.005	0.105	0.034	-0.042	-0.036	0.057	0.062	0.046	-0.055
性别		1.000	0.107	0.314	0.097	-0.020	0.023	-0.016	0.097	-0.030	0.023	-0.040	-0.058	0.177	-0.034	-0.034	-0.011	-0.005	0.081
受教育程度			1.000	0.396	0.024	0.176	-0.122	-0.142	-0.019	0.211	0.043	-0.060	0.063	-0.010	0.023	-0.013	-0.026	-0.022	0.070
婚姻状况				1.000	0.015	0.164	-0.198	0.037	0.000	0.060	0.039	-0.066	-0.088	0.102	-0.043	-0.061	0.024	0.009	0.013
是否为建档贫困户					1.000	0.062	-0.031	-0.038	-0.002	0.045	0.015	-0.025	0.055	-0.033	0.091	-0.084	0.085	0.022	-0.165
征地异地移民						1.000	-0.275	-0.337	-0.070	-0.140	0.056	-0.128	-0.018	0.002	0.039	-0.080	-0.034	-0.020	-0.096
库区移民							1.000	-0.459	-0.116	-0.232	0.263	0.045	0.039	-0.113	-0.016	0.073	-0.046	0.068	0.070
深山移民								1.000	-0.142	-0.285	-0.281	0.049	-0.034	0.145	0.019	0.019	0.161	0.081	0.026
地质灾害移民									1.000	-0.059	0.028	0.004	-0.042	0.020	-0.083	0.041	-0.060	-0.129	-0.092
退耕还林区移民										1.000	-0.024	-0.015	0.048	-0.088	0.001	-0.066	-0.104	-0.141	0.016
搬迁时长											1.000	-0.002	-0.050	0.036	0.025	-0.061	-0.118	-0.039	0.018
移民意愿												1.000	-0.398	0.252	0.059	0.338	-0.049	0.056	-0.014
强制搬迁													1.000	-0.419	-0.183	-0.231	0.043	-0.039	-0.025
更好的环境														1.000	-0.270	0.081	-0.031	0.078	-0.034
增加家庭收入															1.000	-0.131	0.087	0.090	0.019
交通便利																1.000	-0.019	0.005	-0.104
所在村的交通条件																	1.000	0.385	0.022
该村在镇的经济水平																		1.000	0.109
生计资本变化																			1.000

（二）初始变量对易地扶贫搬迁政策效果满意度的直接影响

由于在初始自变量的相关性检验过程中，“年龄”与“受教育程度”存在较高的相关系数，因此，在接下来的农户特征与易地扶贫搬迁政策满意度的回归分析中，将“年龄”变量不纳入回归模型之中。

表 7－22 为移民农户特征对政策效果满意度影响的结果估计，从 SPSS 输出结果来看，$R^2=0.115$，$F=1.540$，Sig. ＝0.074 模型拟合度并不是很好，在 10% 显著性水平上显著，但是本书在此的重点不是需要建立一个回归模型，而仅是分析各自变量对政策效果的影响程度。

表 7－22　初始变量对政策效果满意度直接影响估计结果

初始变量	符号	系数	标准化系数	T 值	P＞t
（常量）	_cons	5.889		5.230	0.000
性别	X_2	－0.102	－0.049	－0.698	0.486
受教育程度	X_3	－0.024	－0.028	－0.290	0.772
婚姻状况	X_4	0.100	0.059	0.780	0.436
是否为建档贫困户	X_5	0.092	0.034	2.069	0.040
征地异地移民	X_{61}	－2.076	－0.754	－2.140	0.033
库区移民	X_{62}	－1.917	－0.924	－1.986	0.048
深山移民	X_{63}	－1.881	－0.960	－1.953	0.052
地质灾害区移民	X_{64}	－1.959	－0.338	－1.911	0.057
退耕还林区移民	X_{65}	－2.002	－0.640	－2.057	0.041
搬迁时长	X_7	－0.116	－0.145	－2.160	0.032
移民意愿	X_8	0.076	0.099	1.855	0.077
强制搬迁	W_{11}	－0.222	－0.099	－1.228	0.221
获得更好的环境	W_{12}	－0.152	－0.079	－0.994	0.321
增加家庭收入	W_{13}	－0.065	－0.026	－0.363	0.717
交通便利	W_{14}	－0.265	－0.108	－1.538	0.126
所在村的交通条件	W_2	0.165	0.166	2.376	0.018
该村在镇的经济水平	W_3	－0.050	－0.044	－0.629	0.530
生计资本变化	W_4	0.348	0.095	1.941	0.051
Number of obs＝246			R－squared＝0.115		
F（18，227）＝1.540			Adj R－squared＝0.040		
Sig. ＝0.074					

从模型结果中各自变量显著性水平来看，“是否为建档贫困户”在模型估计结果中达到显著性水平（Sig. =0.040 <5%，且 t =2.069，符号为正），说明贫困户家庭对易地扶贫搬迁政策满意度更高，或者说，贫困户家庭对移民政策的要求更低，对易地扶贫搬迁政策给予的补助更容易满足。

“征地异地移民”（显著性水平 Sig. =0.033 <5%，且 t = -2.140，符号为负）、“库区移民”（显著性水平 Sig. =0.048 <5%，且 t = -1.986，符号为负）、“深山移民”（显著性水平 Sig. =0.052 <10%，且 t = -1.953，符号为负）、“地质灾害区移民”（显著性水平 Sig. =0.057 <10%，且 t = -1.911，符号为负）和“退耕还林区移民”（显著性水平 Sig. =0.032 <5%，且 t = -2.160，符号为负）作为移民类型的五种类型，都在一定显著性水平上表现为显著且系数都为负向，说明移民类型对移民政策会产生较为直接的影响。

“搬迁时长”在模型估计中在 5% 水平上表现显著（Sig. =0.032 <5%，且 t = -2.160）且系数为 -0.116，说明搬迁时间越长对易地扶贫搬迁政策越不满意，搬迁时长每增加 1 年则对政策效果满意度会减少 0.116，可以理解为近期易地扶贫搬迁政策更容易得到农户的认可，这可能是最近几年政府部门加大了扶贫开发力度，农户在移民搬迁过程中能得到更大的实惠。

“移民意愿”在模型中在 10% 水平上表现显著（Sig. =0.077 <10%，且 t = 1.855，符号为正），系数为 0.076，说明移民农户自身搬迁意愿越强烈，其对政策效果的满意度会越高，移民意愿程度上提高 1 个点则对政策效果的满意度会提高 0.076，这也就强调，在政府部分在实施易地扶贫搬迁过程中需要尊重农户个人意愿，才能真正体现政策有效性。

“所在村的交通条件”在模型中表现较为显著（Sig. =0.018 <5%，且 t = 2.376，符号为正），系数为 0.165，移民农户对于安置点交通条件认为越便利，其政策效果满意度则越高，影响程度较为明显。

“生计资本变化”在模型中在 5% 显著性水平上表现为显著（Sig. =0.051 <10%，且 t = -1.941），且系数为 0.165，为正向，随着农户家庭生计资本增加其对易地扶贫搬迁政策效果的满意度会越高，生计资本增加 1 则政策满意度会增加 0.348，这也说明易地扶贫搬迁政策能达到预期的效果。

模型中其他农户个体特征“性别”（Sig. =0.481 >10%）、“受教育程度”（Sig. =0.772 >10%）、“婚姻状况”（Sig. =0.436 >10%）未能通过显著性检

验，说明这三个变量对政策效果满意度的影响并不明显，但数据隐含了一个信息，即自变量“受教育程度”系数为 -0.024，可以理解为受教育程度越高对政策效果满意度会越低，原因可能在于受教育程度越高的农户对政策理解更清楚，更能从自身角度理解易地扶贫搬迁政策为自己所能带来的利益，对政策的期望值往往会更高，从而导致满意度会降低。而文化程度较低的农户自身理解能力有限，对扶贫政策中补助并不会提出更多的要求，期望值一般较低比较容易获得满足感。

农户外部特征中“移民原因”四个选项“强制搬迁”（Sig. =0.221 > 10%）、“获得更好的环境”（Sig. =0.321 > 10%）、“增加家庭收入”（Sig. =0.717 > 10%）和“交通便利”（Sig. =0.126 > 10%）都未能通过显著性检验，说明移民原因并不是影响政策效果满意度的主要原因，但值得注意的是“强制搬迁”系数为 -0.222，说明由于强制搬迁原因而进行移民搬迁会降低农户对政策效果的满意度，这也就要求政策管理部门在实施易地扶贫搬迁政策时应该充分遵循农户自愿原则。“该村在镇的经济水平”在模型检验中 10% 显著性水平上为不显著，说明该变量也不是影响政策效果的主要原因。

（三）初始变量对易地扶贫搬迁政策制定满意度的影响

移民农户对易地扶贫搬迁政策的满意度除了直接反映在最终的效果上之外，也通常会反映在政策实施过程中。表 7-23 为移民农户特征对易地扶贫搬迁政策制定满意度影响的回归分析估计结果，从模型拟合度来看，有 $R^2=0.108$，F = 1.436，Sig. =0.112，模型拟合效果并不理想，与前文类似，分析目的是了解影响政策制定满意度的因素，而非模型本身的解释力。

表 7-23　初始变量对政策制定满意度影响估计结果

初始变量	符号	系数	标准化系数	T 值	P > t
（常量）	_ cons	1.538		1.312	0.191
性别	X_2	-0.154	-0.071	-1.009	0.314
受教育程度	X_3	0.116	0.133	1.355	0.177
婚姻状况	X_4	0.042	0.024	0.314	0.754
是否为建档贫困户	X_5	0.063	0.022	0.339	0.735
征地异地移民	X_{61}	-1.287	-0.450	-1.274	0.204

续表

初始变量	符号	系数	标准化系数	T 值	P>t
库区移民	X_{62}	-1.544	-0.718	-1.536	0.126
深山移民	X_{63}	-1.369	-0.674	-1.365	0.174
地质灾害移民	X_{64}	-1.399	-0.233	-1.312	0.191
退耕还林区移民	X_{65}	-1.651	-0.509	-1.629	0.105
搬迁时长	X_7	-0.131	-0.157	-2.330	0.021
移民意愿	X_8	-0.058	-0.073	-0.996	0.320
强制搬迁	W_{11}	0.102	0.044	0.544	0.587
更好的环境	W_{12}	0.200	0.100	1.255	0.211
增加家庭收入	W_{13}	0.302	0.119	1.626	0.105
交通便利	W_{14}	-0.055	-0.022	-0.307	0.759
所在村的交通条件	W_2	0.134	0.131	1.864	0.064
该村在镇的经济水平	W_3	-0.135	-0.115	-1.637	0.103
生计资本变化	W_4	-0.089	-0.024	-0.355	0.723
Number of obs = 246		R - squared = 0.108			
F (18, 227) = 1.436		Adj R - squared = 0.033			
Sig. = 0.112					

从模型结果来看，“搬迁时长”在模型中表现较为显著（Sig. = 0.021 < 5%，且 t = -2.330，符号为负），系数为 -0.131，说明搬迁时间越长农户对移民政策制定越不满意，即移民搬迁时间越早的农户对移民政策制定越不满意，可以理解为，目前政策管理部门为了促进易地扶贫搬迁工作的顺利进行，在政策制定时补助标准及优待政策往往会优于以前的政策，因此政府管理部门在政策制定时应该给予同等待遇，提供公平合理的政策环境。

“所在村的交通条件”在 10% 显著性水平上表现为显著（Sig. = 0.064 < 10%，且 t = 1.864，符号为正），系数为 0.134，移民安置所在村的交通条件改善一个级别，农户对政策制定满意度会增加 0.134，说明移民农户对于政策制定中安置点认为非常重要，因此在制定政策时必须要考虑安置点的交通便利性。

模型中其他农户个体特征及外部特征在模型检验过程中均未通过 10% 的显著性水平，说明这些自变量不是影响易地扶贫搬迁政策制定满意度的主要原因。

（四）初始变量对易地扶贫搬迁政策宣传满意度的影响

表7－24显示移民特征对政策宣传满意度影响的估计结果，从模型拟合度来看，有 $R^2=0.206$，$F=3.081$，Sig. =0.000，模型据有较好的拟合效果。

表7－24　初始变量对政策宣传满意度影响估计结果

初始变量	符号	系数	标准化系数	T值	P>t
（常量）	_cons	2.277		2.058	0.041
性别	X_2	－0.100	－0.046	－0.697	0.487
受教育程度	X_3	0.147	0.169	1.820	0.070
婚姻状况	X_4	0.025	0.014	0.198	0.843
是否为建档贫困户	X_5	－0.222	－0.079	－1.276	0.203
征地异地移民	X_{61}	－1.093	－0.383	－1.147	0.253
库区移民	X_{62}	－0.663	－0.308	－0.699	0.485
深山移民	X_{63}	－0.642	－0.316	－0.679	0.498
地质灾害移民	X_{64}	－0.935	－0.156	－0.929	0.354
退耕还林区移民	X_{65}	－1.434	－0.442	－1.500	0.135
搬迁时长	X_7	－0.118	－0.141	－2.227	0.027
移民意愿	X_8	0.131	0.166	2.393	0.018
强制搬迁	W_{11}	－0.199	－0.086	－1.125	0.262
更好的环境	W_{12}	0.054	0.027	0.361	0.719
增加家庭收入	W_{13}	0.021	0.008	0.120	0.905
交通便利	W_{14}	－0.040	－0.016	－0.234	0.815
所在村的交通条件	W_2	－0.063	－0.062	－0.931	0.353
该村在镇的经济水平	W_3	－0.165	－0.141	－2.129	0.034
生计资本变化	W_4	0.160	0.042	0.674	0.501
Number of obs＝246		R－squared＝0.206			
F（18，227）＝3.081		Adj R－squared＝0.139			
Sig. ＝0.000					

从结果来看，“受教育程度”在10%显著性水平上表现为显著（Sig. ＝0.070＜10%，且t＝－1.820，符号为正），系数为0.147，说明农户受教育程度与对政策宣传满意度成正比现象，即移民农户受教育程度每提高1则对政策宣传满意度

增加0.147。随着农户教育程度的提高，对移民搬迁政策会有更清晰的理解，对政策制定有更高的期望，更能理解政府制定易地扶贫搬迁政策的必要性而给予更高的评价；而对于受教育程度较低的农户来说，对政策理解或知晓本身就存在不足，对政策宣传满意度更多时候是一种从众心理。

"搬迁时长"在模型中表现较为显著（Sig. =0.027 <5%，且 t = -2.227，符号为负），系数为 -0.118，说明搬迁时间越长农户对移民政策宣传越不满意，即移民搬迁时间越早的农户对移民政策宣传越不满意，这与上一节分析的原因一致，搬迁时间越长的移民认为自身享受的补助标准较低，因此对政策制定及政策宣传满意度方面均存在负向影响。

"移民意愿"在模型中表现较为显著（Sig. =0.018 <5%，且 t = -2.393，符号为正），系数为0.131，说明移民搬迁意愿较为强烈的农户对政策宣传也较为认可，即移民搬迁意愿增加1则对政策宣传满意度会增加0.131，因此从政策宣传角度来看易地扶贫搬迁政策应该尊重农户自身意愿。

"该村在镇的经济水平"在5%显著性水平上表现为显著（Sig. =0.034 <5%，且 t = -2.129，符号为负），系数为 -0.165，说明安置点所在村在镇的经济水平越高则移民农户对政策宣传越不满意，即该村在镇的经济水平增加1则对政策宣传满意度会减少0.165，可能的原因是所在村的经济条件越好，移民农户对政策宣传的期望值会越高，则会导致政策宣传满意度的降低。

（五）初始变量对易地扶贫搬迁政策执行满意度的影响

表7-25显示移民农户特征对政策执行满意度影响的结果估计，从模型拟合情况来看，并不理想（其中，R^2 =0.061，F =0.767，Sig =0.745），本书所探究的是对政策执行满意度的影响因素而非模型解释程度。从模型结果来看，移民类型5个选项对政策执行满意度在10%显著性水平上表现为显著，"征地异地移民"（显著性水平 Sig. =0.065 <10%，且 t = -2.140，符号为负）、"库区移民"（显著性水平 Sig. =0.090 <10%，且 t = -1.704，符号为负）、"深山移民"（显著性水平 Sig. =0.070 <10%，且 t = -1.819，符号为负）、"地质灾害区移民"（显著性水平 Sig. =0.080 <10%，且 t = -1.757，符号为负）和"退耕还林区移民"（显著性水平 Sig. =0.079 <10%，且 t = -1.762，符号为负）5个自变量的模型估计中系数都为负，说明移民类型是影响政策执行满意度较为显著的因素。

表7-25 初始变量对政策执行满意度影响估计结果

初始变量	符号	系数	标准化系数	T值	P>t
（常量）	_cons	1.967		1.635	0.104
性别	X_2	0.145	0.067	0.929	0.354
受教育程度	X_3	0.035	0.041	0.403	0.687
婚姻状况	X_4	-0.028	-0.016	-0.203	0.839
是否为建档贫困户	X_5	0.146	0.052	0.773	0.440
征地异地移民	X_{61}	-1.923	-0.673	-1.856	0.065
库区移民	X_{62}	-1.758	-0.817	-1.704	0.090
深山移民	X_{63}	-1.872	-0.921	-1.819	0.070
地质灾害移民	X_{64}	-1.923	-0.320	-1.757	0.080
退耕还林区移民	X_{65}	-1.832	-0.564	-1.762	0.079
搬迁时长	X_7	-0.012	-0.014	-0.205	0.838
移民意愿	X_8	0.012	0.015	0.194	0.846
强制搬迁	W_{11}	-0.268	-0.116	-1.393	0.165
更好的环境	W_{12}	-0.198	-0.099	-1.212	0.227
增加家庭收入	W_{13}	-0.060	-0.024	-0.316	0.752
交通便利	W_{14}	-0.258	-0.102	-1.401	0.163
所在村的交通条件	W_2	-0.040	-0.039	-0.547	0.585
该村在镇的经济水平	W_3	0.129	0.110	1.524	0.129
生计资本变化	W_4	0.456	0.120	1.770	0.078
Number of obs = 246			R-squared = 0.061		
F（18，227）= 0.767			Adj R-squared = 0.018		
Sig. = 0.745					

在模型中“生计资本变化”在10%显著性水平上表现较为显著（Sig. = 0.078 < 10%，且 t = 1.770，符号为正），系数为0.456，说明随着生计资本变化量的增加移民农户对政策执行满意度呈增加趋势，即农户家庭生计资本每增加1则对政策执行满意度会增加0.456，这也是易地扶贫搬迁政策效果得到较好体现的一个结果。

四、移民农户特征对易地扶贫搬迁政策效果满意度影响的路径分析

根据分析框架，为进一步验证初始变量对易地扶贫搬迁政策效果满意度的影响机理，运用路径分析探寻各个初始变量对易地扶贫搬迁政策效果的总体影响情况。总影响等于间接影响与直接影响之和，其中间接影响等于初始变量对各个中介变量的标准化回归系数乘以该中介变量对因变量的标准化回归系数。根据前文分析结果，剔除未通过显著性检验的标准化回归系数，最终结果如表 7-26 所示。

表 7-26 初始变量对易地扶贫搬迁政策效果满意度影响的路径分析结果

初始变量	符号	间接影响			直接影响	总影响
		政策制定	政策宣传	政策执行		
（常量）	_cons					
性别	X_2					
受教育程度	X_3		0.062			0.062
婚姻状况	X_4					
是否为建档贫困户	X_5				0.034	0.034
征地异地移民	X_{61}			-0.339	-0.754	-1.093
库区移民	X_{62}			-0.411	-0.924	-1.335
深山移民	X_{63}			-0.463	-0.960	-1.423
地质灾害区移民	X_{64}			-0.161	-0.338	-0.499
退耕还林区移民	X_{65}			-0.284	-0.640	-0.924
搬迁时长	X_7	-0.070	-0.052		-0.145	-0.267
移民意愿	X_8		0.061		0.099	0.160
强制搬迁	W_{11}					
获得更好的环境	W_{12}					
增加家庭收入	W_{13}					
交通便利	W_{14}	0.059				0.059
所在村的交通条件	W_2				0.166	0.166
该村在镇的经济水平	W_3		-0.052			-0.052
生计资本变化	W_4			0.060	0.095	0.155

由表 7-26 路径分析结果可以看出：

（1）受教育程度对易地扶贫搬迁政策效果满意度的总影响为正，影响系数

为0.062，均来自对政策制定满意的间接影响，说明文化程度高的移民农户更关心政策制定是否符合自身的利益，并且随着文化程度的提高，对易地扶贫搬迁政策的效果会给予更高的评价。因此，在政策宣传时应采取多样化、通俗化的形式，让更多农户能知晓并理解移民搬迁政策的真正内容。

（2）是否为建档贫困户对易地扶贫搬迁政策效果满意度存在正向影响，其影响系数为0.034，都来自对政策效果满意度的直接影响，而不存在通过中介变量产生的间接影响。说明建档贫困户更能体会到易地扶贫搬迁政策给自身带来的切实利益从而给予更高的满意评价，因此政策完善过程中应充分考虑建档贫困户的不同需求，实施精准扶持。

（3）移民搬迁类型对易地扶贫搬迁政策效果满意度存在较大影响。征地异地安置扶贫移民对政策效果满意度的影响系数为 -1.093，其中 -0.754 的影响来自对政策效果满意度的直接影响，-0.339 的影响来自对政策实施的间接影响；库区移民对政策效果满意度的影响系数为 -1.335，其中 -0.924 的影响来自对政策效果满意度的直接影响，-0.411 的影响来自对政策实施的间接影响；深山区移民对政策效果满意度的影响系数为 -1.423，其中 -0.960 的影响来自对政策效果满意度的直接影响，-0.463 的影响来自对政策实施的间接影响；地质灾害区移民对政策效果满意度的影响系数为 -0.499，其中 -0.161 的影响来自对政策效果满意度的直接影响，-0.338 的影响来自对政策实施的间接影响；退耕还林区移民对政策效果满意度的影响系数为 -0.924，其中 -0.284 的影响来自对政策效果满意度的直接影响，-0.640 的影响来自对政策实施的间接影响。从直接影响及间接影响系数来看，均为负数且数值较大，说明这五类移民农户对目前易地扶贫搬迁政策都存在一定程度上的不满意，也就是说，当前易地扶贫搬迁政策对于不同类型移民农户还缺乏针对性，在政策制定时需要有针对性，强调精准性。

（4）移民时长对易地扶贫搬迁政策效果满意度存在负向影响，影响系数为 -0.267，其中 -0.145 的影响来自对政策效果满意度的直接影响，-0.070 和 -0.052的影响分别来自对政策制定和政策宣传的间接影响。从标准化系数符号及数值来看，移民时间越长的移民农户对易地扶贫搬迁政策的满意度越低，也就是说，较早期进行移民搬迁的农户感觉其所享受到的补助政策未能达到预期效果，因此对于移民时间较长的移民农户，政府部门应该根据实际情况进行适当的补助，提高政策的公平性。

（5）参与移民工作意愿对易地扶贫搬迁政策效果满意度存在正向影响，影响系数为0.160，其中0.099的影响来自对政策效果满意度的直接影响，0.061的影响来自对政策宣传满意的间接影响。说明农户是否愿意搬迁对易地扶贫搬迁政策效果满意度存在较大的影响，政策宣传在一定程度上能够起到动员作用。

（6）移民原因对易地扶贫搬迁政策效果满意度存在较小影响。交通便利对易地扶贫搬迁政策效果满意度存在正向影响，影响系数为0.059，都来源于对政策制定的间接影响，直接影响并不明显，而强制搬迁、获得更好的环境、增加家庭收入等原因在对现有的样本数据分析过程中并没有显现出显著的影响。

（7）所在村的交通条件对易地扶贫搬迁政策效果满意度存在正向影响，影响系数为0.166，均为直接的影响，而不存在间接影响，说明移民安置点所在村的交通条件直接影响到政策效果，这也就要求政府部门在移民安置点的选择上要着重强调交通便利性，尽量在交通便利的地方设置移民搬迁安置点，对于个别或者少数移民的安置则应该选择在交通条件较为便利的村庄进行。

（8）该村在镇的经济水平对易地扶贫搬迁政策效果满意度存在较小影响，影响系数为-0.052，均来自对政策宣传的满意情况，不存在直接影响且间接影响系数并不大，说明该村在镇的经济水平总体上说对政策效果满意度的影响并不明显。

（9）移民农户家庭生计资本变化对易地扶贫搬迁政策效果满意度正向影响，影响系数为0.155，其中0.060的影响来自对政策执行的间接影响，0.095的影响来自对政策效果的直接影响。说明农户家庭生计资本的提高与政策效果满意度是一致的，只有真正提高农户家庭生计资本的政策才能得到农户较高的评价。

第六节　本章小结

以现阶段农户对易地扶贫搬迁政策满意度为研究内容，展开理论分析和实证研究：

一是介绍了易地扶贫搬迁政策满意度的分析框架，通过对国内外满意度研究的文献梳理，借鉴国内一些政策满意度分析的经验，设计易地扶贫搬迁政策满意度的分析框架。

二是设定移民搬迁政策满意度影响因素的指标体系。满意度影响因素指标则包括8个农户个体特征变量及4个农户外部特征变量，数据均来自问卷的实际数据。满意度采用李克特5级量表进行测算，其中反映政策效果的问题为2个，反映政策实施过程的问题为11个，在对数据进行分析之前，对量表进行了信效度检验，结果表明测算满意度量表的Cronbach's Alpha信度系数为0.917、KMO度量值为0.860，具有较高的信效度，表明调查问卷具有很强的可靠性和稳定性。

三是运用描述性分析方法对政策影响因素的各变量、政策效果及政策实施过程各观测变量进行统计分析。结果表明，农户对政策效果满意度表现得较低，满意度值仅为2.73，低于问卷设定的“一般”（数值为3）。

四是测定易地扶贫搬迁政策满意度数据。农户对政策的满意度包括政策效果和政策实施过程两部分，政策效果直接由2个观测变量（问题）进行反映，政策效果数据由这两个观测变量数据平均值测定。政策实施过程通过11个观测变量（问题）进行反映，采用因子分析方法生成三个新的变量，分别定义为政策制定、政策宣传和政策执行，通过这3个变量来反映政策的实施过程。

五是采用回归分析方法分析易地扶贫搬迁政策影响因素。结果表明，一方面，作为中介变量的政策实施过程对政策效果会存在显著的影响，从回归的标准化系数来看对政策效果影响大小排序为政策执行、政策制定和政策宣传；另一方面，初始变量（农户特征）对政策效果存在一定的直接影响，其中“是否为建档贫困户”“移民意愿”“所在村的交条件”和“生计资本变化”对易地扶贫搬迁效果满意度存在正向的直接显著影响，“移民类型”“搬迁时长”对易地扶贫搬迁效果满意度则存在负向直接影响，“受教育程度”“该村在镇的经济水平”对政策效果满意影响不显著（Sig. =0.772、0.530，均大于10%），但对政策宣传满意度存在一定影响（Sig. =0.070、0.034，均小于10%），“年龄”“性别”“婚姻”及“移民原因”在分析过程中并不显著。

六是采用路径分析方法分析易地扶贫搬迁政策满意度的影响因素。结果表明，初始变量（农户特征）对因变量（政策效果）的总影响包括直接影响和通过中介变量（政策制定、政策宣传和政策执行）对因变量产生间接影响两部分，其中“受教育程度”“移民原因中的交通便利”及“该村在镇的经济水平”仅存在间接影响。

第八章　农户对易地扶贫搬迁政策需求及其优先序分析

易地扶贫搬迁政策使贫困地区人民脱离了恶劣的生存环境，推动了贫困地区城镇化进程，促进了贫困地区经济发展，有利于保护生态环境，在生态文明建设和维护国家生态环境安全中发挥了重要作用。但是，在易地扶贫搬迁政策实施过程中扶贫政策供给与群众需求不匹配情况频繁出现，导致政策推进受阻、实施效果不佳。因此，在政策供给与群众需求之间寻找到有机结合，将扶贫政策的制定与农户政策需求优先序紧密结合，充分发挥易地扶贫搬迁政策作用、实现脱贫目标是本章需要解决的问题。本章运用聚类分析方法分析农户对易地扶贫搬迁政策需求的优先序，并用二元 Logistic 模型分析影响移民政策需求的主要影响因素。结果发现，移民农户首选政策为现金补助和住房安置，其次是贴息贷款和生产物质支持，而对于技能培训和生产服务支持方面需求并不强烈，这说明移民农户更在乎眼前生计问题的解决而较少考虑长远的可持续生计问题；且具有不同个体特征移民农户对政策的需求存在较大的差距。

第一节　需求优先序分析方法与借鉴

关于需求优先序的研究，农户公共产品及公共服务是一个主要的研究对象。孔祥智（2006）分析认为，农民自己最迫切需求的公共产品和最急需政府投资的公共产品排列顺序有很大不同，农民最需要政府投资的是自己急需但不愿意投资或无法投资的公共产品，无论是准公共产品还是纯公共产品，农户都无力单独投资，几乎全都需要以政府投资为主体；唐娟莉（2011）以陕西农户的调查为基础分析了农村公共服务满意度与优先序，认为政府部门供给公共服务的优先序是教育、水利、道路、农业科技推广与培训、文化娱乐；方堃（2011）研究表明，当前我国农村公共服务需求的位序是核心公共服务、基础性公共服务、支持性公共服务；刘树林（2016）则认为，农村公共产品投入优先序应依次为：农村公共卫生支出、农村社会保障支出、农业生产支出、农村义务教育支出。此外，俞锋（2008）、吴洋（2008）、李琴（2009）、姜涛（2012）、崔登峰（2012）等以不同的调查对象在这方面进行了研究分析。近年来，随着"民工荒"的出现，众多学者开始将农民工作为研究对象，较为关注农民工需求优先序，朱红根（2014）通过调查数据指出，提供就业信息、建立最低工资制度和提供就业技能培训是农民工最迫切的需求政策；彭安明（2014）研究结果表明，新生代农民工择业最关注工资收入，其次是个人发展、医疗保险、工作环境和权益保护；农民工在市民化过程中对政策的需求也存在优先序，袁旺兴（2015）研究认为，提供稳定的城镇工作、提供医疗失业等社会保险、提供低价的城镇住宅是农民工最迫切需求的政策，而对于社会保险需求，农民工最关注的同样是医疗保险和养老保险。

对于优先序的研究方法，不同学者所运用的方法各有不同，方堃采用频数法要求受访者根据需求紧急程度按顺序进行选择，再根据选项不同位次及频数总和大小进行判断，划分频数最高（60 岁以上）的两项及频数较低（介于 0 ~ 10 岁），确定农民公共服务需求的顺序，但是这种排序精度不够，忽视了农户对处于不同位次基本公共服务评价的效用是不同的，没有考虑到各选项所处的位次而只是频数的简单累加。加权频数法则是对频数法的修正，考虑不同位次的重要性，对不同位次赋予不同的分值，根据各选项加权总分大小判断优先序，各学者在研究时赋值方法也有所不同（袁建华，2009），有的按从大到小赋值，有的按从小到大赋值（魏毅，2007；郑卫荣，2011）。魏毅在分析中部地区农民工外出就业政策需求时，先统计各选项在每个位次上的被选次数，赋予每个位次从小到大的分值（排在第 1 位的计 1 分、第 2 位的计 2 分……），用各选项的被选频次乘以其相应分值，再累加计算总分，根据总分确定排序，总分愈低则排序愈先，总分愈高则排序愈后，总分相同时以第 1 位次被选频次多者居先。这种加权频数法可以弥补频数法精确度不够的缺点，更加准确对优先序进行度量，但没有对数据进行显著性分析，使得分相近但没有显著性差异的选项被人为地区分开来。另外一种较为普遍运用的方法是聚类分析法（孔祥智，2006；朱红根，2014），运用统计软件将各选项进行聚类分析，根据聚类情况将选项划分出优先序。也有学者将以上三种方法综合运用，相互佐证得出较为真实意愿的需求优先序，崔登峰（2012）利用2011年新疆农户调查数据，从农户需求视角，综合运用首选决定法、加权频数法和聚类分析三种方法分析农户对基本公共服务的需求优先序。

本研究在分析了农户对目前易地扶贫搬迁政策满意度之后，认为农户对目前的政策满意度总体上并不高，农户对政策需求与政府提供的政策存在一定的差距，因此通过问卷调查方式了解农户最希望得到的几项政策支持，借鉴其他学者的研究经验，拟采用聚类分析方法得出农户对易地扶贫搬迁政策需求的优先序，为政府部门制定易地扶贫搬迁政策提供依据。

第二节　易地扶贫搬迁政策需求优先序的描述

一、政策需求获取

为了解农户对易地扶贫搬迁政策的需求情况，本研究在问卷的最后部分设置了一道题目，从备选的移民政策需求中根据受访者个人意愿程度由大到小有序选择，即第1位次是受访者最迫切的需求，第2位其次，后面依次类推。结合目前正在实施的搬迁扶贫政策及相关学者的研究，问卷备选的移民政策需求共分为4类9项，分别为政策支持类的生态家园富民计划、重划农户所有宅基地、农村合作社等组织的生产服务支持，资金支持类的现金补助、贴息贷款，物质支持类的住房安置、生产物资支持，技术培训支持的劳务技能培训、种养殖技术培训。

移民农户根据自身实际意愿，从9个选项中按照自己认为的迫切性依次选择5项，由此反映各移民农户对易地扶贫搬迁政策需求，也是对易地扶贫搬迁政策的一种期望。

二、统计结果描述

根据回收的246份有效问卷统计，农户对易地扶贫搬迁政策的需求情况如

表 8－1 所示。

表 8－1　易地扶贫搬迁政策需求统计

	第一位次		第二位次		第三位次		第四位次		第五位次	
	户数	%	户数	%	户数	%	户数	%	户数	%
A＝生态家园计划	29	11.79	13	5.28	7	2.85	38	15.45	24	9.76
B＝重划宅基地	25	10.16	16	6.50	19	7.72	5	2.03	28	11.38
C＝生产服务支持	19	7.72	13	5.28	23	9.35	12	4.88	16	6.50
D＝现金补助	92	37.40	70	28.46	21	8.54	16	6.50	12	4.88
E＝贴息贷款	15	6.10	46	18.70	33	13.41	14	5.69	33	13.41
F＝劳务技能培训	6	2.44	13	5.28	25	10.16	37	15.04	34	13.82
G＝种养殖技术培训	5	2.03	13	5.28	16	6.50	25	10.16	26	10.57
H＝住房安置	42	17.07	45	18.29	71	28.86	36	14.63	23	9.35
I＝生产物资支持	13	5.28	17	6.91	31	12.60	63	25.61	50	20.33
合计	246	100.00	246	100.00	246	100.00	246	100.00	246	100.00

第一位次上出现次数最多的为“现金补助”，92 次，占总样本数的 37.40%；其次是“住房安置”，42 次，占比为 17.07%；再次为“生态家园计划”，29 次，占比为 11.79%；接下来分别为“重划宅基地”25 次、“生产服务支持”19 次、“贴息贷款”15 次、“生产物质支持”13 次；排在最后两项的为“劳务技能培训”6 次和“种养殖技术培训”5 次，占比仅为 2.44% 和 2.03%。

第二位次上出现次数最多的也是“现金补助”，70 次，占总样本数的 28.46%；其次是“贴息贷款”46 次；再次为“住房安置”45 次；接下来分别为“生产物资支持”17 次、“重划宅基地”16 次，“生态家园计划”“生产服务支持”“劳务技能培训”“种养殖技术培训”均为 13 次排在最后。

第三位次上出现次数最多的为“住房安置”，71 次，占总样本数的 28.86%，其次是“贴息贷款”33 次，再次是“生产物资支持”31 次，接下来几项次数的占比都在 10% 以内。

第四位次上出现次数最多的为“生产物资支持”，63 次，占总样本数的 25.61%，其次是“生态家园计划”，38 次，占比为 15.45%，再次分别为“劳务技能培训”37 次、“住房安置”36 次、“种养殖技术培训”25 次，其余各项次数占比均较小。

第五位次上出现次数最多的也是“生产物资支持”，50 次，占总样本数 20.33%；其次分别是“劳务技能培训”34 次和“贴息贷款”33 次，两者次数相差不大；再次分别是“重划宅基地”28 次、“种养殖技术培训”26 次、“生态家园计划”24 次、“住房安置”23 次、“生产服务支持”16 次和“现金补助”12 次。

从表 8 - 1 数据来看，“生产服务支持”排序明显靠后，每一位次上所得次数均未超过总样本数 10%；“现金补助”排序则明显靠前，在第一、二位次上所得次数均排在第 1 位；而其他政策需求在不同位次上出现不同次数，很难进行合理排序，因此，采用聚类分析方法对 9 项政策需求进行分类，排出各项政策需求的优先序。

第三节　农户对易地扶贫搬迁政策需求优先序分析

利用 SPSS 软件，采用组间连接的聚类方法，度量标准以区间平方 Euclidean 距离对 9 项政策需求进行系统聚类，聚类分析结果如图 8 - 1 所示。从树状图可以看出，农户对易地扶贫搬迁政策需求 9 项政策需求可分为 3 个层次。在对同一层次不同政策需求的排序过程中，需要借鉴无权重转移思路（孔祥智，2007）对该政策需求次数进行计算。无权重转移基本思路是一项政策在第一位上出现的次数比另一项政策多余的次数无权重地转移到第二位上，依次类推，直至第五位上出现的次数加上转移而来的多余次数依然比另外一项多，则该项政策比另一项更迫切；但是在转移过程中出现负数，即转移过来的次数与该位上次数之和小于另一项政策在该位次上的次数时，则需要按照加权统计频数进行比较，第一位至第五位分别赋予 5、4、3、2、1 权重。

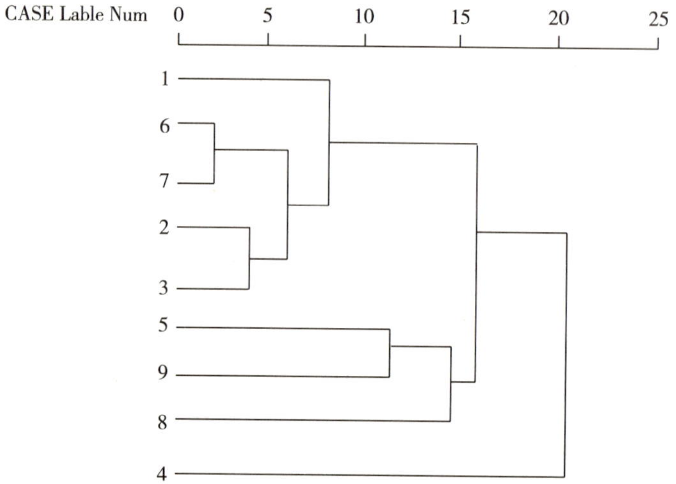

图 8-1 农户对易地扶贫搬迁政策需求聚类分析树状

注：1 = 生态家园计划；2 = 重划宅基地；3 = 生产服务支持；4 = 现金补助；5 = 贴息贷款；6 = 劳务技能培训；7 = 种养殖技术培训；8 = 住房安置；9 = 生产物资支持。

第一层次是"现金补助"。从图 8-1 可以看出，"现金补助"单独聚为一类，这与其在第一、二位次上出现的次数有关，在这两个位次上"现金补助"所得次数都是第一，远高于其他政策需求，因此属于第一层次需求。

第二层次是"贴息贷款""住房安置"和"生产物资支持"。在图 8-1 中，这三项政策需求较为明显地聚成一类，从各位次上的次数来看，很难直观地对此三项进行排序，借鉴无权重转移思路对该三项政策需求次数进行计算，可以得出第二层次首位的是"住房安置"，其次是"贴息贷款"，最后是"生产物资支持"。

第三层次是"生态家园计划""重划宅基地""生产服务支持""劳务技能培训"和"种养殖技术培训"。从表 8-1 的统计来看，在各个位次上这 5 项政策需求所得次数都不同，通过无权重转移思路对该 5 项政策需求次数进行计算，得出排在第三层次首位的是"生态家园计划"，其次是"重划宅基地"，接下来为"劳务技能培训""生产服务支持"，排在第三层次末位的是"种养殖技术培训"。

因此，通过聚类分析方法得出易地扶贫搬迁政策需求的优先序为："现金补助""住房安置""贴息贷款""生产物资支持""生态家园计划""重划宅基地""劳务技能培训""生产服务支持""种养殖技术培训"。从政策需求的排序可以看出，农户更在乎的是资金支持及物质支持，排序前4项都属于这两类，而技术培训支持的2项均排在后3位，反映出农户在移民搬迁过程中比较注重眼前的既得利益，而不从长远生计变化角度去考虑，这也能反映当前农户的心理预期。

第四节　易地扶贫搬迁政策需求的影响因素分析

通过聚类分析方法对易地扶贫搬迁政策需求进行排序后，还需要从农户角度进一步分析影响政策需求的主要因素，才能更有目的地为今后完善易地扶贫搬迁政策提供有力依据。

一、易地扶贫搬迁政策需求影响因素变量的设计

对于政策需求影响因素的研究，不同的学者所确定的研究变量有所不同。朱红根（2014）在对农民工择业政策需求影响因素分析中选取了年龄、性别、婚姻和文化程度等变量；陈江华（2014）在分析社员对合作社服务需求影响时选取了所在村的区域特征、户主个体特征（包括年龄、性别、文化程度）、家庭特征（家庭劳动力、人均年纯收入、农业收入占比和生产规模）、农产品与技术外部特征和社会经济外部特征等变量进行分析；袁旺兴（2015）在对农民工市民化政策需求影响因素的分析时所选取的变量包括农民工个体特征（年龄、性别、文化程度、婚姻状况）、家庭特征（家庭老人数量、家庭小孩数量生活水平、居住场所类型）和农转非意愿等。因此，参考已有文献研究方法，根据本研究问卷设计的实际情况以及前面分析的结果，认为可能对易地扶贫搬迁政策需求会产生影响的因素应该涉及农户的个体特征、家庭特征、移民意愿及移民安置点的选择等方面。基于此，本研究选取年龄、性别、受教育程度、婚姻状况、是否建档贫困户、移民意愿、所在村的交通条件和村在镇的发展水平8个变量对易地扶贫搬迁政策需求影响因素进行分析。

二、易地扶贫搬迁政策需求统计分析

本研究在问卷设计时每个受访户需要按顺序选择5项政策需求，将所选择出的政策按总次数进行统计，根据农户特征中年龄、性别、受教育程度、婚姻状况、是否建档贫困户、移民意愿、所在村的交通条件、村所在镇的经济水平进行分类统计。

（一）年龄分类标志下政策需求统计

图8-2显示为不同年龄段受访户对易地扶贫搬迁政策需求次数的结构比例。从柱状图趋势来看，随着年龄的增加，“生态家园计划”和“重划宅基地”2项政策需求所占比例基本呈现下降趋势，即在这2项政策需求方面，年龄大的受访户的需求会相应较弱；“现金补助”则随着年龄的增加该项政策需求比例则呈现增加趋势，这也反映出年龄越大的农户更希望有现金保障；其他几项政策需求与年龄关系并不密切，但值得一提的是，“住房安置”这项政策对于20岁以下受访户来说需求所占比例比较突出，这说明年轻人首要看重的是住房，迫切需要的是一个独立的生活空间。

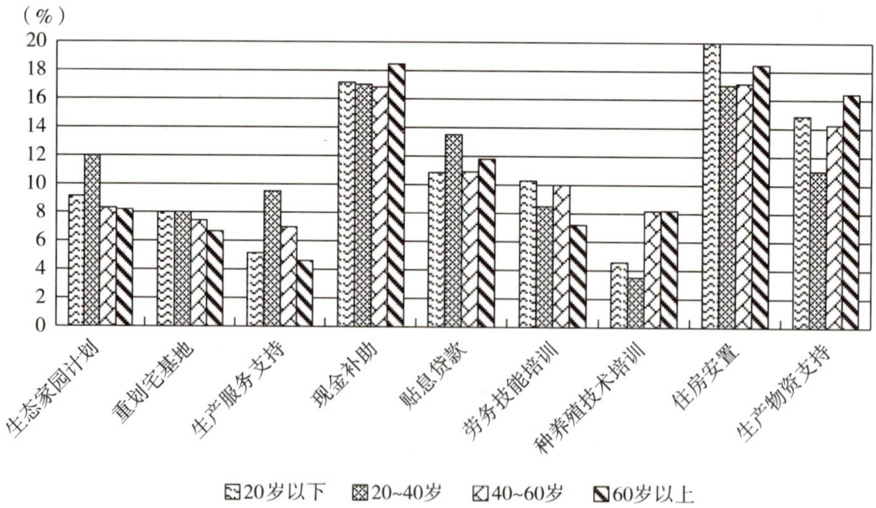

图8-2　年龄分类标志下政策需求统计

（二）性别分类标志下政策需求统计

图8－3显示为性别分类标志下对各项政策需求的统计，从图8－3中结果来看，不同性别受访户对各项政策需求所占比例存在一定的差距。“生态家园计划”“重划宅基地”“现金补助”“住房安置”和“生产物资支持”5项政策方面，女性政策需求所占比例要大于男性，从这5项政策所包含内容来看女性更趋向于现有保障方面，说明女性更加注重具有保障功能的政策安排；在“生产服务支持”“贴息贷款”“劳务技能培训”和“种养殖技术培训”4项政策方面男性需求比例要大于女性，这4项政策更多的是提高个人生产技能及劳动技能，增加劳动者个人综合素质，能获得长期收益的政策支持，说明男性更注重提升自我，追求长远发展。当然，还需要指出的是，图8－3中性别分类标志对各项政策需求的影响是直观描述，是否存在显著性还需要对数据进一步分析。

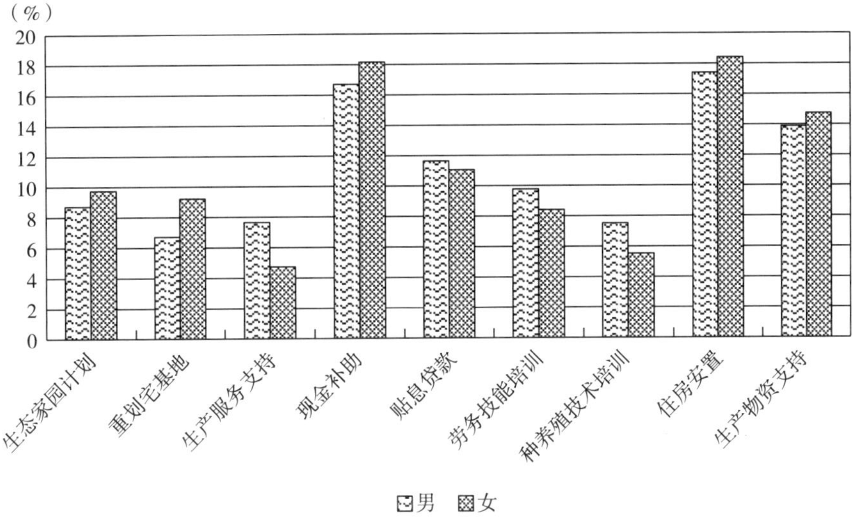

图8－3　性别分类标志下政策需求统计

（三）受教育程度分类标志下政策需求统计

图8－4显示为受教育程度分类标志下对各项政策需求的统计。从图8－4中结果来看，随着受访户受教育程度的提高，“生态家园计划”和“重划宅基地”这2项政策需求所占比例呈现较为明显的增加趋势，说明受教育程度越高的农户

可能更加期待一种和谐的生活环境；“现金补助”和“种养殖技术培训”则随着受教育程度的提高其政策需求比例呈现减少趋势，可能的原因是受教育水平的提高能够增加农户获得务工、提高收入的机会，而技术培训本身也是提高农户教育水平的一种方式，受教育水平越低的农户这种需求自然会愈加强烈。

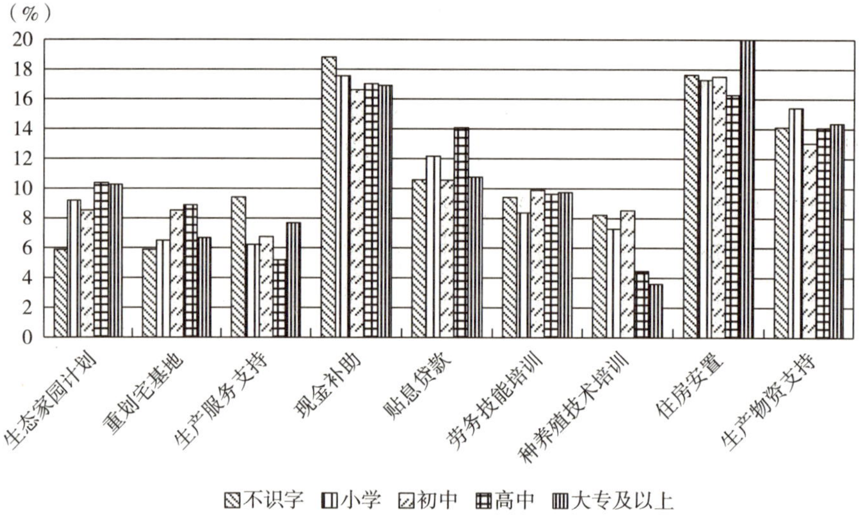

图8-4 受教育程度分类标志下政策需求统计

从图8-4中所示结果来看，其他几项政策需求与受教育程度没有存在明显的趋势，也可以说受教育程度对这些政策需求不存在明显的影响。

（四）婚姻状况分类标志下政策需求统计

图8-5显示了婚姻状况分类标志下对各项政策需求的统计，从图8-5中结果来看，未婚受访户对“生态家园计划”“贴息贷款”和“住房安置”3项政策需求所占比例要高于已婚受访户，这说明未婚农户更希望先有一个安稳的家，一个自己所拥有的独立生活空间；在“种养殖技术培训”政策需求方面，已婚受访户所占比例明显高于未婚受访户，说明已婚受访户更在乎希望获得一种生产技能以发展家庭经济，对家庭的责任感要强于未婚受访农户；在“重划宅基地”“生产服务支持”“现金补助”“劳务技能培训”和“生产物资支持”5项政策需求方面，两者在所占比例方面虽然有差异，但并不明显。

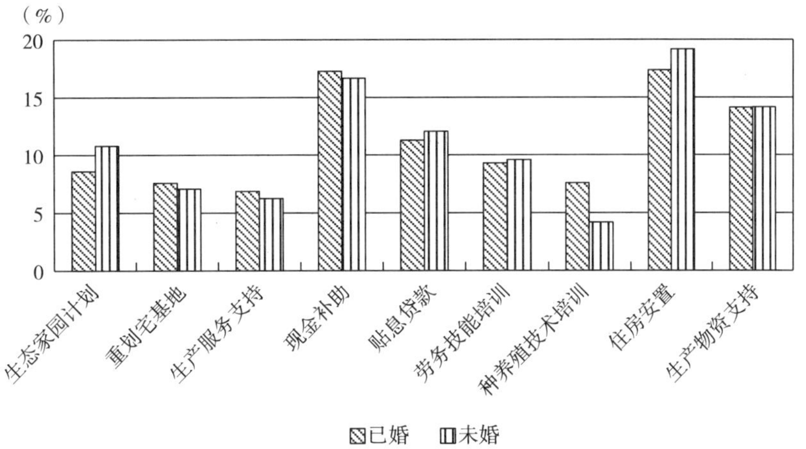

图 8-5　婚姻状况分类标志下政策需求统计

（五）是否建档贫困户分类标志下政策需求统计

图 8-6 显示了是否建档贫困户分类标志下的政策需求。从图 8-6 中可以看出，在优先序中排在前面的“现金补助”“住房安置”2 项政策在该项分类标志下所占比例基本相同，说明无论是否为建档贫困户，移民农户对该两项政策需求都是一致的；建档贫困户在“生态家园计划”“贴息贷款”和“种养殖技术培训”3 项政策需求所占比例上要高于非建档贫困户；“生产物资支持”政策需求方面非建档贫困户所占比例明显要高于建档贫困户，而“劳务技能培训”和“生产服务支持”2 项政策需求方面则略高一点，但并不明显。

（六）移民意愿分类标志下政策需求统计

图 8-7 所示为移民意愿分类标志下的政策需求。从图 8-7 中可以看出，在“现金补助”政策需求方面所占比例随着移民意愿增强呈现增加趋势，但增加幅度较小；而“劳务技能培训”和“种养殖技术培训”2 项政策需求所占比例则随着移民意愿增加呈现减少趋势，但这种趋势并不明显；而对于其他几项政策需求，从图 8-7 中来看并不存在明显规律。

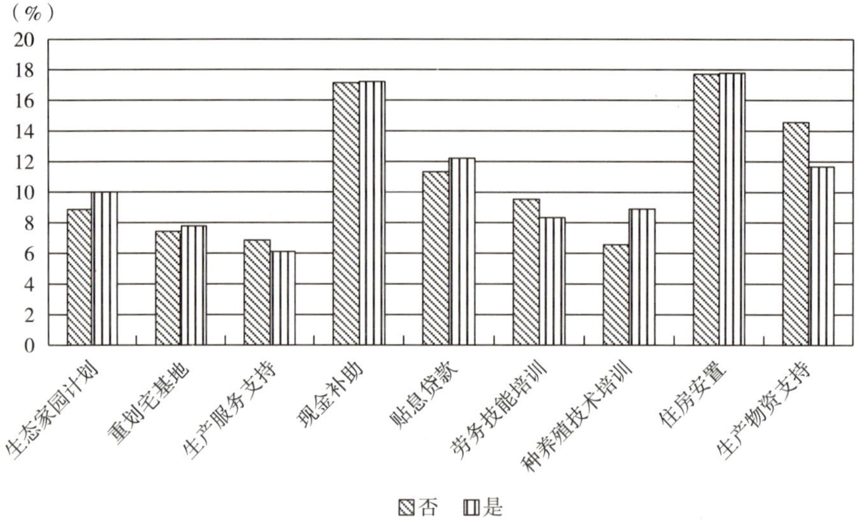

图8-6　是否建档贫困户分类标志下政策需求统计

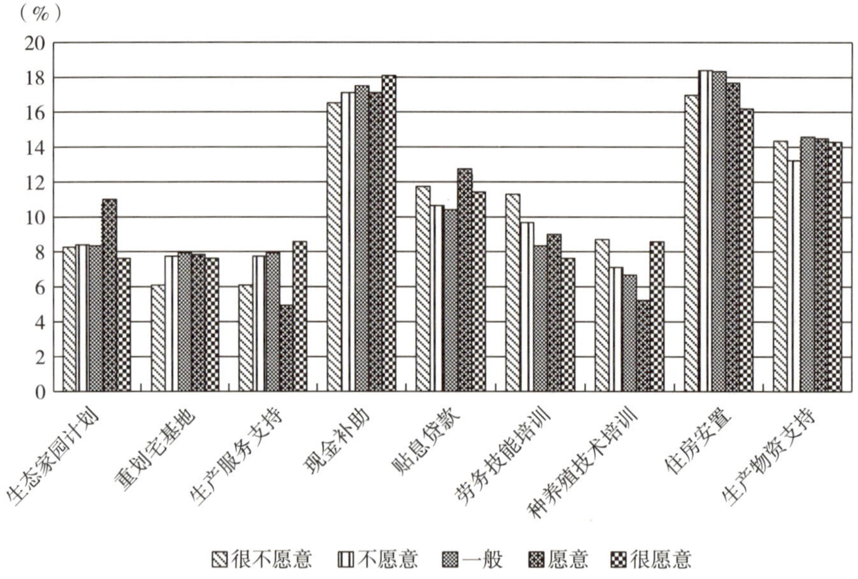

图8-7　移民意愿分类标志下政策需求统计

（七）所在村的交通条件分类标志下政策需求统计

图8-8显示了所在村的交通条件分类标志下的政策需求统计。从图8-8中

显示结果来看，“现金补助”及“住房安置”2项政策需求方面随着交通条件改善受访户所占比例呈现减少趋势，但是这种趋势并非完全一致且各类之间差距并不是很明显；而在“生态家园计划”和“生产服务支持”2项政策需求方面所占比例则呈现增加趋势，但其所占比例的数值较小，均在10%以内；其他几项政策需求在图8-8中未能显示出明显的规律。

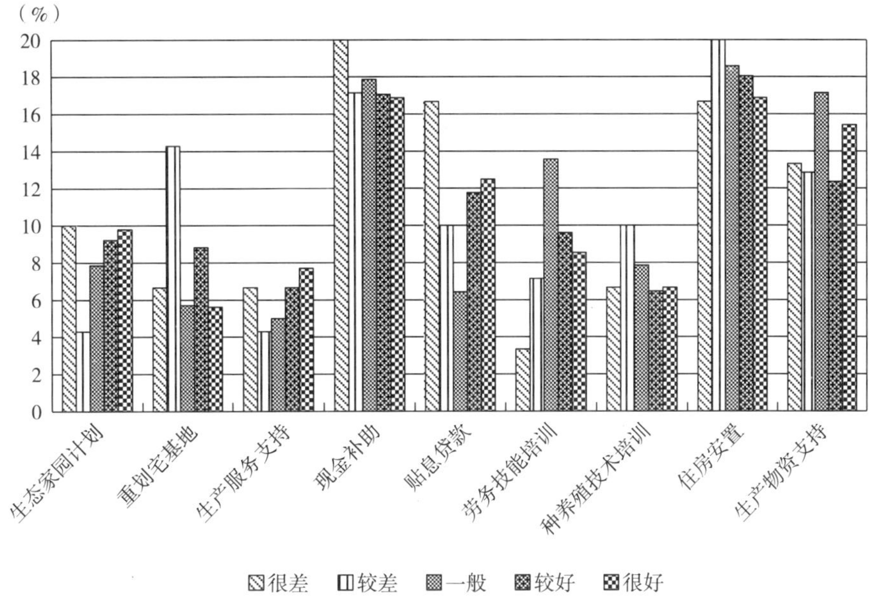

图8-8　所在村的交通条件分类标志下政策需求统计

（八）村在镇的经济水平分类标志下政策需求统计

图8-9显示为村在镇的经济水平分类标示下政策需求的统计，从图8-9中可以看出“重划宅基地”“现金补助”和“生产物资支持”3项政策需求方面随着经济水平的增加农户所占比例呈现减少的趋势，说明在经济条件好的安置点移民农户对现金及物资的期望会下降；“生产服务支持”“贴息借款”和“种养殖技术培训”3项政策需求方面则呈现增加趋势，从这3项政策内容来看这些都是有利于生产的，说明在经济条件好的安置点农户会有更强的竞争意识和生产意识，会有较长远的发展家庭经济的计划；其他3项政策需求在农户所占比例方面则没有明显的规律。

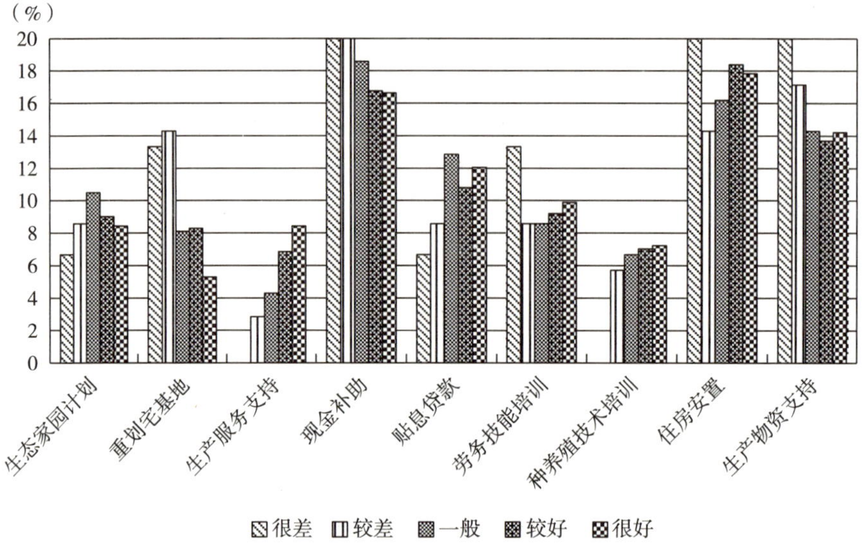

图 8-9　村在镇的经济水平分类标志下政策需求统计

表 8-2　不同分类标志下易地扶贫搬迁政策需求比例　　单位：%

影响因素	分类	生态家园计划	重划宅基地	生产服务支持	现金补助	贴息贷款	劳务技能培训	种养殖技术培训	住房安置	生产物资支持
年龄	20 岁以下	9.14	8.00	5.14	17.14	10.86	10.29	4.57	20.00	14.86
	20～40 岁	12.00	8.00	9.50	17.00	13.50	8.50	3.50	17.00	11.00
	40～60 岁	8.33	7.42	6.97	16.82	10.91	10.00	8.18	17.12	14.24
	61 岁以上	8.21	6.67	4.62	18.46	11.79	7.18	8.21	18.46	16.41
性别	男	8.71	6.71	7.65	16.71	11.65	9.76	7.53	17.41	13.88
	女	9.74	9.21	4.74	18.16	11.05	8.42	5.53	18.42	14.74
受教育程度	不识字	5.88	5.88	9.41	18.82	10.59	9.41	8.24	17.65	14.12
	小学	9.19	6.49	6.22	17.57	12.16	8.38	7.30	17.30	15.41
	初中	8.54	8.54	6.74	16.63	10.56	9.89	8.54	17.53	13.03
	高中	10.37	8.89	5.19	17.04	14.07	9.63	4.44	16.30	14.07
	大专及以上	10.26	6.67	7.69	16.92	10.77	9.74	3.59	20.00	14.36
婚姻状况	已婚	8.59	7.58	6.87	17.27	11.31	9.29	7.58	17.37	14.14
	未婚	10.83	7.08	6.25	16.67	12.08	9.58	4.17	19.17	14.17

续表

影响因素	分类	生态家园计划	重划宅基地	生产服务支持	现金补助	贴息贷款	劳务技能培训	种养殖技术培训	住房安置	生产物资支持
是否建档贫困户	否	8.86	7.43	6.86	17.14	11.33	9.52	6.57	17.71	14.57
	是	10.00	7.78	6.11	17.22	12.22	8.33	8.89	17.78	11.67
移民意愿	很不愿意	8.26	6.09	6.09	16.52	11.74	11.30	8.70	16.96	14.35
	不愿意	8.39	7.74	7.74	17.10	10.65	9.68	7.10	18.39	13.23
	一般	8.33	7.92	7.92	17.50	10.42	8.33	6.67	18.33	14.58
	愿意	11.01	7.83	4.93	17.10	12.75	8.99	5.22	17.68	14.49
	很愿意	7.62	7.62	8.57	18.10	11.43	7.62	8.57	16.19	14.29
所在村的交通条件	很差	10.00	6.67	6.67	20.00	16.67	3.33	6.67	16.67	13.33
	较差	4.29	14.29	4.29	17.14	10.00	7.14	10.00	20.00	12.86
	一般	7.86	5.71	5.00	17.86	6.43	13.57	7.86	18.57	17.14
	较好	9.22	8.82	6.67	17.06	11.76	9.61	6.47	18.04	12.35
	很好	9.79	5.63	7.71	16.88	12.50	8.54	6.67	16.88	15.42
该村在本镇的经济水平	很差	6.67	13.33	0.00	20.00	6.67	13.33	0.00	20.00	20.00
	较差	8.57	14.29	2.86	20.00	8.57	8.57	5.71	14.29	17.14
	一般	10.48	8.10	4.29	18.57	12.86	8.57	6.67	16.19	14.29
	较好	9.01	8.29	6.85	16.76	10.81	9.19	7.03	18.38	13.69
	很好	8.43	5.30	8.43	16.63	12.05	9.88	7.23	17.83	14.22

三、计量模型构建

在前面分析中将每个受访农户各选取的5项政策进行统计分析，可以视为其对该5项政策存在需求，因此认为该项政策被移民农户存在“需求”，否则为“不需求”。因此，本研究所列举的9项政策对于所有的受访农户来说都存在“需求”与“不需求”两种情况，作为被解释变量（因变量）来说符合二元变量要求，因此本研究拟采用二元Logistic模型分析易地扶贫搬迁政策需求的影响因素。

逻辑斯谛回归预测的是观测量相对于某一事件的发生概率，回归模型为：

$$Prob\ (event) = \frac{e^z}{1+e^z} = \frac{1}{1+e^z} \tag{8-1}$$

其中：$z = b_o + b_1x_1 + b_2x_2 + \cdots + b_px_p$（p 为自然变量的数量）

某一件事情不发生的概率则为：

$$Prob\ (no\quad event) = 1 + Prob\ (event) \tag{8-2}$$

因此将逻辑斯谛方程可以写为：

$$\frac{Prob(event)}{Prob(no\quad event)} = \frac{Prob(event)}{1 - Prob(event)} = e^{b_0+b_1x_1+b_2x_2+\cdots+b_px_p} = e^{\sum_{j=0}^{p} b_jx_j} \tag{8-3}$$

整理后为：

$$Ln\left(\frac{Prob(event)}{1 - Prob(event)}\right) = Ln\left(\frac{P_i}{1 - P_i}\right)$$

$$= \sum_{j=0}^{p} b_jx_j = b_o + b_1x_1 + b_2x_2 + \cdots + b_px_p(x_0 = 1) \tag{8-4}$$

其中，P_i 表示第 i 个受访户所选择政策需求中某项政策的概率，为模型的被解释变量，用 Z_i 表示。根据前面政策需求优先序的分析，“劳务技能培训”“生产服务支持”和“种养殖技术培训”3 项政策排在最后 3 位且在被选次数上与其他政策存在明显差距，移民农户对此 3 项政策需求并不明显，故在此不做影响因素分析。因此，Z_i 包括现金补助、住房安置、贴息贷款、生产物资支持、生态家园计划和重划宅基地共 6 项政策需求作为被解释变量进行影响因素分析；b_j 表示待估系数，x_j 表示第 j 个影响受访户政策需求的变量，即二元 Logistic 模型的解释变量，主要包括年龄、性别、受教育程度、婚姻状况、是否建档贫困户、移民意愿、所在村的交通条件和村在镇的发展水平 8 变量。因此，易地扶贫搬迁政策需求影响因素的二元 Logistic 模型的被解释变量及解释变量定义及取值如表 8－3 所示：

表 8－3　易地扶贫搬迁政策需求二元 Logistic 模型变量定义及取值

变量名称	符号	取值范围	定义及取值
被解释变量	Z_i	0～1	0＝无需求；1＝需求
年龄	x_1	1～4	1＝20 岁以下；2＝21～40 岁；3＝41～60 岁；4＝60 岁以上
性别	x_2	0～1	0＝男；1＝女

续表

变量名称	符号	取值范围	定义及取值
受教育程度	x_3	1～5	1＝不识字；2＝小学；3＝初中；4＝高中；5＝大专及以上
婚姻状况	x_4	0～1	0＝未婚；1＝已婚
是否建档贫困户	x_5	0～1	0＝否；1＝是
移民意愿	x_8	1～5	1＝很不愿意；2＝不愿意；3＝一般；4＝愿意；5＝很愿意
所在村的交通条件	w_2	1～5	1＝很差；2＝较差；3＝一般；4＝较好；5＝很好
该村在镇的经济水平	w_3	1～5	1＝很差；2＝较差；3＝一般；4＝较好；5＝很好

四、模型估计结果

通过对问卷数据进行整理，将原问卷中移民农户对政策需求优先序选项转换成对每一项政策的“需求”与“不需求”数据作为模型被解释变量，依据前文分析结果建立“生态家园计划”“重划宅基地”“现金补助”“贴息贷款”“住房安置”和“生产物资支持”6个二元Logistic模型，运用SPSS软件对模型进行参数估计，估计结果如表8－4所示。

（一）年龄对政策需求的影响

从表8－4中的结果可以看出，年龄在模型三、四、五、六中通过了显著性水平检验。在模型三“现金补助”政策需求中年龄在1%的显著性水平下通过检验（Sig. ＝0.003＜1%），且系数为正（B＝0.139），说明年龄对现金补助政策需求有着显著的影响，随着年龄的增加，受访农户对现金补助政策需求会更大，也更倾向于现金补助，反映出现金对于年龄大的农户来说会有更大保障、更强的安全感；在模型四“贴息贷款”政策需求中年龄在10%的显著性水平下通过检验（Sig. ＝0.094＜10%），且系数为负（B＝0.002），说明随着年龄的增长，受访农户对贴息贷款政策的需求会减少，即年龄大的受访农户更不愿意去承担贷款所带来的经济压力；在模型五“住房安置”政策需求中年龄在5%的显著性水平下通过检验（Sig. ＝0.042＜5%），且系数为正（B＝0.281），说明随着年龄的增长，受访农户对住房安置政策的需求会更高，这可能是年龄大的受访农户更希望得到一个稳定安身之所，能有一个稳定的家，符合传统的安居思想；在模型六“生产

表 8－4 易地扶贫搬迁政策需求影响因素参数估计结果

	模型一：生态家园计划			模型二：重划宅基地			模型三：现金补助			模型四：贴息贷款			模型五：住房安置			模型六：生产物资支持		
	B	Wals	Sig.	B	Wals	Sig.	B	Wals	Sig.	B	Wals	Sig.	B	Wals	Sig.	B	Wals	Sig.
年龄	0.066	0.068	0.794	-0.162	0.376	0.540	0.139***	8.146	0.003	-0.002	2.001*	0.094	0.281**	3.518	0.042	0.479*	2.996	0.083
性别	0.156	0.262	0.609	0.599	3.600*	0.058	0.840*	2.893	0.089	-0.229	3.462**	0.043	0.472	0.815	0.367	0.353	1.076	0.300
受教育程度	0.091	0.262	0.609	0.211	1.307	0.253	-0.067**	3.372	0.049	-0.110	0.384	0.536	0.256	0.838	0.360	6.059***	0.096	0.007
婚姻状况	-0.248*	3.192	0.061	0.920**	2.328	0.027	0.126	0.027	0.870	-0.462**	4.652	0.019	-1.216***	11.414	0.004	-0.684	1.224	0.268
是否为建档贫困户	0.282	0.576	0.448	-0.117	0.091	0.763	-0.084	0.025	0.875	0.269	2.510	0.475	-0.207	0.118	0.731	-0.641*	2.826	0.093
移民意愿	0.115***	9.232	0.007	0.063*	3.339	0.060	0.095	0.405	0.525	0.056	0.290	0.590	0.005	0.001	0.973	0.012	0.011	0.917
所在村的交通条件	-0.295*	3.777	0.052	0.182	1.452	0.228	0.093	0.177	0.674	-0.164	1.275	0.259	0.629**	5.104	0.024	-0.095	0.358	0.550
该村在镇的经济水平	0.172	1.056	0.304	0.354**	4.153	0.042	0.396	2.395	0.122	0.016*	2.009	0.094	-0.538**	4.128	0.042	0.225	1.533	0.216
常量	-0.637	0.292	0.589	-2.816	5.105	0.024	0.170	0.010	0.919	1.222	1.076	0.300	1.446	0.592	0.442	-0.373	0.087	0.769
-2 Log Likelihood	331.104[a]			312.199[a]			193.355[a]			332.401[a]			162.166[a]			294.764[a]		
Cox & Snell R^2	0.030			0.059			0.032			0.013			0.048			0.031		
Nagelkerke R^2	0.041			0.081			0.057			0.018			0.095			0.044		

注：*、**、***分别表示解释变量在10%、5%、1%的统计水平下显著。

物资支持”政策需求中年龄在10%的显著性水平下通过检验（Sig. =0.083 <10%），且系数为正（B =0.479），说明随着年龄的增大，受访农户对生产物资支持政策的需求更高，可能的原因是在移民搬迁之后，年龄越大的农户在本地从事农业生产的可能性会更大，更容易接受本地就业，因此对生产物资支持的需求会更大。

（二）性别对政策需求的影响

从表8 -4中的结果可以看出，年龄在模型二、模型三、模型四中通过了显著性水平检验。在模型二“重划宅基地”政策需求中性别在10%的显著性水平下通过检验（Sig. =0.058 <10%），且系数为正（B =3.600），说明女性受访农户对重划宅基地政策需求更大，女性比男性在移民搬迁之后更希望得到一块宅基地用于自建住房；模型三“现金补助”政策需求中性别在10%的显著性水平下通过检验（Sig. =0.089 <10%），且系数为正（B =0.840），说明女性受访农户对现金补助政策需求要大于男性受访农户，即女性对现金需求的期待要高于男性，可能原因是女性认为直接获得现金更有安全感；模型四“贴息贷款”政策需求中性别在5%的显著性水平下通过检验（Sig. =0.043 <5%），且系数为负（B = -0.229），与男性相比女性在贴息贷款政策需求上要更低，说明女性更不愿意通过贷款方式获得资金来改善家庭生计方式，也反映出女性对未来预期收入的一种谨慎心理。

（三）受教育程度对政策需求的影响

从表8 -4中的结果可以看出，年龄在模型三和模型六中通过了显著性水平检验。模型三“现金补助”政策需求中受教育程度在5%的显著性水平下通过检验（Sig. =0.049 <5%），且系数为负（B = -0.067），说明随着受教育程度提高，移民农户对现金政策需求程度会减少，即与受教育水平低的移民农户相比高学历的移民农户对现金需求会更少，会在其他政策需求中得到相应平衡；模型六“生产物资支持”政策需求中受教育程度在1%的显著性水平下通过检验（Sig. =0.007 <1%），说明受教育程度对生产物资支持政策需求有着显著的影响，系数为正（B =6.059）且数值较大，可能原因是受教育水平高的移民农户在移民搬迁之后更希望能够拥有自己的独立生产，通过从事一系列生产活动获得可持续生计能力。

（四）婚姻状况对政策需求的影响

婚姻状况在模型一、二、四、五中通过了显著性检验，表明其是政策需求影响的一个较为主要的原因。模型一“生态家园计划”政策需求中婚姻状况在 10% 的显著性水平下通过检验（Sig. =0.061 <5%），且系数为负（B = -0.248），与模型五“住房安置”政策需求一致，婚姻状况在 1% 的显著性水平下通过检验（Sig. =0.004 <1%），且系数为负（B = -1.216），说明未婚受访移民农户对生态家园计划政策需求更高，对住房需求更迫切，即未婚移民农户在移民之后更期待有一个安定的居所，拥有自己独立的生活空间；模型二“重划宅基地”政策需求中婚姻状况在 5% 的显著性水平下通过检验（Sig. =0.027 <5%），且系数为正（B =2.328），表明已婚受访移民农户更期待在移民搬迁之后有一块自己的宅基地，通过自建房形式拥有相对独立较为宽阔的生活空间，这与模型一中系数为负能够相互验证；模型四“贴息贷款”政策需求中婚姻状况在 5% 的显著性水平下通过检验（Sig. =0.019 <5%），且系数为负（B = -0.462），说明已婚受访移民农户对贴息贷款需求更低，未婚农户对贴息贷款的需求更高，主要是未婚移民农户相对而言需要用到现金的概率更大，仅结婚一项对现金的需求就明显高于前者，从另一个角度来看，未婚移民农户对未来预期收入更有信心。

（五）是否为建档贫困户对政策需求的影响

从表 8-4 中参数估计结果来看，是否建档贫困户在模型六“生产物资支持”政策需求中通过 10% 显著性检验（Sig. =0.093 <5%），且系数为负（B = -0.641），说明建档贫困户对于生产物资支持的政策需求要更低，可能的原因是建档贫困户本身家境相对贫困，在移民搬迁后即使有生产物资的支持但缺乏资金去从事其他生产投入，更多地会选择以简单劳力换取收入的劳动方式。

（六）移民意愿对政策需求的影响

移民意愿在模型一和模型二中通过显著性检验，在模型一“生态家园计划”中移民意愿在 1% 的显著性水平下通过检验（Sig. =0.007 <1%），且系数为正（B =0.115），与模型二“重划宅基地”政策需求一致，在 10% 的显著性水平下通过检验（Sig. =0.060 <10%），且系数为正（B =0.063），说明移民意愿越强烈的受访农户对生态家园计划及重划宅基地的需求越高，可能原因在于有强烈移民意愿的农户在搬迁之前其所居住生活条件会更恶劣，更加期待崭新生活环境，在交通方便生活条件良好的地方获得一块宅基地或者被统一安置移民小区是他们非常迫切的需求。

（七）所在村交通条件对政策需求的影响

表 8-4 中参数估计结果显著，所在村交通条件在模型一和模型五中通过显

著性检验。模型一“生态家园计划”政策需求中所在村交通条件在10%的显著性水平下通过检验（Sig. =0.052 <10%），且系数为负（B = -0.295），说明在移民搬迁到交通条件不好地方的受访农户对生态家园计划的需求更高，他们更希望能够在交通条件好的安置点实行统一安置，即使是缩小一点生活空间，这在入户调查过程中也得到了一些受访农户的认可；模型五“住房安置”政策需求中所在村交通条件在5%的显著性水平下通过检验（Sig. =0.024 <5%），且系数为正(B = -0.629)，说明在移民搬迁到交通条件较好地方受访农户对住房需求更高，可能原因在于交通条件较好的地方除运输成本外其他建房成本会更高，住房安置可以直接降低农户移民搬迁成本，从而提高农户生计能力。

（八）村在镇经济水平对政策需求的影响

从表8-4中也可以看出，村在镇经济水平在模型二、模型四和模型五中通过显著性检验。模型二“重划宅基地”政策需求中村在镇经济水平在5%的显著性水平下通过检验（Sig. =0.042 <5%），且系数为正（B =0.354），说明搬迁到经济水平较高的安置点的移民农户对于在该安置点重划宅基地的需求较强烈，期待在经济条件较好的地方获得一块自己拥有的宅基地对于移民农户可持续生计有着较大的影响，在入户调研中也能发现这只是受访者自身的一种期待；模型四“贴息贷款”政策需求中村在镇经济水平在10%的显著性水平下通过检验（Sig. =0.094 <10%），且系数为正（B =0.016），说明搬迁到经济条件较好地方的移民农户对于未来经济及家庭收入有更好的预期，可以承受通过贷款从事其他生产所带来的风险，能更积极改善家庭生计状况，获得更强的可持续生计能力；模型五“住房安置”政策需求中村在镇经济水平在5%的显著性水平下通过检验(Sig. =0.042 <5%），且系数为正（B =0.259），说明搬迁到经济较好地方的移民农户对住房安置需求更强烈，这一点可能与所在村交通条件对住房安置需求的原因一致，经济条件较好的地方自建住房成本会较好，对于刚搬迁过来的移民农户自建住房压力很大，更期待得到住房的安置。

通过以上分析可以发现，所选择变量分别对易地扶贫搬迁政策的需求产生了不同程度的影响，有些影响比较显著有些则不存在显著的影响。因此，这给政府管理部门提出建议，今后面对具有不同个体特征的移民农户时所制定的移民搬迁政策要有针对性，要充分考虑不同移民农户的情况，有的放矢才能提高易地扶贫搬迁工作效率。

第五节　本章小结

易地扶贫搬迁政策是一系列政策的组合，在政策制定及完善过程中应该充分考虑每一项政策的重要性。本章分析农户对易地扶贫搬迁过程中涉及的主要政策内容的需求及其优先序排序，在此基础上，进一步分析影响政策需求的主要因素：

一是结合目前实施的易地扶贫搬迁政策及相关学者研究，归纳总结易地扶贫搬迁政策主要分为政策支持类、资金支持类、物质支持类及技术培训支持4大类共9项。

二是借鉴目前国内外主要学者对政策优先序的研究方法，对9项政策进行描述性统计分析及聚类分析，确定移民农户对搬迁扶贫政策需求的优先序为“现金补助”“住房安置”“贴息贷款”“生产物资支持”“生态家园计划”“重划宅基地”“劳务技能培训”“生产服务支持”“种养殖技术培训”，结果表明移民农户对现金支持及物质支持需求最高。

三是运用二元Logistic模型对影响政策需求的因素进行分析。结果表明年龄因素对现金补助、住房安置和生产物资支持等政策需求存在较为显著正向影响，而对贴息借款政策需求存在负向影响；性别因素对重划宅基地、现金补助等政策需求存在显著正向影响，而对贴息贷款政策需求则存在负向影响；受教育程度因素对生产物资支持政策需求存在显著的正向影响，而对现金补助政策需求则存在显著的负向影响；婚姻状况因素对重划宅基地政策需求存在显著正向影响，而对生态家园计划、贴息贷款、住房安置政策需求则存在显著的负向影响；是否为建档贫困户因素仅对生产物资支持政策存在较为显著的负向影响，对其他政策需求则没有显著的影响；移民意愿因素对生态家园计划和重划宅基地政策需求则存在显著的正向影响；所在村交通条件因素对生态家园计划政策需求存在显著的负向影响，而对住房安置政策需求则存在显著的正向影响；村在镇经济水平因素则对重划宅基地和贴息贷款政策需求存在显著的正向影响，而对住房安置政策需求则存在显著的负向影响。

第九章 主要结论、政策建议与研究展望

第一节 主要结论

一、易地扶贫搬迁政策取得明显效果

为完成在“十三五”期间全区贫困农户“脱贫摘帽”目标，赣南原中央苏区现阶段针对需要进行移民搬迁脱贫的农户所实施的易地扶贫搬迁政策主要包括财税政策、投资政策、安置模式、产业政策、住房政策、土地政策和人口政策。本书从农户家庭生计资本角度分析移民搬迁前后农户家庭生计资本的变化情况，结果表明，一方面，移民农户在实施移民搬迁前后各项生计资本均值发生了明显的变化，其中自然资本均值由 0.21 下降到 0.16、物质资本均值由 0.22 增加到 0.52、金融资本均值由 0.29 增加到 0.40、社会资本均值由 0.32 增加到 0.40、人力资本均值由 0.42 下降到 0.41、生计资本综合值由 1.466 增加到 1.904，生计资本综合值增长率为 29.88%。另一方面，以非移民农户为研究参照对象，运用双重差分模型对易地扶贫搬迁政策效果进行分析，结果表明易地扶贫搬迁政策对移民农户物质资本和金融资本存在显著的正向影响，而对生计资本综合值也存在显著的正向影响，影响效果为 0.224，即易地扶贫搬迁政策对移民生计资本的净效应。因此，通过对以上数据分析，本研究认为赣南原中央苏区现阶段所实施的易地扶贫搬迁政策已经取得较为显著的效果。

二、移民农户对政策效果满意度不高

前文分析表明政府实施的易地扶贫搬迁政策取得较为明显的效果，但就移民农户对易地扶贫搬迁政策的满意过程中发现，移民农户对政策的满意度并不高，政策效果满意度值仅为2.73，尚未达到“一般”水平（数值为3）。而对政策实施过程测量的11项观测指标中，移民农户对“移民搬迁补偿政策能满足基本生活需求”“公众发挥监督作用”“政策宣传力度”和“补偿政策存在的必要性”这四个观测指标的满意度均值表现较高，分别为3.41、3.43、3.36和3.69，“政策管理部门服务态度”和“补偿资金管理”这两个指标的满意度均值最低，仅为2.75和2.97，低于“一般水平”。因此，本研究认为，移民农户对易地扶贫搬迁政策实施过程及实施效果均处于一个较不满意的状态。

三、影响易地扶贫搬迁政策满意度的因素较多而复杂

利用回归分析及路径分析方法，本书对易地扶贫搬迁政策满意度的影响因素进行分析，结果表明，一方面，农户诸多特征对政策满意度存在较为显著的影响，其中“受教育程度”“是否为建档贫困户”“移民意愿”“移民原因中‘追求交通便利’”和“所在村的交通条件”对政策效果满意度存在较为显著正向影响，而“生计资本变化”不仅对政策效果产生较为显著的直接正向影响，另一方面还通过政策执行对政策效果产生间接正向影响；“移民类型”“搬迁时长”和“该村在镇的经济水平”对政策效果满意度存在较为显著的负向影响；“性别”“婚姻状况”和“移民原因中‘强制搬迁’‘获得更好的环境’‘增加家庭收入’”，则对政策效果满意度不存在显著影响，说明并不是移民政策满意度影响的主要原因。因此，通过以上分析可以进一步探究移民农户对政策效果满意度不高的原因，并且为易地扶贫搬迁政策的完善指引方向。

四、移民农户对政策需求存在较为明显的优先序

前文分析结果认为，移民农户对现阶段易地扶贫搬迁政策满意度不高，移民

农户对政策需求与政府提供的政策存在一定差距，通过描述性统计及聚类分析方法，本书就移民农户对搬迁扶贫政策需求进行优先序分析，认为农户对政策需求有较为明显的优先序，顺序依次为“现金补助”“住房安置”“贴息贷款”“生产物资支持”“生态家园计划”“重划宅基地”“劳务技能培训”“生产服务支持”和“种养殖技术培训”，从结果中可以看出移民农户对现金支持及物质支持需求最为强烈。

五、移民农户对于可持续生计政策需求不足

最能增加移民农户可持续生计能力的三项政策：“生产服务支持”“劳务技能培训”和“种养殖技术培训”在农户政策需求优先序中处于最末端，一方面，说明移民农户对该三项政策需求不足，移民农户更在乎的是短期利益而缺乏长远的生计发展，不利于减贫的持续性，而且阻碍脱贫目标的实现。另一方面，现有的易地扶贫搬迁政策仍然停留在“输血”（现金补助、住房安置）而不是“造血”上，农民赖以生存发展的根本因素没有改变，相关政策停留在“扶贫”而不是“脱贫”上，需要做大幅度的调整改进。

六、移民农户特征对移民搬迁政策需求的影响

通过运用二元 Logistic 模型就政策需求的影响因素进行分析，结果表明农户特征对于不同的政策需求会有不同程度的影响，其中年龄越高的移民农户更期待现金补助、住房安置和生产物资支持；女性移民农户更希望得到重划宅基地、现金补助，而不关注贴息贷款政策；受教育程度越高的农户更希望生产物资支持政策而不关注现金补助；已婚农户更希望得到宅基地自建住房而不关注生态家园计划、贴息贷款和住房安置；自愿搬迁移民农户则更希望生态家园计划和重划宅基地政策，以便有一个安定的居所及生活空间；搬迁到交通条件较为便利村的农户则更希望能得能拥有属于自己住房；搬迁到经济发展较好村的农户则希望能重划宅基地及贴息贷款，通过自建形式拥有自己的住房，而不仅只是住房安置。因此，通过对移民农户政策需求的分析，可以对不同类型移民农户政策需求进行归纳，为政府部门在对易地扶贫搬迁政策完善提供依据。

第二节　易地扶贫搬迁政策完善建议

一、完善扶贫机制，实现精准扶贫

完善以移民农户和移民村组为帮扶对象、以贫困移民为帮扶重点、以解决移民突出问题为工作重心的精准脱贫工作机制，针对移民村组和移民农户存在的突出问题，整合各方面资源和相关涉农资金，统筹安排移民农户专项资金，精准发力，提高后期扶持工作的精确性和有效性。

（一）创新精准识别机制

一是对各地区的情况进行摸底考察，了解地区贫困情况和农户基本现状，成立驻村小组，入户登记与驻村小组意见相结合，深入开展普查工作，切实做到普查到户、逐户建档立卡、完备档案资料，确保应搬迁群众全部登记造册。二是改革人均收入为贫困户识别的单一指标，组织县、乡、村干部全面展开贫困村、贫困户建档立卡工作，建立和完善农村贫困多尺度、多维度识别方法，将农户收入能力、可支配能力、消费能力有机结合起来，建立更为科学完备的贫困人口识别与评判综合指标体系，完善扶贫信息系统。三是对于整村搬迁安置农户，改变统一标准安置方式，根据农户家庭不同特征将移民农户进行分类，精准识别出存在不同政策需求的农户。根据农户意愿及农户经济能力实行梯度安置，让农户根据自身的经济条件、未来发展的可能性确定安置地点和安置方式，可以选择城市、县城、乡镇、中心村等不同安置地点，强化村民的参与评价，对移民农户进行贫富排队，建立有效的贫困程度甄别机制。四是确定移民搬迁安置对象，须遵守公开、公正、透明的原则，对初步确定的安置名单进行公示，接受群众及社会各界的监督，保证移民搬迁安置工作程序的民主科学。

（二）完善精准帮扶机制

一是畅通贫困户需求表达通道。通过事前摸底、现场征求或事后反馈等机制，让移民搬迁农户充分表达其需求，之后由工作组组织召开需求分析会，对众人需要和意见进行归类、合并。二是移民搬迁政策的分类实施。根据移民农户自身需求并结合精准识别过程中对移民农户的分类，不同家庭特征移民农户在政策实施帮扶过程中应该差别化，各有侧重，政策制定时具有针对性、精准性。根据前文分析认为，在易地扶贫搬迁精准帮扶重点如表 9－1 所示。三是提高贫困户补助标准，实行住房建设差别化补助政策。一方面，要根据搬迁农户的住房需求建房，不能追求高速度，盲目建设房屋，破解“越穷越搬不动，越富越搬得出”的难题；另一方面，严格控制扶贫移民农户在建住房面积，尽量减轻移民筹资压力，对少数特别困难群众，可结合城镇保障房、农村危房改造政策实行兜底安置。另外，建立拆除旧房奖励资金、旧宅基地复垦奖励。四是加大扶贫资金整合力度，建立扶贫资金长效投入机制，完善融资体系，多渠道解决异地搬迁扶贫资金，运用 PPP 模式，充分引进社会资本进入扶贫工作。落实《江西省统筹整合财政涉农扶贫资金实施方案》，统筹协调多部门扶贫工作，在自由裁量权允许范围内，改变现有条块分割的财政资金格局，充分整合易地扶贫搬迁资金、危房改造资金、贫困村整村推进资金、农村安全饮水资金、道路建设资金和扶贫产业发展资金等，用于农户移民搬迁补和安置点建设，集中力量进行扶贫。五是完善扶贫资金投入机制，减少扶贫资金的一次性投入，设置扶贫后续扶持资金、技术与管理机制，以免不同时期移民搬迁农户所享受帮扶政策存在较大差距，保证易地扶贫搬迁政策的公正公平性。

表 9－1　不同家庭特征易地扶贫搬迁政策帮扶重点

农户特征	特征表现	政策需求表现	实施重点
年龄	较大	安定、便利的生活环境	现金补助、住房安置、生产物资支持
婚姻状况	未婚	有稳定居所、创新生活方式、好的发展机会	生态家园计划、住房安置、贴息借款
	已婚	更好的生活条件、独立的生活场所	住房安置、重划宅基地
受教育程度	高	创新生活方式、更好的发展机会	生产性物资支持、贴息贷款
	低	稳定的生活环境	现金补助、住房安置
是否为建档贫困户	是	稳定的生活环境	住房安置
	否	好的发展机会	生产物资支持
是否愿意移民	是	安定、便利的生活环境	生态家园、重划宅基地

续表

农户特征	特征表现	政策需求表现	实施重点
安置村交通条件	较差	临时居所	生态家园计划
	较好	安定、便利居所	住房安置
安置村经济水平	较好	独立的生活场所、更好的发展机会	重划宅基地、贴息贷款

（三）强化精准考核机制

一是改革现有扶贫开发考核机制，加大对扶贫工作整体成效指标考核。切实落实《省级党委和政府扶贫开发工作成效考核办法》，把扶贫村整村脱贫、贫困人口数量减少和贫困人口生活水平提高作为重要考核指标，完善扶贫开发绩效评价体系，避免有限扶贫资源在个别点的过度集中。二是加快第三方评估机制建设。建立第三方评估机构遴选机制，对评估机构实施公开招标，并对委托合同进行细化，明确第三方评估机构的职责；完善第三方评估的评估规则以及基本评估程序，保证评估过程的规范化和公开化；建立第三方评估结果的激励措施与追究问责机制，建立第三方评估信息反馈回应机制。对弄虚作假搞“假脱贫”“假脱帽”的地方各级党委和政府主要负责人实行公职任期内的责任追究制度。三是重视搬迁后贫困户的满意度，建立相应的脱贫退出和返贫再入机制，完善贫困地区的考核与退出机制。四是实行奖励机制。对领导重视、群众搬迁积极性高、政策措施完善、搬迁贫困农户瞄得准的县（乡、村），在专项扶贫资金分配方面可以给予倾斜支持，鼓励其将扶贫搬迁品牌做好、做实。

二、加快推进农村制度改革

搬迁扶贫体制创新工作，涉及集体产权、宅基地使用、户籍、殡葬等方面的改革创新。

（一）实行农村产权制度改革

一是摸清家底，做好确权工作。摸清村集体土地、宅基地、山林等资源性资产及实物性、经营性资产信息。加大对迁出区“三块地”确权颁证推进力度推督查工作，对原农户承包经营的土地、山林及拥有的宅基地进行确权发证，做到产权清晰，依法维护农民土地承包权、经营权，让移民对原迁出地土地吃下“定心丸”。二是创新农村集体资产管理体制和运行机制，成立村经济合作社，搬迁农户以土地、林地的承包权、经营权和原村级集体资产的享有权入股，完善收益分配机制，保护集体、农民的合法权益。三是建立农村产权交易市场，推动农村土地经营权、林权、宅基地使用权、集体资产股权交易流转和抵押融资，保障搬迁农户的财产性权利，形成“人走权不走、人移利不移”的利益机制，增加搬迁农户的收益途径。四是突破宅基地使用权只允许社内流转限制，允许拥有本县户籍的农村村民在县城规划区外跨村流转农村宅基地使用权，进一步激发农村土地潜力，增加农民财产性收入。

（二）加快户籍制度改革

大部分搬迁农户由于搬迁后户籍还在原居住地，给搬迁后的生活带来诸多不便，故急需对搬迁农户的户籍管理进行改革。一是破除城乡二元结构造成的藩篱，使易地搬迁进城人员享有与城镇居民同等的权利与待遇。二是将搬迁进城人员经济身份保留在原经济组织，并发放社员证，以“一证”保“五权”方式，确保土地承包经营权、林权、宅基地使用权、集体资产股权及原有涉农权益保持不变。三是易地扶贫搬迁移民可以直接办理城镇居民户口，也可以保留农村户籍办理城镇居住证，享受城镇居民同等待遇，各种强农惠农和农村计划生育政策不变。

（三）创新移民殡葬制度

一是政府给予一定的殡葬补贴。迁入城镇的移民农户大多为贫困户，难以支付城区高昂的殡葬费用。政府应给予搬迁农户合理的殡葬补贴，减轻移民家庭负担。二是放宽安葬制度，贫困户移民家庭出现家庭成员死亡，火化后可以运回迁出地安葬。三是政府建立以村和乡寨为单位的骨灰堂，仅收集基本管理费，甚至不收费，减轻百姓负担。四是采取生态殡葬制度，对海葬、树葬、花坛葬，以及土葬深埋不留坟头的政府采取鼓励和奖励。

三、加强易地扶贫搬迁科学管理

（一）培育精准主体

精准帮扶不仅需要政府的扶持，也需要社会各界力量的注入。首先，通过实施结对帮扶，构建贫困地区与企业、社会之间的互动体系，通过“一对一”结对帮扶将实力较强的企事业单位或社会组织与贫困村、贫困县联系起来，构建政府、市场、社会多元参与的扶贫体系。其次，建立并强化贫困地区与社会间的利益联结机制，探索转变农村资源的有效形式，盘活农村的潜在资源，并建构起精准扶贫的内生动力。再次，政府可以通过购买公共服务等方式，将一些扶贫项目面向社会公开竞争，支持社会组织承担扶贫项目的实施。最后，明确扶贫搬迁的管理机构，确定管理职能和责任，切实担起扶贫搬迁工作的管理和协调工作。对资金的管理，实行行政首长负责制，加强扶贫搬迁资金管理，做到专户储存，专款专用。

（二）落实精准管理

一是加强基层扶贫队伍建设，引入扶贫专职公务员。健全易地扶贫搬迁工作任务重地区的基层扶贫机构，合理配置扶贫专职人员，通过选派大学生村官、“三支一扶”等方式壮大精准扶贫人才队伍；落实干部驻村（点）机制，明确工作职责，切实发挥驻村（点）干部的联系与帮扶作用；在扶贫任务重的村镇建立精准扶贫工作站，配备扶贫监管专干。二是落实部门责任。各有关部门要各司其职，加强协调。扶贫、发改部门负责搬迁规划编制、年度计划安排、日常工作协调和业务督查指导；财政部门负责资金筹措，提高资金使用效率，会同发改、扶贫部门加强对资金的管理和监督；国土部门负责安置点用地保障，指导各地通过城乡建设用地增减挂试点支持易地扶贫搬迁工作。三是确保易地扶贫搬迁项目资金及时到位，与项目进程充分匹配；同时也要加强对原居住地资产和资源的管理，避免土地、森林等资源浪费。四是移民搬迁工作中要充分尊重农户个人意愿，对于不愿意进行搬迁的农户要了解真实原因，地方政府再进行引导并做出决策，以提高政策实施的效率。

（三）完善法律政策，科学扶贫

一是健全法律法规体系。加强移民搬迁政策的立法工作，使移民搬迁政策制度化、法律化，保障当地居民和移民的根本利益。同时完善相关的搬迁后的政策和规章制度，使易地扶贫搬迁工作能持续进行，解除搬迁群众后顾之忧。二是出台配套性政策，提高保障力度。针对搬迁贫困户配套出台金融、土地、用电等优惠政策，以及后续管理、社会保障、公共服务等制度机制，构建包含医疗、养老、教育、金融等多重保障体系。三是加大科技扶贫力度，力争最大限度地合理开发利用好土地资源，满足搬迁群众的用地需求。建立健全科学的规划决策机制，制定并严格实施扶贫规划。通过科技扶贫项目建设、科技培训、科技示范及新技术和新品种推广使用等，促进贫困地区农业经济和扶贫龙头企业发展。四是加强实施与监管。相关部门应明确分工，加强协调合作，有效贯彻落实各项政策法规。省、市加强对县级工作的监督和指导力度，特别是区市一级要负起监管责任，督促县级严格按照时间节点，按时按质按量完成项目申报、审批、实施、检查、验收等环节，加快项目实施和资金拨付进度。

四、多渠道提高移民搬迁农户可持续生计能力

易地扶贫搬迁政策主要针对移民安置和日常生活，并没有将移民农户发展生产、转产的资金需求纳入补偿范围，移民农户后续非农化生计发展较为艰难，因此要建立移民农户非农生计扶持的长效机制，提高移民农户现阶段生计转型能力。

（一）培育迁入地主导产业，促进移民增收

一是根据迁入地原有产业基础，依据地方资源禀赋，大力发展现代农业，通过贴息贷款、投资补助等方式，引导和帮助移民农户开展家家户户都能从事的种植业、养殖业和农产品加工业。二是鼓励发展专业合作、股份合作等多种形式的移民合作组织，提高移民农户在产业发展中的组织程度。三是充分利用本地区特有资源，因地制宜发展果业、蚕桑、茶叶、蔬菜、油茶等特色产业，支持迁出地建设现代农业示范区，逐步形成一村一品、一村一业。四是鼓励企业到移民安置区从事农业产业化经营，发挥龙头企业带动作用，探索建立企业与移民农户的利益联结机制，促进移民增收。

（二）优化职业技术培训，提升就业能力

一是提高移民农户整体素质，增强对新环境适应能力。对移民农户进行针对性的实用技术培训，比如摩托车及电器维修、当地特需品加工、农家乐经营、特色养殖、木工、瓦工等移民农户建镇工程中最需要也最适合农民学习的一些专业技术。充分利用“雨露计划”“阳光工程”等培训资源，大力培训种养能力、致富带头人，农民技术员、农业合作社领头人物。二是充分利用扶贫资金，优先扶助搬迁移民小额贴息贷款、子女免费就读职高、免费创业就业培训和职业介绍。优先安排搬迁移民在工业园、农业产业龙头企业或产业基地就业。三是发挥市场

在促进就业中的作用，建立培训与就业衔接机制，组织开展灵活多样的订单培训和定向培训，增强培训针对性和有效性；最终形成“专业培训+定点实习+就业指导+小额风险贷款”为体系的培训与就业一条龙服务，努力确保移民尽快就业、尽早就业，力争达到培训与就业良性互动的经济社会效果。四是要实现搬迁农民的充分就业，就必须根据企业、扶贫项目的需求及农民的特点，有的放矢地开展对口培训。采取干部驻村帮扶、职业教育培训、电商扶贫、光伏扶贫、构树扶贫等新手段、新方法。发展专业协会或专业合作社，建立“公司+合作社+贫困户”“公司+基地+贫困户”等产业化扶贫的特色模式。

（三）发展后续产业，创造就业机会

一是提高补助标准，加大扶持力度。政府通过制定土地、资金、税收等方面的优惠政策，鼓励企业参与后续产业产业化经营，通过调整产业结构，引导和帮助移民通过劳务输出、旅游服务、经商办厂、土地流转、物业经济等方式，有效增加工资性、经营性和财产性收入。二是充分发挥乡村在旅游资源方面优势，大力发展休闲农业和乡村旅游业，带动移民农户在从事旅游服务中增加收入；同时完善迁入区的基础设施，吸引企业集聚，增加就业机会。三是有序引导移民将承包经营的土地流转给龙头企业、农业合作组织、家庭农场和专业大户，为促进移民转产转业创造条件。四是积极构建移民创业服务体系，做好小额担保创业贷款、税收减免、土地利用等工作，加强对创业移民的资金、技术、信息等服务，为移民创业提供便利，促进以创业带动就业。

五、创新社区管理，提高搬迁群众认同感

搬迁农户搬进新社区面临着思想观念与生活、生产方式和交往方式的革新，由于贫困户具有保守性、弱势性特点，让其主动融入城镇（新社区）生活，成为新市民，仍面临很多障碍，亟须政府部门及社会各界给予关注，从思想、生产和生活上积极引导。

（一）增强搬迁农户脱贫信心

一是加强对困难群众思想教育工作，改变其“越搬越穷”等旧思想观念，吸引困难群众从交通落后、生态脆弱等地区搬出来。积极开展实施贫困群众易地扶贫搬迁的宣传引导，采取多样化、通俗化形式宣传易地扶贫搬迁政策，使需要

搬迁移民农户都能知晓并理解移民搬迁政策的真实内涵，广泛宣传，让政策更加深入人心，提高群众移民搬迁和脱贫的积极性，争取搬迁群众和社会各界的支持，促进搬迁扶贫工作顺利进行。二是改善迁入地生产生活条件，创造发展条件，充分考虑产业支撑和人口流向习惯，将脱贫小区（点）设置在基础条件好、发展潜力大、地理位置优越、人口相对集中、有产业支撑和辐射能力较强的城区、中心镇或中心村。三是对“4050”搬迁对象和就业困难人员，开发公益性岗位，进行兜底性质的重点安排，确保搬迁户每户有1人以上实现稳定就业，保障搬迁农户有稳定的生活来源。四是加强对基层领导班子教育培训，增强乡村干部服务意识，深入群众，主动和居民联系，了解居民情况，从群众中来，到群众中去，以此提高农村居民对政府工作的认同感，促进易地扶贫搬迁工作的顺利实施。

（二）创新社区管理

一是在安置点（社区）建立新的管理机构，实行属地管辖，主要负责社会保障、公共环境卫生、计划生育、社会治安综合治理、民事纠纷调解、征兵以及民主选举党员的组织、教育、指导、监督等工作并实行统一管理。二是通过定期举办“融入社区”等社区文化宣传活动，吸引搬迁群众参与，积极营造良好的社区氛围，使搬迁群众增强归属感，尽快融入原住居民生产生活空间，共同创造美丽家园。三是建立安置区基层组织，保障搬迁群众的选举权和被选举权，搬迁群众自由选择社区支部书记、社区主任，进行自主管理。四是建立安置小区社会矛盾预警和调处机制。建议政府在搬迁贫困户相对集中的安置点设置矛盾纠纷调解处，制定社会矛盾预警方案，由专业人员负责监测和解决安置小区民众的突发性问题，尤其是搬迁后农村权益保障产生的各种矛盾，营造和谐的生活居住环境。

（三）完善基础设施建设

一是重视交通网络建设。江西因地处中部的劣势发展较为缓慢，而贫困地区大多位于交通落后的深山等地区，交通“短板”严重限制了这些地区的发展，故完善迁入地的交通网络显得尤为重要。二是落实改善民生工程。加快教育、医疗卫生、文化娱乐、交通、体育、社会保障、邮政电信、行政管理与社区服务等公共设施建设。三是加大教育投资。继续实行农村义务教育学生营养改善计划、中等职业教育学生免学费政策在集中连片特困地区全覆盖，提高重点高校面向贫困地区定向招生人数。四是加大贫困残疾人健康服务力度。有效结合低保政策和扶贫政策，对贫困人口应保尽保，促进贫困群众基本养老保险全覆盖。

六、实现贫困农户脱贫与生态保护“双赢”，走绿色脱贫之路

赣南原中央苏区地处赣江源头和东江源头地区，生态区位异常重要，保护与发展的双重压力巨大。要实现稳固脱贫，必须走绿色发展的道路，脱贫攻坚必须以绿色发展为原则。

（一）坚持绿色脱贫、实现绿色发展

一是赣南原中央苏区生态环境比较脆弱，通常需要同时面临经济发展与生态保护的问题，在绿色减贫过程中应结合生态保护重大生态工程，将农民搬迁出生态脆弱区，减轻对资源环境造成的巨大压力，促进山区生态文明建设，实现片区整体脱贫。二是建立以贫困地区为重点领域和突破领域的生态补偿制度，原有的宅基地、山林、承包地等资产要通过生态补偿或者退耕还林等方式补偿给搬迁农户。三是坚持使用资源付费和“谁污染环境，谁破坏生态，谁付费”的原则，落实受益主体、量化利益，为保护生态环境而移民搬迁的农户提供额外的补助。四是在基础设施建设上，对于边缘地区，应以退耕还林、还草、封山育林为重点；在中心村重视农田水利设施建设，实施坡改梯、中低产田改造工程，提高劳动生产率。

（二）科学选址、集约用地

一是易地扶贫搬迁安置点的选择要结合乡镇土地利用总体规划和城乡规划，以集约节约用地、方便群众生产生活为前提，按照搬迁安置人数及相关建设要求，在充分尊重移民意愿的基础上，科学合理地确定安置点。二是选址要以城乡闲置、废弃建设用地及未利用地和非耕地为主，少占水田和优质耕地，禁止在基本农田、地质灾害隐患点及自然生态保护区内选址。三是结合土地综合整治项目，将移民农户搬迁之后闲置宅基地、建设用地整理复垦，盘活存量土地，做到土地集约节约利用，为农民易地搬迁小区建设提供强有力的土地和资金保障。四是对于生态保护压力大、当地安置存在难度的地区，应探索新安置方式，进一步推进“飞地经济”园区等跨地区移民安置。

（三）统筹规划，规模适度

一是摸清迁出区的情况、搬迁群众收入状况和未来发展潜力，确定搬迁扶贫

和生态移民目标。二是在县域总体发展规划的基础上，紧密结合推进新型城镇化、工业化和农村现代化，立足长远，科学制订搬迁规划和年度计划，明确搬迁安置的总体目标，确定搬迁的范围、对象及安置的方式，确保搬迁安置有序进行。三是把易地扶贫搬迁纳入区域经济和社会发展总体目标，做好异地扶贫规划和生态移民规划，设定集中安置区，分期分批，合理有序，使易地扶贫开发真正走上有序建设、持续发展的良性发展道路。四是在规划实施过程中，注意适度规模。异地搬迁扶贫投资额度大，组织难度大，因此要强调控制规模，摒弃规模越大越好、标准越高越好的错误思想，量力而行。

第三节 不足之处与展望

第一，本研究在运用双重差分法（DID）对易地扶贫搬迁政策绩效分析过程中需要政策实施前后两期数据，第一期（$T_{it}=0$）数据主要是根据受访者的回忆填写问卷，与真实情况相比可能存在一定的误差。

第二，由于数据获取的局限性，本研究以赣南原中央苏区 13 个县（市）为研究区域，分析内容及政策建议仅针对本研究区域，易地扶贫搬迁作为精准扶贫中一种重要途径在全国范围内广泛开展实施，本研究结论及对策是否完全适用于其他地区有待进一步深入分析。

第三，本研究调查时间为 2016 年，数据获取时间以 2015 年为准，到 2018 年江西省实现“脱贫摘帽”过程中全省还有 70 多万人居住在生存发展条件较恶劣的偏远山区、库区、地质灾害区，也是实现全面脱贫的“硬骨头”，因此需要继续围绕移民搬迁农户就其脱贫效果及生计状况开展最新的跟踪评价研究。

参考文献

［1］安迪．利用可持续生计框架来理解滇西北的半农半牧生计方式［A］．云南省生物多样性与传统知识研究会社区生计部研究报告［R］．2003.

［2］包智明．关于生态移民的定义、分类及若干问题［J］．中央民族大学学报（哲学社会科学版），2006（01）．

［3］卞琦娟，朱红根，张宗毅．农户新农保政策满意度影响因素分析——以江苏省为例［J］．农村经济，2013（12）．

［4］蔡志海．汶川地震灾区贫困村农户家庭生计资本分析［J］．中国农村经济，2010（12）．

［5］曹国庆，郑瑞强．移民扶贫政策运行系统解构与关键问题研究［J］．农林经济管理学报，2015（06）．

［6］陈耿宣，李成林，贺茂斌．农地流转视角下西部农户收入差异效应研究——基于陕西省483户农户的调查［J］．中国劳动，2015（06）．

［7］陈晨．沪港通对沪市股票的波动性、流动性影响研究——基于双重差分模型［J］．时代金融，2015（32）．

［8］陈传波．农户风险与脆弱性：一个分析框架及贫困地区的经验［J］．农业经济问题，2005（08）．

［9］陈江华，李道和，刘佳佳等．社员对合作社服务需求的优先序及其影响因素——基于江西省农民专业合作社487份调查数据［J］．湖南农业大学学报（社会科学版），2014（05）．

［10］陈胜东，蔡静远，廖文梅．易地扶贫搬迁对农户减贫效应实证分析——基于赣南原中央苏区农户的调研［J］．农林经济管理学报，2016（06）．

［11］陈胜东，孔凡斌．基于生态移民的农户可持续生计研究进展与展望［J］．鄱阳湖学刊，2016（05）．

［12］陈艺．农村居民参与新型农村合作医疗满意度分析——基于四川省成都市673户农户的调查［J］．农村经济，2010（04）．

［13］陈益芳，张磊，王志章．民族贫困地区农民对国家扶贫政策满意度的影响因素研究——来自武陵山区的经验［J］．广西经济管理干部学院学报，2015（02）．

［14］陈勇．对灾害与移民问题的初步探讨［J］．灾害学，2009（02）．

［15］成志刚，曹平．新型农村社会养老保险满意度研究［J］．湘潭大学学报（哲学社会科学版），2014（05）．

［16］初春霞，孟慧君．生态移民与内蒙古经济可持续发展［J］．农业现代化研究，2006（02）．

［17］崔登峰，王秀清，朱金鹤．西部边疆民族地区农村基本公共服务优先序研究——基于新疆42个县市96个村镇的调研数据［J］．农业经济问题，2012（03）．

［18］崔献勇，海鹰等．我国西部生态脆弱区生态移民问题研究［J］．新疆师范大学学报（自然科学版），2004（04）．

［19］但新球，喻甦等．我国石漠化地区生态移民与人口控制的探讨［J］．中南林业调查规划，2004（04）．

［20］邓大松，丁怡．失地农民被征地满意度的主要因素及政策建议——基于调研湖北省宜昌市227个农户的实证分析［J］．理论月刊，2014（10）．

［21］东梅，王桂芬．双重差分法在生态移民收入效应评价中的作用——以宁夏为例［J］．农业技术经济，2010（08）．

［22］方兵．加大生态移民力度，切实保护西部生态环境［J］．广西经济管理干部学院学报，2001（04）．

［23］方堃．农村公共服务需求偏好、结构与表达机制研究——基于我国东、中、西部及东北地区的问卷调查和统计［J］．农业经济与管理，2011（04）．

［24］冯雪红，聂君．宁夏回族生态移民迁移意愿与迁移行为调查分析［J］．兰州大学学报（社会科学版），2013（11）．

［25］高聪颖，吴文琦，贺东航．扶贫搬迁安置区农民可持续生计问题研究［J］．中共福建省委党校学报，2016（09）．

［26］高春华，赵粉莉．交换权利理论在中国农村移民搬迁中的应用［J］．

西安文理学院学报（自然科学版），2006（03）.

［27］高蒙蒙．“省直管县”改革对县级地方小学教育财政支出的影响分析［D］．南京：南京财经大学，2015.

［28］葛根高娃，乌云巴图．内蒙古牧区生态移民的概念、问题与对策［J］.内蒙古社会科学，2003（02）.

［29］龚自本．移民新村——移民搬迁新探索［J］．四川水利，1994（03）.

［30］荀厚平．刍论中国非自愿移民模型［J］．中州学刊，2005（06）.

［31］郭锦墉，张亚磊．农户惠农政策满意度影响因素分析——基于江西省家电下乡调研数据［J］．农业经济与管理，2013（01）.

［32］韩红梅，王礼力．农户对粮食补贴政策的满意度及其影响因素分析——基于河南省447份实地调查数据［J］．求索，2013（04）.

［33］韩学雨，东梅，周婷．劳务移民可持续生计问题研究——以宁夏为例［J］．农业科学研究，2014（03）.

［34］何得桂，党国英．移民搬迁：集中连片特困地区精准扶贫的有效实现路径——以陕南避灾移民搬迁工程为例［J］．党政研究，2015（05）.

［35］何得桂，党国英，杨彦宝．集中连片特困地区精准扶贫的结构性制约及超越——基于陕南移民搬迁的实证分析［J］．地方治理研究，2016（01）.

［36］何得桂，钟小荣，曾昌俭．论集中连片特困地区避灾移民搬迁政策的双重作用——基于陕南移民工程的分析［J］．老区建设，2015（16）.

［37］胡锦山．罗伯特·帕克与美国城市移民同化问题研究［J］．求是学刊，2008（01）.

［38］胡振通，柳荻，靳乐山．草原生态补偿：生态绩效、收入影响和政策满意度［J］．中国人口·资源与环境，2016（01）.

［39］黄承伟．扶贫自愿移民搬迁效果与影响的参与式评价方法［J］．江西行政学院学报，2004（S1）.

［40］黄洪坤，赖欢，于婧等．水库移民对后期扶持政策的满意度及其影响因素分析——基于南昌市调研数据［J］．新疆农垦经济，2015（02）.

［41］黄特军．扶贫自愿性移民搬迁模式效果评价［J］．统计与决策，2005（12）.

［42］黄小军．社区文化建设中居民幸福感影响因素实证研究［J］．福建论坛（人文社会科学版），2014（10）．

［43］侯玉峰．“公司＋牧户”模式对牧民可持续生计的影响［D］．北京：中国农业大学，2006.

［44］蹇莉．退耕还林政策对农户生计的影响研究——基于对北京市延庆县的实地走访［J］．湖南农机，2011（07）．

［45］姜涛．农村基础设施公共投资的优先序研究——基于1994～2009年中国省际面板数据［J］．农业经济与管理，2012（04）．

［46］孔祥智，李圣军，陈丹梅．农户对公共产品需求的优先序及投入重点研究［J］．吉林大学社会科学学报，2007（04）．

［47］孔祥智，李圣军，马九杰．农户对公共产品需求的优先序及供给主体研究——以福建省永安市为例［J］．社会科学研究，2006（04）．

［48］赖永剑，贺祥民．加入WTO有利于中国区域创新能力提升吗？——基于准倍差法的研究［J］．上海对外经贸大学学报，2015（04）．

［49］黎洁，李亚莉，邰秀军等．可持续生计分析框架下西部贫困退耕山区农户生计状况分析［J］．中国农村观察，2009（05）．

［50］李斌，李小云，左停．农村发展中的生计途径研究与实践［J］．农业技术经济，2004（04）．

［51］李道和，章芸，高雪萍．个体特征、家庭特征与农民专业合作社扶持政策满意度——基于江西省605个农户样本调查数据［J］．江西农业大学学报（社会科学版），2013（01）．

［52］李东．中国生态移民的研究：一个文献综述［J］．西北人口，2009（01）．

［53］李洁明，祁新娥．统计学原理［M］．上海：复旦大学出版社，1999.

［54］李军龙．森林生态补偿对农户家庭生计资本影响的实证研究——以闽江源流域为例［J］．宜宾学院学报，2013（04）．

［55］李军龙，滕剑仑．生计资本下农户参与生态补偿行为意愿分析——基于福建省三明地区48个村的调查［J］．福建农林大学学报（哲学社会科学版），2013（05）．

［56］李琳一，李小云．浅析发展学视角下的农户生计资产［J］．农村经

济，2007（10）.

[57] 李强．农民工与中国社会分层［M］．北京：社会科学文献出版社，2004.

[58] 李巧．农村扶贫搬迁实证研究——以宣恩县高罗乡为例［J］．荆楚学刊，2015（03）.

[59] 李琴，李大胜，熊启泉．我国农村基础设施供给的优先序——基于广东英德、鹤山的实证分析［J］．上海经济研究，2009（06）.

[60] 李树茁，梁义成，MarcusW. Feldman 等．退耕还林政策对农户生计的影响研究——基于家庭结构视角的可持续生计分析［J］．公共管理学报，2010（02）.

[61] 李小云，张雪梅，唐丽霞．当前中国农村的贫困问题［J］．中国农业大学学报，2005（04）.

[62] 廉庆云．在市场经济条件下水库移民搬迁安置及管理模式的尝试［J］．河北水利水电技术，2000（01）.

[63] 梁福庆．中国生态移民研究［J］．三峡大学学报（人文社会科学版），2011（04）.

[64] 刘成奎．新农村建设中农民满意度分析——基于湖北省的经验数据［J］．中南财经政法大学学报，2012（06）.

[65] 刘家强，车茂娟，唐青．灾后重建中的人口迁移问题研究［J］．人口研究，2008（05）.

[66] 刘家强，罗蓉，石建昌．可持续生计视野下的失地农民社会保障制度研究［J］．人口研究，2007（04）.

[67] 刘敬朝，张铭望，宋云飞．搬迁扶贫是减少贫困人口的有效途径——以嵩县为例［A］．中国可持续发展论坛暨中国可持续发展研究会学术年会（2011）［Z］．中国广东珠海：2011（03）.

[68] 刘树林，杨毅航，余谦．农村公共产品政府投入的优先序测度——基于增进农村社会福利的视角［J］．江汉论坛，2016（08）.

[69] 刘小强，王立群．生态移民对农户收入支出的影响分析［J］．林业经济，2010（03）.

[70] 刘学敏．西北地区生态移民的效果与问题探讨［J］．中国农村经济，

2002（04）.

［71］刘雅静．可持续生计框架生态移民发展研究［J］．中共银川市委党校学报，2014（03）.

［72］刘伟，黎洁，李聪等．移民搬迁农户的贫困类型及影响因素分析——基于陕南安康的抽样调查［J］．中南财经政法大学学报，2015（06）.

［73］柳清瑞，闫琳琳．新农保的政策满意度及其影响因素分析——基于20省市农户的问卷调查［J］．辽宁大学学报（哲学社会科学版），2012（03）.

［74］缪来顺．基于路径分析的农村社区服务满意度影响因素研究——以温州市农村社区为样本［J］．上海商学院学报，2016（02）.

［75］孟琳琳，包智明．生态移民研究综述［J］．中央民族大学学报，2004（06）.

［76］孟向京．三江源生态移民选择性及对三江源生态移民效果影响评析［J］．人口与发展，2011（04）.

［77］纳列什·辛格，乔纳森·吉尔曼．让生计可持续［J］．国际社会科学杂志（中文版），2000（04）.

［78］彭安明，朱红根，康兰媛．新生代农民工择业需求优先序及其差异［J］．华南农业大学学报（社会科学版），2014（01）.

［79］乔蘖强，陈英．基于结构方程模型的征地补偿农户满意度影响因素研究［J］．干旱区资源与环境，2016（01）.

［80］桑敏兰．论宁夏的“生存移民”向“生态移民”的战略转变［J］．生态经济，2004（01）.

［81］桑晚晴．民族地区集中连片特困区搬迁扶贫研究——以四川省为例［J］．农村经济，2016（03）.

［82］尚海洋，苏芳．生态补偿方式对农户家庭生计资本的影响分析［J］．冰川冻土，2012（04）.

［83］施国庆，郑瑞强，周建．灾害移民的特征、分类及若干问题［J］．河海大学学报（哲学社会科学版），2009（01）.

［84］石德生．三江源生态移民的生活状况与社会适应［J］．西藏研究，2008（12）.

［85］时红艳．外出务工与非外出务工农户家庭生计资本状况实证研究

[J]．统计与决策，2011（04）．

[86] 时鹏，余劲．农户生态移民意愿及影响因素研究——以陕西省安康市为例[J]．中国农业大学学报（自然科学版），2013（01）．

[87] 史俊宏，赵立娟．非自愿迁移人口生计转型困境及发展能力提高策略研究[J]．农业现代化研究，2015（04）．

[88] 沈茂英．试论农村贫困人口自我发展能力建设[J]．安徽农业科学，2006（10）．

[89] 沈茂英．汶川地震灾区受灾人口迁移问题研究[J]．社会科学研究，2009（04）．

[90] 孙梅，王洪春．搬迁扶贫的成本—效益分析[J]．河北大学学报（哲学社会科学版），2000（05）．

[91] 孙绪民，周森林．论我国失地农民的可持续生计[J]．理论探讨，2007（05）．

[92] 苏芳，蒲欣冬，徐中民等．生计资本与生计策略关系研究——以张掖市甘州区为例[J]．中国人口·资源与环境，2009（06）．

[93] 苏芳，尚海洋．农户家庭生计资本对其风险应对策略的影响——以黑河流域张掖市为例[J]．中国农村经济，2012（08）．

[94] 苏芳，徐中民，尚海洋．可持续生计分析研究综述[J]．地球科学进展，2009（01）．

[95] 苏娟．贵州省退耕还林地区农户生计研究[D]．北京：北京林业大学，2007.

[96] 汤青．可持续生计的研究现状及未来重点趋向[J]．地球科学进展，2015（07）．

[97] 汤榕，张闽剑，李昊萍等．宁夏生态移民迁徙意愿性影响因素研究[J]．宁夏医科大学学报，2014（08）．

[98] 唐宏，张新焕，杨德刚．农户生态移民意愿及影响因素研究——基于新疆三工河流域的农户调查[J]．自然资源学报，2011（10）．

[99] 唐钧．城市扶贫与可持续生计[J]．江苏社会科学，2003（02）．

[100] 唐娟莉，刘春梅，朱玉春．农村公共服务满意度与优先序的实证分析——基于陕西省农户层面的实地调研[J]．华东经济管理，2011（11）．

［101］唐利平．“边际人”心态及其影响因素——三峡农村跨省外迁移民的实证研究［J］．中国人口科学，2005（02）．

［102］陶忠．实施生态移民工程对果洛州经济发展产生的深远影响［J］．青海统计，2007（01）．

［103］田飞丽，陈飞．我国农村贫困指数测度及政策减贫效应研究［J］．东北财经大学学报，2014（04）．

［104］万婷，蒲春玲，陶崇鑫．基于SLA分析框架的新疆南部地区农户家庭生计资本研究［J］．农业经济，2015（06）．

［105］王良健，罗凤．基于农民满意度的我国惠农政策实施绩效评估——以湖南、湖北、江西、四川、河南省为例［J］．农业技术经济，2010（01）．

［106］王雪峰．南昌市住房限购政策效果的时空特征及土地溢出效应［J］．中国土地科学，2015（06）．

［107］王文川，马红莉．城市化进程中失地农民的可持续生计问题［J］．理论界，2006（09）．

［108］王治国，陈敦明等．湖北竹山县实施生态移民走可持续发展之路［J］．宏观经济管理，2004（06）．

［109］魏昕．三峡水库移民可持续发展探讨［J］．现代商贸工业，2009（04）．

［110］魏毅，金高峰，黄少峰．中部地区农民工外出就业政策需求优先序——以江西建筑业375名农民工为例［J］．农业经济，2007（05）．

［111］翁贞林，周陈曦．江西种稻大户对粮食扶持政策与市场环境因素认知及其满意度评价［J］．商业研究，2010（02）．

［112］吴洋，陈杰，邓远建．西部地区农村公共品供给优先序研究——来自四川两县的实证分析［J］．广西财经学院学报，2008（04）．

［113］肖云，严茉．我国农村贫困人口对扶贫政策满意度影响因素研究［J］．贵州社会科学，2012（05）．

［114］徐甫聚，李新旺．移民搬迁安置，规划设计先行［J］．河北水利水电技术，2000（01）．

［115］薛栋．移民搬迁视角下农村城镇化的现状及对策［J］．商，2016（10）．

［116］辛瑞萍，韩自强，李文彬．三江源生态移民家庭的生计状况研究——

基于青海玉树的实地调研［J］．甘肃行政学院学报，2016（01）．

［117］杨欣．陕南移民搬迁后续产业发展问题探析——以宁强县为例［J］．陕西理工学院学报（社会科学版），2015（02）．

［118］杨宜婷，陈昭玖，钟菁．农业技术推广政策满意度影响因素分析——以江西省种稻大户为例［J］．江西农业大学学报（社会科学版），2012（03）．

［119］杨云彦，赵锋．可持续生计分析框架下农户家庭生计资本的调查与分析——以南水北调（中线）工程库区为例［J］．农业经济问题，2009（03）．

［120］严登才．搬迁前后水库移民生计资本的实证对比分析［J］．现代经济探讨，2011（06）．

［121］姚福喜，徐尚昆．国外社会资本理论研究进展［J］．全球视野，2008（05）．

［122］叶敏星．影响农户对林地流转政策满意度的因素分析——基于江西、福建两省数据的实证研究［J］．绿色科技，2014（10）．

［123］殷秋霞，徐琳，刘滨．库区移民对移民政策满意度影响因素的实证研究［J］．江西科技师范大学学报，2012（06）．

［124］俞锋，董维春，周应恒．不同收入水平下农村居民公共产品需求偏好比较研究——以江苏为例［J］．江海学刊，2008（03）．

［125］余华，钟全林，张中瑞等．农户对林改效果的满意度认知研究——基于政策与多样化的家庭因素分析［J］．林业经济，2015（12）．

［126］余亮亮，蔡银莺．补贴流向与耕地保护经济补偿政策农户满意度绩效——以成都市耕地保护基金为例［J］．长江流域资源与环境，2016（01）．

［127］于秀波，张深，潘明麒．退田还湖后替代生计的经济评估研究——以洞庭湖西畔山洲垸为例［J］．长江流域资源与环境，2006（05）．

［128］袁成达．精准扶贫与新农村建设［J］．党政研究，2016（05）．

［129］袁建华，赵伟，邢文龙．农村公共物品投资优先序研究：一项来自山东省的实证［J］．山东农业大学学报（社会科学版），2009（04）．

［130］袁旺兴，卢丽琴，钱依婷等．农民工社会保险需求优先序研究——基于江西省的调查［J］．商业经济研究，2015（25）．

［131］袁旺兴，童梦婷，康冬丽等．农民工市民化政策需求优先序及影响因素分析——基于江西省的调查数据［J］．新疆农垦经济，2015（03）．

［132］曾凡勇．搞好移民搬迁安置，促进库区经济发展［J］．城市技术监督，1997（Z1）．

［133］曾蕊．梨园水电站水库移民搬迁后社会影响分析［J］．云南水力发电，2013（06）．

［134］赵雪雁．生计资本对农牧民生活满意度的影响——以甘南高原为例［J］．地理研究，2011（04）．

［135］张伯伟，沈得芳．政府补贴与企业员工就业——基于配对倍差法的实证分析［J］．经济学动态，2015（10）．

［136］张春丽，佟连军，刘继斌．湿地退耕还湿与替代生计选择的农民响应研究——以三江自然保护区为例［J］．自然资源学报，2008（04）．

［137］张大维．生计资本视角下连片特困区的现状与治理——以集中连片特困地区武陵山区为对象［J］．华中师范大学学报（人文社会科学版），2011（04）．

［138］张坤．中国农村人口流动的影响因素与实施对策——基于推拉理论的托达罗修正模型［J］．统计与信息论坛，2014（07）．

［139］张黎，刘素娟，殷凡．基于结构方程模型的职工工作满意度分析［J］．学术探讨，2011.

［140］张丽，赵雪雁，侯成成等．生态补偿对农户家庭生计资本的影响——以甘南黄河水源补给区为例［J］．冰川冻土，2012（01）．

［141］张丽萍，张镱锂，阎建忠等．青藏高原东部山地农牧区生计给予耕地利用模式［J］．地理学报，2008（04）．

［142］张伶俐，刘俊浩．论生态移民的制度供给［J］．湖南社会科学，2013（04）．

［143］郑风田，王旭，张曼等．基于农民满意度的农业补贴政策实施现状研究［J］．现代管理科学，2014（07）．

［144］中国社会科学院社会政策研究中心课题组．失地农民“生计可持续”对策［J］．科学咨询（决策管理），2005（04）．

［145］郑卫荣．农村公共服务满意度分析与对策选择——以浙江省为例［J］．华中农业大学学报（社会科学版），2011（01）．

［146］周晶，陈玉萍，丁士军．“一揽子”补贴政策对中国生猪养殖规模化

进程的影响——基于双重差分方法的估计［J］. 中国农村经济，2015（04）.

［147］朱夫静，李芬. 黄河源头不同安置方式生态移民的生计适应性研究——以玉树藏族自治州曲麻莱县为例［J］. 农村经济与科技，2016（09）.

［148］朱红根，彭安明，康兰媛. 农民工择业政策需求优先序及其影响因素分析——基于江西等10省市的调查数据［J］. 农业经济与管理，2014（02）.

［149］朱秀变，崔志坤. 城市化进程中失地农民可持续生计问题［J］. 合作经济与科技，2005（12）.

［150］A. A. Joseph and M. Michael, Land Deals and Commercial Agriculture in Nigeria: The New Nigerian Farms in - Shonga. District, Kwara. State, 2004 - 10 - 12, http: //www. futureagricultures. org/papers - and - presentations/cat_ view/1551 - global - land - grab/1556 - presentations.

［151］A. Peter Castro, Maxwell School of Citizenship and Public Affairs Syracuse. Sustainable Livelihoods Analysis: An Introduction［M］. Cornell Universities Press, 2002.

［152］Arezoo Soltani, et al.. Poverty, Sustainability, and Household Livelihood Strategies in Zagros［J］. Ecological Economics, Vol. 79, 2012.

［153］Audrey N. Maretzki, Women's Nutri Business Cooperatives in Kenya: An Integrated Strategy for Sustaining Rural lively［J］. Journal of Nutrition Education and Behavior, Vol. 39, No. 6, 2007.

［154］Bebbington A. Capitals and Capabilities: A framework for Analyzing Peasant viability, Rural Livelihoods and Poverty［J］. World Development, 1999, 27（12）.

［155］Bigsten A. The Circular Migration of Smallholders in Kenya［J］. Journal of African Economies, 1996.

［156］Bilsborrow R E, Ogendo H. Population - driven Changes in Land Use in Developing Countries［J］. 1992.

［157］Bourdieu, Pierre. "The Forms of Social Capital", in Handbook of Theory and Research for the Sociology of Education, (ed.)［M］. by John G. Richardson, Westport, CT: Greenwood Press, 1986.

［158］Brian King. Specializing Livelihoods: Resource Access and Livelihood Spaces in South Africa［J］. Transactions of the Institute of British Geographers,

Vol. 36, No. 2, 2011.

[159] Bruce C Glavovic and Saskia Boonzaier, Confronting Coastal Poverty: Building Sustainable Coastal Livelihoods in South Africa [J]. Ocean & Coastal Management, Vol. 50, No. 1/2, 2007.

[160] Cernea M M. Impoverishment Risks and Livelihood Reconstruction: A Model for Resettling Displaced Populations Draft [J]. Journal of African Economies, 1996, 8 (1).

[161] Cherni J A, Hill Y. Energy and Policy Providing for Sustainable Rural Livelihoods in Remote Locations - The Case of Cuba [J]. Geoforum, 2009, 40 (4).

[162] Coleman J. S. Social Capital in the Creation of Human Capital [J]. American Journal of Sociology, 1988 (5).

[163] D. Carney, Implementing a sustainable livelihood approach, London: Department for international development, 1998.

[164] Debbie Dickinson and Michael Webber. Environmental Resettlement and Development on the Steppes of Inner Mongolia, PRC [J]. Journal of Development Studies, Vol. 43, No. 3, 2007.

[165] De Haan A. Livelihoods and Poverty: The Role of Migration - a Critical Review of the Migration Literature [J]. The Journal of Development Studies, 1999, 36 (2).

[166] DFID, Sustainable Livelihoods Guidance Sheets, London: Department for International Development, 2000.

[167] Du Y, Park A, Wang S. Migration and Rural Poverty in China [J]. Journal of Comparative Economics, 2005.

[168] E. E. Hinnawi, Environmental Refugees, Nairobi: United Nations Environment Program, 1985.

[169] E. H. Allisona and B. Horemans, Putting the Principles of the Sustainable Livelihoods Approach Intofisheries Development Policy and Practice, Marine Policy, Vol. 30, 2006.

[170] Ellis. Rural Livelihoods and Diversity in Development Countries [M]. New York: Oxford University Press, 2000.

[171] F. Ellis. Rural Livelihoods and Diversity in Development Countries [M] . New York: Oxford University Press, 2000.

[172] Gina Koczberski and George N. Curry, Making a Living: Land Pressures and Changing Livelihood Strategies Among Oil Palm Settlers in Papua New Guinea, Agricultural Systems, 2005, 85.

[173] G. S. Amacher, W. Cruz and L. G. Donald, et al.. Environ – mental Motivation for Migration: Population Pressure, Poverty and Deforestation in the Philippines, Land Economics, 1998.

[174] Hesselberg Jan and Y. Joseph, An Assessment of the Extent and Causes of Food Insecurity in Northern Ghana Using a Livelihood vulnerability Framework, *Geo Journal*, Vol. 67, No. 1, 2006.

[175] Hui Xue, Assessing the Role of Risk in the Agro – Pastoral Systems of Northwest Yunnan Province, China, School of Resource and Environmental Management, Simon Fraser University, Bumaby, BC, Canada, 2006.

[176] Ian Scoones, Sustainable Rural Livelihood: A Framework for Analysis, IDS Working Paper 72, Brighton: IDS, 1998.

[177] Jared Diamond. Collapse: How Societies Choose to Fail or Succeed [M] . New York: Viking Penguin Publishers, 2005.

[178] K. Hart. Informal income opportunities and urban employment in Ghana [J] . Journal of Modern African Studies, No. 1, 1973.

[179] Knutsson Per and Madelene Ostwald, A Process – oriented Sustainable Livelihoods Approach – a Tool for Increased understanding of Vulnerability, Adaptation and Resilience , Mitigation and Adaptation Strategies for Global Change, 2006.

[180] Kothari S P, Laguerre T E, Leone A J. Capitalization Versus Expensing: Evidence on the Uncertainty of Future Earnings from Capital Expenditures Versus R&D Outlays [J] . Review of Accounting Studies, 2002, 7 (4) .

[181] Lin, N. Building a Network Theory of Social Capital [J] . Connections 1999. 22 (1) .

[182] L. M. Lachman Capital and Its Structure [M] . Kansas City: Sheed Andrews and McMeel, 1978.

[183] Luca Tacconi, Sango Mahanty and Helen Suich, Assessing the Livelihood impacts of Payments for Environmental Services: Implications for Avoided Deforestation, in *Buenos Aires*, 2009.

[184] Markos Ezra, 埃塞俄比亚的生态恶化：农村贫困和人口迁移的分析, 2001, www. popoouncil. org/pdfs/wp/149. pdf.

[185] Marisa C. Gouledn, W. Neil Adger, Edward H. Allison, etal. , Limits to Resilience From Livelihood diversifying and Social Capital in Lake Social – ecological Systems, Annals of the Association of American Geographers , Vol. 103, No. 4, 2013.

[186] Martha G Roberts, Yang Guoan. The international progress of sustainable development research: a comparison of vulnerability analysis and the sustainable livelihoods approach [J] . Progress in Geography, 2003, 22 (1) .

[187] M. G. Wolman and R. M. Ragan, eds. , Study of Land Transformation Process From Space And Ground Observation Of Symposium 10 of The COSPAR Twenty – Fourth Plenary Meeting, Held In Ottawa, Canada, 16 May – 2 June 1982, New York: Perganmon Press For The Committee On Space Research, 1983.

[188] N. Ahmed, E. H. MTroell and Allison, et al. , Prawn Postlarvae Fishing in Coastal Bangladesh: Challenges for Sustainable Livelihoods, Marine Policy, Vol. 34, 2010.

[189] N. Myers, Environmental Refugees: A Growing Phenomenon of the 21st Century, The Philosophical Transactions of the Royal Society, Vol. 357, No. 1420, 2002.

[190] N. Vishal, Growing City, Shrinking Hinterland: Land Acquisition, Transition and Conflict in Peri – urban Gurgaon, India, Environment and Urbanization, No. 21, 2009.

[191] Portes, Alejandro. The Economic Sociology of Immigration, New York: Russell Sage Foundation, 1995.

[192] Putnam. Robert D. : Bowwling Alone; American's Declining Social Capital [J] . Journal of Democracy6 (1, January): 1995.

[193] R. Bilsborrow and M. Geors, Population, Land Use And Environment In Development Countries: What Can we Learn From Cross – National DataIn The Causes

of Deforestation [M]. New York: Oxford University Press, 1993.

[194] R. Chambers and G. Conway, Sustainable Rural Livelihoods: Practical Concepts for the 21st Century, IDS Discussion Paper 296 [M]. Brighton: Institute of Development Studies, 1992.

[195] Sara R. Curran and Tundi A. Fardy, Common Property Systems, Migration, and Coastal Ecosystems, A Journal of the Human Environment, No. 4, 2002.

[196] Samuel NiiArdey Codjoe and Richard E. Bilsborrow, Are Migrants Exceptional Resource degraders: A Study of Agricultural Households in Ghana [J]. Geo Journal, Vol. 77, No. 5, 2012.

[197] Singh P K, Hiremath B N. Sustainable Livelihood Security Index in a Developing Country: A Tool for Development Planning [J]. Ecological Indicators, 2010, 10 (2).

[198] S. Jackson and A. Sleigh, Resettlement for China's Three Gorges Dam: Socio-economic Impact and Institutional Tensions [J]. Communist and Post-Communist Studies, No. 33, 2000.

[199] Smith D R, Gordon A, Meadows K, et al. Livelihood Diversification in Uganda: Patterns and Determinants of Change Across two Rural Districts [J]. Food Policy, 2001, 26 (4).

[200] Soini E. Land Use Change Patterns and Livelihood Dynamics on the Slopes of Mt. Kilimanjaro, Tanzania [J]. Agricultural Systems, 2005, 85 (3).

[201] T. Frankenberger, M. Drinkwater and D. Maxwell, Operational sing Household Livelihood Security, a Holistic Approach for Addressing Poverty and Vulnerability, CARE USA, 2000.

[202] Thomas Gries, Manfred Kraft and Christina Pieck. Interregional Migration, Self-selection and The Returns to Education in Brazil [J]. Annals of Regional Science, Vol. 46, No. 3, 2011.

[203] World Commission on Dams: Dams and Cultural Heritage Man-agreement Final Report. Beijing: Development Center of State Council, 2000.

[204] Yang Du, Albert Park and Sangui Wang. Migration and Rural Poverty in China [J]. Journal of Comparative Economics, No. 33, 2005.

附录一：调查问卷

问卷编号：________________（课题组统一填写）

问卷一：移民农户问卷调查表

农民朋友，您好：

本次问卷是为完成课题研究而设置的，您的自愿及如实回答将对课题组提出的政策建议具有重要价值。所有回答不分对错。课题组向您郑重承诺，绝不会泄露您的隐私，也不会给您带来任何麻烦。在回答问卷之前，请您填写下表（填空或画“○”）

为了证明问卷的有效性，请您签名（正楷）________________：电话________________。感谢您的耐心回答！

请调查员填写：

1. 农户所在地：________市________县________镇________村

2. 对问卷对象所在区域经济发展水平的判断：

1）该县（区）在本省内的水平处于：

A. 很高　　B. 比较高　　C. 中游

D. 相对低　　E. 很低

2）该镇在本县内的水平处于：

A. 很高　　B. 比较高　　C. 中游

D. 相对低　　E. 很低

3）该村在本镇内的水平处于：

A. 很高　　B. 比较高　　C. 中游

D. 相对低　　E. 很低

3. 受访农户所在村的地形：

A. 山区　　B. 丘陵　　C. 平原

4. 受访农户所在村的交通条件：

A. 很差　　B. 较差　　C. 一般

D. 较好　　E. 很好

5. 受访农户家离镇中心________公里，平时坐班车去一趟需要花费（单程）________小时；家离县城________公里，平时坐班车去一趟需要花费（单程）________小时。

调研日期：________年________月________日

调查员签名：________联系电话：________

江西财经大学鄱阳湖生态经济研究院

2016年3月制表

第一部分：个人及家庭基本情况

1. 户主及答卷人基本信息

基本情况	是否户主	年龄	性别	民族	受教育程度	婚姻状况	是否是建档立卡的贫困户	所参与搬迁移民的类型	移民搬迁时间
答卷人									

注：婚姻状况：①已婚　②未婚　③丧偶　④离婚　⑤同居　⑥分居

受教育程度：①不识字　②小学　③初中　④高中/中专/职高/技校　⑤大学/大专及以上

移民类型：①水库区移民　②深山区移民　③地质灾害区移民　④退耕还林区移民　⑤征地异地搬迁扶贫移民　⑥其他

2. 家庭社会资源（选择相应的字母画“○”）

您家户籍人口中是否有（包括曾经做过）			您家老人养老依靠（可多选）	您家医疗保障（可多选）
党员	本村干部	村以外干部	A. 居民养老保险 B. 商业养老保险 C. 子女赡养 D. 家里的储蓄 E. 出租收入 F. 政府救济 G. 其他	A. 新农合医保 B. 商业医疗保险 C. 子女出钱 D. 家庭积蓄或借钱 E. 出租收入 F. 政府救助 G. 其他
A. 没有 B. 1 人 C. ≥2 人	A. 有 B. 没有	A. 有 B. 没有		

3. 家庭人口相关信息

移民前后各指标比较	家庭总人口数	性别结构		年龄结构			劳动力的就业状况			受教育程度				
		男性	女性	18 岁以下	19～60 岁	61 岁以上	农业生产	外出务工	其他	学龄前	小学	初中	高中	大专及以上
移民前														
移民后														

注：根据家中实际情况填写人数。

第二部分：搬迁移民农户生产生活现状和生计资本的变化

1. 您家是否属于危房改造户？

A. 不是　　　　B. 是危房改造面积为________平方米

2. 您家是否在本村以外购房？

A. 没有　　　　B. 有

3. 您家使用的主要燃料为？________（多选，最多限选 3 项）

A. 柴草　　　　B. 煤炭　　　　C. 电

D. 沼气　　　　E. 液化气、煤气或天然气　　　　F. 其他

4. 您家向私人借钱了吗？________（若回答“没有”，则跳至第 7 题）

A. 借钱数额较大（自己感觉）

B. 借钱数额较小

C. 没有

5. 向私人借钱是否打借条：

A. 是　　　　　　　　　　B. 否

6. 向私人借款来源于________（可多选）：

A. 亲朋好友　　　　　　　B. 本村农户

C. 农民互助组　　　　　　D. 村集体合作社

7. 您家从银行（或信用社等）的贷款为？（若回答“没有”，则跳至问卷“第三部分”）

A. 5 万元以上　　　　　　B. 1 万～5 万元

C. 1 万元以下　　　　　　D. 没有

是否有逾期未还？

A. 是　　　　　　　　　　B. 否

银行贷款占您家总借款比重________%

8. 您家贷款用的抵押品是________（可多选）：

A. 没有　　　　　　　　　B. 房屋

C. 宅基地　　　　　　　　D. 固定资产（厂房、拖拉机等）

E. 农作物（果树等）　　　F. 担保贷款

G. 农地承包权　　　　　　H. 农地经营权

I. 存单质押　　　　　　　J. 其他

9. 您家贷款与借钱是用于________（可多选）：

A. 生活　　　　　　　　　B. 还债

C. 治病及婚丧嫁娶　　　　D. 学费

E. 建房　　　　　　　　　F. 添置资产（农用机械、大棚等）

G. 购买生产资料（种子种苗、饲料等）

H. 投资经商　　　　　　　I. 其他

10. 您家还想继续获得贷款吗？

A. 想　　　　　　　　　　B. 不想

11. 您家庭移民前后的主要收入支出情况？

调查指标	农户年均主要收入（元）				农户年均支出（元）
	上班/打工收入	农业经营收入	政策补贴收入	其他收入	
参与移民前					
参与移民后					

12. 您家中拥有的主要耐用消费品情况（可依据实际填写具体数量，无则画“/”）

指标	电动车	摩托车	电视机	洗衣机	电冰箱	空调	热水器	电脑	小汽车	其他
移民前										
移民后										

13. 移民前后农户的主要生产现状

类别	粮食作物		瓜果蔬菜、油料作物		林木		牲畜		家禽		水产品		
单位	产量（kg）	产值（元）	产量（kg）	产值（元）	面积（亩）	产值（元）	养殖规模（头）	产值（元）	家禽养殖规模（只）	产值（元）	鱼池（塘）面积（亩）	拦网养殖（亩）	产值（元）
移民前													
移民后													

14. 移民前后农户生计资本的变化情况

生计资本相关指标		移民前	移民后
自然资本	家庭耕地面积（亩）		
	家庭林地面积（亩）		
	耕地质量： A. 很好 B. 较好 C. 一般 D. 较差 E. 很差		
物质资本	家中的住房是否是新房（“是”或“否”）		
	家庭住房面积（m^2）		
	农户的住房结构： A. 砖混结构 B. 砖木结构 C. 砖瓦结构 D. 土木结构 E. 其他		
金融资本	融资渠道：	选择“A”或“B”	
	农户三年内是否从亲朋好友处借过钱？ A. 是 B. 否		
	是否得到过政府的扶贫贴息贷款？ A. 是 B. 否		
	是否从银行借过钱？ A. 是 B. 否		

续表

生计资本相关指标		移民前	移民后
社会资本	家庭日常交往中的通信费用（元/月）		
	参加红白喜事的次数和礼金总额（按前一年家中实际情况填写）		
	亲戚好友中村干部或公务员的数量（人）		
	急需大笔开支时愿意借钱资助的户数（户）		
	居住地周围人的信任度：全部信任（5 分）→几乎不信任（0 分）		
人力资本	参加过非农培训的人数（人）		

第三部分：搬迁意愿

1. 您原本是否愿意参与所开展的移民搬迁工作？

A. 不愿意　B. 比较不愿意　C. 一般情况

D. 比较愿意　E. 非常愿意

2. 最终导致您参与移民搬迁的主要原因是什么？

A. 为获得更好的生存环境　B. 强制搬迁要求　C. 增加家庭收入

D. 交通原因　E. 其他原因

3. 您更倾向于将家中存款（假设有一定数量存款）投放在以下的哪一项目中？

A. 股市等金融市场

B. 在外购置房产

C. 以高利息的收益形式将钱借与他人

D. 经营自己的生意

E. 购买理财产品或其他如黄金等保值产品

F. 钱存在银行中

G. 现金存放在家中

4. 在会带来巨大生活变化的移民搬迁过程中，您属于哪一批次搬迁的农户？

A. 最早的一批　B. 较早的一批

C. 中间批次　D. 较晚的一批

E. 最晚的一批

第四部分：农户对搬迁移民政策的满意度和需求调查

同意下面的说法吗（在空格中选一个打“√”）	非常不满意	不满意	一般	满意	非常满意
您满意当前政府对待搬迁移民政策的重视程度					
您认为政府实施的搬迁移民政策效果较好					
搬迁移民政策给农村困难群体带来实质性帮助					
搬迁移民政策的制定应考虑农户的实际需要					
经济困难的农户应该享受更优惠的政策待遇					
您认为搬迁移民补偿政策应该满足您的基本生活需求					
您认为搬迁移民补偿政策的存在是有必要的					
政策信息权威、公开、清楚、充分					
搬迁移民补偿政策宣传力度较好					
搬迁移民补偿资金管理公开、透明					
公众能够发挥监督作用					
搬迁移民补偿资金能准时获得					
政府管理部门服务态度积极让人满意					

您所希望的移民补偿方式为（按照意愿程度由大到小选择 5 个排序）：

①________②________③________④________⑤________

【政策支持类】

A. 生态家园富民计划　　B. 重划农户所有宅基地

C. 农村合作社等组织的生产服务支持

【资金支持类】

D. 生态补偿金　　E. 减免税收、贴息贷款；

【技术培训类】

F. 劳务技能培训　　G. 种养殖技术培训

【物质支持类】

H. 住房类补贴　　I. 生产物资支持

再次感谢您对本次调查的支持！

问卷编号：____________（课题组统一填写）

问卷二：非移民农户问卷调查表

农户朋友，您好：

本次问卷是为完成课题研究而设置的，您的自愿及如实回答将对课题组提出的政策建议具有重要价值。所有回答不分对错。课题组向您郑重承诺，绝不会泄露您的隐私，也不会给您带来任何麻烦。在回答问卷之前，请您填写下表（填空或画“○”）

为了证明问卷的有效性，请您签名（正楷）________________：电话________________。感谢您的耐心回答！

请调查员填写：

1. 农户所在地：________市________县________镇________村

2. 对问卷对象所在区域经济发展水平的判断：

1）该县（区）在本省内的水平处于：

A. 很高　　B. 比较高　　C. 中游

D. 相对低　　E. 很低

2）该镇在本县内的水平处于：

A. 很高　　B. 比较高　　C. 中游

D. 相对低　　E. 很低

3）该村在本镇内的水平处于：

A. 很高　　B. 比较高　　C. 中游

D. 相对低　　E. 很低

3. 受访农户所在村的地形：

A. 山区　　B. 丘陵　　C. 平原

4. 受访农户所在村的交通条件：

A. 很差　　B. 较差　　C. 一般

D. 较好　　E. 很好

5. 受访农户家离镇中心________公里，平时坐班车去一趟需要花费（单程）________小时；家离县城________公里，平时坐班车去一趟需要花费（单程）________小时。

调研日期：________年________月________日

调查员签名：________联系电话：________

江西财经大学鄱阳湖生态经济研究院

2016 年 3 月制表

第一部分：个人及家庭基本情况

1. 户主及答卷人基本信息

基本情况	是否户主	年龄	性别	民族	受教育程度	婚姻状况	是否为建档立卡的贫困户
答卷人							

注：婚姻状况：①已婚 ②未婚③丧偶④离婚⑤同居⑥分居

受教育程度：①不识字②小学③初中④高中/中专/职高/技校⑤大学/大专及以上

2. 家庭社会资源（选择相应的字母画“○”）

<table>
<tr><th colspan="3">您家户籍人口中是否有（包括曾经做过）</th><th>您家老人养老依靠（可多选）</th><th>您家医疗保障（可多选）</th></tr>
<tr><td>党员</td><td>本村干部</td><td>村以外干部</td><td rowspan="2">A. 居民养老保险
B. 商业养老保险
C. 子女赡养
D. 家里的储蓄
E. 出租收入
F. 政府救济
G. 其他</td><td rowspan="2">A. 新农合医保
B. 商业医疗保险
C. 子女出钱
D. 家庭积蓄或借钱
E. 出租收入
F. 政府救助
G. 其他</td></tr>
<tr><td>A. 没有
B. 1 人
C. ≥2 人</td><td>A. 有
B. 没有</td><td>A. 有
B. 没有</td></tr>
</table>

3. 家庭人口相关信息

两期指标比较	家庭总人口数	性别结构		年龄结构			劳动力的就业状况			受教育程度				
		男性	女性	18 岁以下	19 ~ 60 岁	61 岁以上	农业生产	外出务工	其他	学龄前	小学	初中	高中	大专及以上
2010 年														
2015 年														

注：根据家中实际情况填写人数。

第二部分：农户生产生活现状和生计资本的变化

1. 您家是否属于危房改造户？

A. 不是　　B. 是

危房改造面积为________平方米

2. 您家是否在本村以外购房？

A. 没有　　B. 有

3. 您家使用的主要燃料为？________（多选，最多限选 3 项）

A. 柴草　　B. 煤炭

C. 电　　D. 沼气

E. 液化气、煤气或天然气　F. 其他

4. 您家向私人借钱了吗？________（若回答“没有”，则跳至第 7 题）

A. 借钱数额较大（自己感觉）

B. 借钱数额较小

C. 没有

5. 向私人借钱是否打借条：

A. 是　　B. 否

6. 向私人借款来源于________（可多选）：

A. 亲朋好友　　B. 本村农户

C. 农民互助组　　D. 村集体合作社

7. 您家从银行（或信用社等）的贷款为？（若回答“没有”，则跳至问卷“第三部分”）

A. 5 万元以上　　B. 1 万 ~5 万元

C. 1 万元以下　　D. 没有

是否有逾期未还?

A. 是　　B. 否

银行贷款占您家总借款比重________%

8. 您家贷款用的抵押品是________（可多选）：

A. 没有　　B. 房屋

C. 宅基地　　D. 固定资产（厂房、拖拉机等）

E. 农作物（果树等）　　F. 担保贷款

G. 农地承包权　　H. 农地经营权

I. 存单质押　　J. 其他

9. 您家贷款与借钱是用于________（可多选）：

A. 生活　　B. 还债

C. 治病及婚丧嫁娶　　D. 学费

E. 建房　　F. 添置资产（农用机械、大棚等）

G. 购买生产资料（种子种苗、饲料等）

H. 投资经商　　I. 其他

10. 您家还想继续获得贷款吗?

A. 想　　B. 不想

11. 您家庭主要收入支出情况?

调查指标	农户年均主要收入（元）				农户年均支出（元）
	上班/打工收入	农业经营收入	政策补贴收入	其他收入	
2010 年					
2015 年					

12. 您家中拥有的主要耐用消费品情况（可依据实际填写具体数量，无则画“/”）

指标	电动车	摩托车	电视机	洗衣机	电冰箱	空调	热水器	电脑	小汽车	其他
2010 年										
2015 年										

13. 两期农户家庭主要生产现状

类别	粮食作物		瓜果蔬菜、油料作物		林木		牲畜		家禽		水产品		
单位	产量（kg）	产值（元）	产量（kg）	产值（元）	面积（亩）	产值（元）	养殖规模（头）	产值（元）	家禽养殖规模（只）	产值（元）	鱼池（塘）面积（亩）	拦网养殖（亩）	产值（元）
2010 年													
2015 年													

14. 两期家庭生计资本的变化情况

生计资本相关指标		2010 年	2015 年
自然资本	家庭耕地面积（亩）		
	家庭林地面积（亩）		
	耕地质量： A. 很好 B. 较好 C. 一般 D. 较差 E. 很差		
物质资本	家中的住房是否是新房（“是”或“否”）		
	家庭住房面积（m^2）		
	农户的住房结构： A. 砖混结构 B. 砖木结构 C. 砖瓦结构 D. 土木结构 E. 其他		
金融资本	融资渠道：	选择“A”或“B”	
	农户三年内是否从亲朋好友处借过钱？ A. 是 B. 否		
	是否得到过政府的扶贫贴息贷款？ A. 是 B. 否		
	是否从银行借过钱？ A. 是 B. 否		
社会资本	家庭日常交往中的通信费用（元/月）		
	参加红白喜事的次数和礼金总额（按前一年家中实际情况填写）		
	亲戚好友中村干部或公务员的数量（人）		
	急需大笔开支时愿意借钱资助的户数（户）		
	居住地周围人的信任度：全部信任（5 分）→几乎不信任（0 分）		
人力资本	参加过非农培训的人数（人）		

再次感谢您对本次调查的支持！

附录二：生计资本评价观测指标权重设定专家打分表

______教授：

您好！感谢您在百忙之中抽空填写这份打分表！

这份表是关于《农户可持续生计下易地扶贫搬迁政策实证研究》中农户家庭生计资本评价指标体系的构建和观测指标权重的确定。

借鉴英国海外发展部（DFID）提出的可持续生计分析框架（SLA），并参考国内众多学者对生计资本的量化研究（杨云彦，2009；万婷，2015；等等），本研究将生计资本内容分为人力资本、自然资本、物质资本、金融资本和社会资本5类，并且每类资本权重相同，均为1，取值在0～1，由观测指标经数据标准化之后通过加权平均进行测定，现就各观测指标权重征求您的意见。

下表为农户家庭生计资本评价指标体系，请您在您认为最应赋予权重下画“√”：

<table>
<tr><th rowspan="2">目标层</th><th rowspan="2">因素层</th><th rowspan="2">权重</th><th rowspan="2">因子层</th><th colspan="5">权重</th></tr>
<tr><th>0.1</th><th>0.2</th><th>0.3</th><th>0.4</th><th>0.5</th></tr>
<tr><td rowspan="11">生计资本</td><td rowspan="3">自然资本</td><td rowspan="3">1</td><td>人均耕地面积</td><td></td><td></td><td></td><td></td><td></td></tr>
<tr><td>人均林地面积</td><td></td><td></td><td></td><td></td><td></td></tr>
<tr><td>耕地质量</td><td></td><td></td><td></td><td></td><td></td></tr>
<tr><td rowspan="4">物质资本</td><td rowspan="4">1</td><td>家庭人均住房面积</td><td></td><td></td><td></td><td></td><td></td></tr>
<tr><td>农户住房结构</td><td></td><td></td><td></td><td></td><td></td></tr>
<tr><td>家庭生产工具资产总额</td><td></td><td></td><td></td><td></td><td></td></tr>
<tr><td>家庭耐用品资产总额</td><td></td><td></td><td></td><td></td><td></td></tr>
<tr><td rowspan="4">金融资本</td><td rowspan="4">1</td><td>农户收入变化</td><td></td><td></td><td></td><td></td><td></td></tr>
<tr><td>三年内是否从亲朋好友处借过钱</td><td></td><td></td><td></td><td></td><td></td></tr>
<tr><td>三年内是否得到过政府的扶贫贴息贷款</td><td></td><td></td><td></td><td></td><td></td></tr>
<tr><td>三年内是否从银行借过钱</td><td></td><td></td><td></td><td></td><td></td></tr>
</table>

续表

<table>
<tr><th rowspan="2">目标层</th><th rowspan="2">因素层</th><th rowspan="2">权重</th><th rowspan="2">因子层</th><th colspan="5">权重</th></tr>
<tr><th>0.1</th><th>0.2</th><th>0.3</th><th>0.4</th><th>0.5</th></tr>
<tr><td rowspan="8">生计资本</td><td rowspan="5">社会资本</td><td rowspan="5">1</td><td>家庭日常交往中的通信费用</td><td></td><td></td><td></td><td></td><td></td></tr>
<tr><td>参加红白喜事的次数</td><td></td><td></td><td></td><td></td><td></td></tr>
<tr><td>亲戚中村干部或公务员的数量</td><td></td><td></td><td></td><td></td><td></td></tr>
<tr><td>急需大笔开支时愿意借钱资助的户数</td><td></td><td></td><td></td><td></td><td></td></tr>
<tr><td>居住地周围人的信任度</td><td></td><td></td><td></td><td></td><td></td></tr>
<tr><td rowspan="3">人力资本</td><td rowspan="3">1</td><td>家庭中劳动力个数与总人数的比例</td><td></td><td></td><td></td><td></td><td></td></tr>
<tr><td>家庭整体受教育程度</td><td></td><td></td><td></td><td></td><td></td></tr>
<tr><td>参加过技能培训的人次</td><td></td><td></td><td></td><td></td><td></td></tr>
</table>

再次感谢您的指导!

您的职称：　　　　　　　　　　　　　　　职务：

专家签名：

填表日期：